国家交通重大工程档案

北京大兴国际机场北线高速公路（京开高速公路—京台高速公路段）

工程档案

《国家交通重大工程档案》编辑部　编著

人民交通出版社股份有限公司

北　京

图书在版编目（CIP）数据

北京大兴国际机场北线高速公路（京开高速公路—京台高速公路段）工程档案 /《国家交通重大工程档案》编辑部编著 . —北京：人民交通出版社股份有限公司，2021.1

（国家交通重大工程档案）

ISBN 978-7-114-17011-9

Ⅰ . ①北… Ⅱ . ①国… Ⅲ . ①城市道路—道路工程—工程档案—北京 Ⅳ . ①U415 ②G275.3

中国版本图书馆 CIP 数据核字（2021）第 015827 号

Beijing Daxing Guoji Jichang Beixian Gaosu Gonglu (Jing-Kai Gaosu Gonglu — Jing-Tai Gaosu Gonglu Duan) Gongcheng Dang'an

书　　名：北京大兴国际机场北线高速公路（京开高速公路—京台高速公路段）**工程档案**
著 作 者：《国家交通重大工程档案》编辑部
责任编辑：赵瑞琴
责任校对：孙国靖　魏佳宁
责任印制：张　凯
出版发行：人民交通出版社股份有限公司
地　　址：(100011)北京市朝阳区安定门外外馆斜街3号
网　　址：http://www.ccpcl.com.cn
销售电话：(010)59757973
总 经 销：人民交通出版社股份有限公司发行部
经　　销：各地新华书店
印　　刷：北京地大彩印有限公司
开　　本：787 × 1092　1/16
印　　张：18.125
字　　数：314千
版　　次：2021年1月　第1版
印　　次：2021年1月　第1次印刷
书　　号：ISBN 978-7-114-17011-9
定　　价：258.00元

编纂说明

《国家交通重大工程档案》

改革开放特别是党的十八大以来，我国综合交通事业发展突飞猛进、成就举世瞩目，已成为门类齐全、设施发达、设备先进、基数庞大、网络完备的交通大国，一大批交通重大工程建设项目不仅在中国乃至世界交通发展史上都书写了辉煌、创造了奇迹。

为全面系统记录我国综合交通重大工程建设发展历程和现状，客观展示中国交通重大工程建设取得的巨大成就，深刻诠释“交通强国”的发展理念，生动反映我国交通建设者继往开来、砥砺奋进，朝着“交通强国”宏伟目标，朝着中华民族伟大复兴的中国梦，踏石留印，一路前行。经国家发展和改革委员会基础产业司批准，由《中国交通年鉴》社启动编纂《国家交通重大工程档案》(简称《重大工程档案》)。

《重大工程档案》分为综合卷和系列卷，系列卷由铁路卷、公路卷、水路卷、民航卷、管道运输卷、城市交通卷、企业卷、地方交通卷等组成。采取纪实性大型资料工具书形式，以文字、图片、数据表格、效果图等方式，简要、系统、直观、立体地呈现我国交通重大工程建设取得的巨大成果。

《重大工程档案》记述对象从1978年改革开放开始，以国家综合交通“五年规划”为主线，筛选各建设时期具有重大社会效益、经济效益和具有代表性、标志性及科技创新性的重大交通工程项目为收录对象，重点以“十二五”规划接转项目和“十三五”规划在建、竣工的重大工程项目为主。编纂内容主要包括项目基本情况、审批依据、建设意义、投资主体、工程进度、新技术应用和项目评估等。

《重大工程档案》全套丛书彩色印刷，图文并茂，设计装帧精美，由人民交通出版社股份有限公司出版发行。同时，呈送党中央、国务院、全国人大、全国政协领导和相关机构及国家有关部、委、局、署。《重大工程档案》主要发行对象为各省、自治区、直辖市发展和改革委，交通运输部门及相关建设单位等。编纂《重大工程档案》对于建立综合、权威的国家交通重大工程数据库，为政府决策机构提供翔实的参考数据并存史资政，宣传推广我国综合交通行业取得的重大成就和科技成果，具有重要的历史价值和现实意义。

《重大工程档案》指导单位为国家发展和改革委员会基础产业司，组织单位为《中国交通年鉴》社、《国家交通重大工程档案》编委会，编纂单位为《中国交通年鉴》社、《国家交通重大工程档案》编辑部。

编纂《重大工程档案》得到了国家有关部委，中央国有大型企业，各省、自治区、直辖市的有关厅、局、委，交通重大工程建设指挥部，项目部和项目管理单位，建设单位，设计单位，施工单位，监理单位等有关领导、专家、学者、交通建设者的大力支持和帮助，在此一并表示感谢！

《国家交通重大工程档案》编委会

2020 年 12 月

前言

为人民修路，为时代筑梦

又一张捷报传来，又一条大道贯通，又一个梦想实现，又一座丰碑树成。2019年7月1日，在一片欢呼声中，北京大兴国际机场北线高速公路建成通车。

新机场全称为“北京大兴国际机场”，2014年12月26日开工建设，2019年9月25日正式通航。这是一座大型国际枢纽机场，也是国家发展的新动力源。现已开通119条航线，其中国内航线104条，国际/地区航线15条。

中共中央总书记、国家主席、中央军委主席习近平出席了北京大兴国际机场的投运仪式，并宣布：“北京大兴国际机场正式投运！”

大兴国际机场北线高速公路，是北京大兴国际机场的配套交通工程，也是北京大兴国际机场外部交通体系中的重要组成部分。为助力北京大兴国际机场“起飞”，北京市开始打造围绕机场的“五纵两横”交通网。而大兴国际机场北线高速公路，就是“五纵两横”交通网中“两横”的其中之一。

大兴国际机场北线高速公路，西起涿州，东至廊坊，满足西侧石家庄、保定、大兴，东侧天津、沧州、唐山等地进入北京大兴国际机场的通道需求。此路开通以后，不仅很好地满足了机场周边交通需求，成为北京大兴国际机场进京通道的补充，同时也完善了北京市路网规划，构建出京津冀交通一体化主骨架。

大兴国际机场北线高速公路分为中段、东延段及西延段三段，两批次建设和开通，全长24.53km。采用双向八车道整体式断面，设计速度为120km/h，路基全宽为41m。2017年年底开工，全线设主线桥30座、互通立交4座，主线收费站、管理区1处。有人形容，大兴国际机场北线高速公路双向延长后，将横向贯穿北京大兴全境，相当于给北京南部地区修了一条“南七环”。本书收集的主要是中段建设工程档案。

大兴国际机场北线高速公路的建设单位是北京华北投新机场北线高速公路有限公司。该公司是由北京市首都公路发展集团有限公司和中国铁建股份有限公司、中铁十六局集团有限公司、中国铁建大桥工程局集团有限公司共同出资组建的有限责任公司。

群雄聚集，强强联手。看得出，这是一家实力雄厚的公司，也是一家经验丰富的公司。他们的经营理念，就是“科学管理、创新发展，以人为本、以信致远，回馈股东、造福人民”。建设优质高速公路，提供高效通行服务，打造一流企业品牌。

大兴国际机场北线高速公路的设计，可谓亮点频出。设计者的目标，就是要“以人为本、安全舒适、科学合理、经济耐久、系统兼顾、环保和谐”，经得起时间检验，经得起社会考验，让出行安全，让生态和谐，让人民满意。新材料中的大角度反光膜，新设备中的桥梁多向变位梳形板伸缩装置，新技术中的长寿命沥青路面设计技术、桥梁抗震技术、节能型信息板、远距离供电方案等，都是设计者和建设者在这条路上的发明和创新。

任何一项工程，都有自己的特点和难点。而大兴国际机场北线高速公路的最大特点，就是地理地位重要，社会关注度高。千万双眼睛盯着你，一点差错都不能出。最大的难点，则是拆迁多、桥梁多、管线多、物料多、要求高、工期短，既要保证工程质量，又要保证环境优美。我们在编辑该书的时候，也惊奇地发现，每个工段、每个工期，都似乎有难以跨越的难点。但到最后，一个个困难，都被设计者和建设者克服；一个个奇迹，也在战胜困难中诞生。

质量是高速公路的生命，更是企业发展的生命。大兴国际机场北线高速公路项目部建立了“横向到边、纵向到底、控制有效”的质量自检体系。在施工过程中，自下而上严格按照“跟检、复检、抽检”三个检测等级的检测任务和“自检、互检、交接检”相结合的“三检”制度，筑起一条高标准的放心路。

《国家交通重大工程档案》是《中国交通年鉴》社组织编写的记载中国交通辉煌建筑史的档案类丛书。基本宗旨是将国家级重大交通工程和精品工程的历史资料，系统地完整地保留下来。为历史留痕，为国家存档，为后人借鉴。2018 年以来，全国已有 70 多个公路和水运项目入选《国家交通重大工程档案》。

大兴国际机场北线高速公路，作为《国家交通重大工程档案》的一个新的篇章，即将载入史册。除前言外，该书共分 9 个篇章，这里的每一个篇章，都浸润着每位参建者的智慧和汗水，值得学习和借鉴。

能给地球留下痕迹的是建筑，能给人类留下记忆的是文字。在此，我们就是要用这些档案文字，把大兴国际机场北线高速公路的建设过程，以及这些筑路人的情怀、贡献和风采，原原本本地留给后人。当人们驱车行驶在这条康庄大道的时候，会记住曾经有一群人，在这里呕心沥血、奋发图强、开拓创新、精益求精，为人民修路，为时代筑梦。

《国家交通重大工程档案》编辑部

2020 年 3 月 18 日

目录

第一篇　概览篇 ······ 1

第一章　项目简介 ······ 3
第二章　建设背景及意义 ······ 4
第三章　建设方案 ······ 6
第四章　参建单位 ······ 12

第二篇　指导篇 ······ 13

第三篇　勘察设计篇 ······ 27

第一章　工程勘察 ······ 29
第二章　工程设计 ······ 33

第四篇　建设管理篇 ······ 43

第一章　项目组织 ······ 45
第二章　对外协调管理 ······ 55
第三章　工程管理 ······ 71
第四章　计量及合同管理 ······ 80
第五章　财务管理 ······ 90
第六章　行政管理 ······ 96
第七章　运营筹备 ······ 104

第五篇　PPP 经验篇 ······ 109

第一章　PPP 项目市场环境 ······ 111
第二章　PPP 项目前期管理 ······ 115
第三章　PPP 项目经验总结 ······ 125

第六篇　施工管理篇 ······ 139

第一章　中铁十六局总承包部 ······ 141
第二章　中铁十六局所辖一工区 ······ 144
第三章　中铁十六局所辖二工区 ······ 157
第四章　中铁十六局所辖四工区 ······ 165
第五章　中国铁建大桥局总承包部 ······ 176
第六章　中国铁建大桥局所辖一工区 ······ 179
第七章　中国铁建大桥局所辖二工区 ······ 199

第七篇　科技创新篇 ······ 213

第一章　技术推广应用 ······ 215
第二章　创新工艺工法 ······ 220

第八篇　人物篇 ······ 223

第一章　优秀团队 ······ 225
第二章　优秀人物 ······ 232

第九篇　党建文化篇 ······ 253

第一章　强化党建工作 ······ 255
第二章　党建文化风采 ······ 258

大事记 ······ 274

第一篇

概览篇

房山
大兴
亦庄
六环路
京雄高速
京开高速
京雄城际铁路
新机场轨道
北京大兴国际机场高速公路
京台高速
城际铁路联络线
首都地区环线
（西段）新机场北线高速（东段）
（中段）
城际铁路联络线

概　述

2019 年 9 月 25 日，北京大兴国际机场正式投入运航，中共中央总书记、国家主席、中央军委主席习近平亲自出席仪式并宣布："北京大兴国际机场正式投运！"2017 年初，机场还在建设期间，习近平总书记就曾亲临视察并指出，新机场是"国家发展一个新的动力源"。

一个建筑项目能够得到国家领导人如此的重视，可见其已经不仅是地区性的建设，而是关乎京津冀经济一体化发展的需要，是符合国家战略的工程，而且意味着这将是载入建筑史册、影响深远的重大项目。

大兴国际机场北线高速公路，作为其中一项重点工程，同样意义重大。概览篇粗略介绍了该项目的基本情况、建设背景和意义、建设方案、项目特点和参建单位，客观严谨地将北京大兴国际机场北线高速公路项目的轮廓呈现了出来。

第一章 项目简介

大兴国际机场北线高速公路位于北京市大兴区，西起京冀界涿州，东至京冀界廊坊，分两期施工，线路全长24.53km，其中：中段为京开高速公路至京台高速公路段，线路全长14.66km（实施长度13.51km）；东延段起点为京台高速公路，终点为京冀界廊坊，线路长度2.86km；西延段起点为京开高速公路，终点为京冀界涿州，线路长度8.16km，东西延段线路全长11.02km。项目总投资110亿元，全线建安费55.78亿元，其他费用54.22亿元。中段总投资63.35亿元，其中建安费30.74亿元。

中段主线桥梁共17座，其中特大桥2座，大桥8座，中桥1座，小桥6座；桥梁面积18.0万m^2；主线桥梁长度4.17km，主线桥梁占比28.4%。全线设置互通式立交6座（实施4座，预留2座），分离式立交5座，通道4座，人行天桥1座。全线无主线收费站，设匝道收费站1处。设计速度120km/h，横断面布置为双向八车道加硬路肩，路基宽度41m，道路红线100m。

该项目建成通车后，将满足西侧石家庄、保定、大兴，东侧天津、廊坊、沧州、唐山等地进入北京大兴国际机场的通道需求，同时实现机场两侧京开高速公路和京台高速公路与机场的连接。在远期航站区和大兴国际机场南高速公路建成前，大兴国际机场北线高速公路承担机场东西南三个方向旅客到达机场的需求，参见图1-1-1。

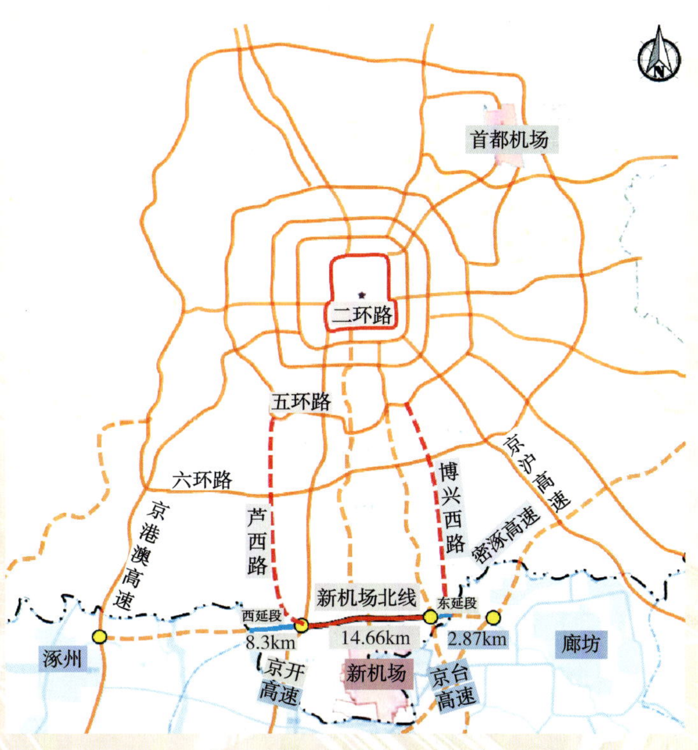

图1-1-1 大兴国际机场北线高速公路位置示意图

第二章　建设背景及意义

一、项目背景

北京大兴国际机场位于北京市正南方向，距离市区约50km。由于北京首都机场距离市区约25km，大兴国际机场的运营在空间距离上处于明显劣势。为了提高大兴国际机场的服务水平和辐射范围，更好地培育大兴国际机场的客流，使大兴国际机场建成后能有效分担首都机场的运输压力，同时满足大兴国际机场与市中心联系的刚性需求，加强中心城与新航城及各组团的交通联系，促进京津冀区域经济一体化发展，带动沿线地方经济发展，大兴国际机场北线高速公路工程的建设就此提上议事日程。

北京大兴国际机场外部综合交通规划是要构建与北京市建设世界级城市相匹配的，以公共交通为主体，以轨道交通为核心的绿色交通发展模式，形成满足不同客运需求，高效便捷、设施优良、区域统筹的大兴国际机场外部交通体系。而高速公路交通工程规划主要为大兴国际机场高速公路工程及大兴国际机场北线高速公路（京开高速公路—京台高速公路段）工程。

二、建设的必要性

（一）北京大兴国际机场对外集散的需要

该项目与北京南部地区的京开高速公路、大兴国际机场高速公路、京台高速公路相交，能够有效、快速地疏解机场交通。此外，在远期南航站楼和南高速公路建成前，东、南、西三个方向的机场交通均要通过该项目实现连接互通，可见，该项目是大兴国际机场对外交通的重要组成部分，承担了对外联系的功能。

（二）完善北京南部地区路网的需要

根据《北京市干线公路网规划》，北京南部地区东西方向规划有两条高速公路，分别为东南过境通道和大兴国际机场北线高速公路。该项目的建设既服务了大兴国际机场，又实现了规划路，是完善北京南部地区路网的需要。

图 1-2-1 大兴机场北线高速公路实景

（三）促进京津冀区域经济一体化发展的需要

该项目远期向西连接至河北省涿州，向东可以到达廊坊，将河北涿州和廊坊两地与北京紧密连接在一起，极大地缩短了省市之间、重要城市之间的时空距离，加快了区域间人员、商品、技术、信息的交流速度，有效降低了生产运输成本，在更大空间上实现了资源有效配置。对提高企业竞争力、促进国民经济发展和社会进步都有重要的作用。该项目的建设完善了京津冀区域高速公路网、北京市干线公路网结构，是京津冀区域经济一体化的需要。大兴机场北线高速公路实景，见图 1-2-1。

（四）加快实现北京城市发展战略，带动地方经济发展的需要

该项目途经北京南部地区及河北省廊坊市、涿州市，拉近了北京东西两侧河北部分地区与首都的时空距离，发挥了首都经济的辐射作用，对促进北京东西部崛起起到巨大的促进作用，是项目沿线经济快速发展的需要。

第三章 建设方案

一、建设条件

（一）地理位置

该项目位于北京市南部，大兴区境内。中段起点为京开高速公路，终点为京台高速公路，路线长度 14.66km（实施长度 13.51km）。

（二）地形、地貌、气候特征

工程区内地形地貌主要为永定河冲洪积平原，地形平坦，地势西高东低，起点位于京开高速公路黄堡桥北侧附近，地面高程约 28.3m。向东越来越低，到大兴国际机场高速公路附近地面高程约为 25.7m，终点京台高速公路（京台高速公路北京段主收费站北侧）附近地面高程约为 22.3m。工程区属暖温带半湿润大陆季风气候，四季分明，年平均气温为 11.6℃，年平均降水量 556mm。

（三）沿线工程地质条件

1. 区域地质构造

工程区大地构造单元位于中朝准地台（Ⅰ级构造分区）、华北断坳（Ⅱ 2，Ⅱ级构造分区）、大兴迭隆起（Ⅲ 7，Ⅲ级构造分区）、黄村迭凸起（Ⅳ 16，Ⅳ级构造分区），工程区内均为平原地区，第四系覆盖层较厚，沿线主要的断裂构造均为隐伏推测的一般断裂。沿线主要发育有北西向的断裂，展布方向为庞各庄—礼贤方向。

2. 工程地质特征

全线以第四系冲洪积（Q4pal）的新近沉积的粉质黏土、粉土、粉细砂，以及一般第四系沉积的粉质黏土、粉土、粉细砂等为主，整条路段地层变化不大，整体场地地层较软，承载力水平较低，压缩模量较小，承受荷载后沉降变形较大。自地表向下 0~5m 深度范围内以新近沉积地层为主，并且粉质黏土、粉土居多，粉细砂分布较少。5~20m 深度范围内以一般第四系沉积地层为主，并且粉质黏土、粉土居多，粉细砂分布较少。20m 深度以下地层一般以第四系沉积的粉细砂为主。总体上场地地面高程自起点至终点越来越低，地层变化不大，其间有砂土与黏性土交替出现的情况。

3. 水文地质

流经工程区的河流沟渠主要有大狼垡沟、田营西沟和田营沟等。该路段地下水资源丰富，地下水位也较浅。地下水主要富存于粉细砂地层中，为第四系孔隙水，主要为大气降水补给，越流、径流排泄。由于该路段远离市区，工矿企业分布较少，所以地下水对建筑材料的腐蚀性也较小。该项目沿线河渠水资源较丰富，地下水位深度一般介于 3~10m 之间，易于开采，大部分水质较好，不会对构造物产生侵蚀作用，可作为工程用水。

（四）沿线不良地质与特殊地质情况

1. 不良地质

路段穿越区存在软土或砂土液化路段，对桥桩、挡墙等结构有一定影响，需要处理。经现场勘查，路线沿线主要是果园、农田、菜地和房建用地。地表腐殖土较厚，路基基底需要换填处理。另外，沿线有生活垃圾填埋区及乱掘坑。为保证路基的稳定，需要对垃圾挖除后再换填砂砾至地平高度，挖除垃圾深度按 2m 计。乱掘坑内有积水及腐殖物，均需要清除后换填砂砾至地平高度。

由于该项目区域内有砂土液化问题，对桥桩及挡墙等结构物基底采用碎石桩处理。碎石桩桩径 0.6m，桩间距 4.0m，桩长 12~15m，呈梅花形布置。处理范围是结构侧壁外不小于 4m。桥头地基采用水泥粉煤灰碎石（CFG）桩处理，桩径 0.4m，桩间距 1.6m，桩长 15m。果园、菜地及农田区地表人工填土较厚，腐殖物多，含水率高，为保证工程质量，需要挖除换填砂砾。

2. 特殊地质

根据现场踏勘，该项目沿线无特殊地质情况。

二、交通量预测

（一）预测交通量

根据区域交通特点，该项目的交通量预测采用四阶段法。在现状社会经济调查和规划资料基础上，预测了项目特征年社会经济量，为交通预测提供基础数据。在交通调查的基础上，将影响区域划分为 43 个交通小区，依据影响区域的现状和规划路网进行了出行生成、出行分布和出行分配预测。交通量预测结果见表 1-3-1。

大兴国际机场北线高速公路预测交通量（单位：pcu/d）　　表 1-3-1

年份（年）		方向	市界—芦西路	芦西路—京开高速公路	京开高速公路—新机场高速公路	新机场高速公路—南中轴路	南中轴路—京台高速公路	京台高速公路—博兴西路
2019	新航城未实现	东向西			14253	15070	13542	6140
		西向东			13123	15981	15538	8193
		断面			27376	31051	29080	14333
	新航城实现	东向西			18911	18041	13602	7009
		西向东			17847	19039	15700	9506
		断面			36758	37080	29302	16515
2025		东向西	8384	25579	49717	49437	45078	22711
		西向东	9788	21070	49114	51626	45289	24669
		断面	18172	46649	98831	101063	90367	47380
2030		东向西	19147	35410	50276	51271	46980	26882
		西向东	17930	31983	49612	54820	49031	27738
		断面	37078	67393	99888	106091	96011	54620
2038		东向西	26895	43589	52943	52185	47654	30125
		西向东	28800	44753	55445	58260	52355	31480
		断面	55695	88342	108388	110445	100009	61605

（二）车道数分析

根据交通量预测结果及车道数计算，随着交通量的逐渐增大，建议大兴国际机场北线高速公路（京开高速公路—京台高速公路段）道路横断面建设标准为双向八车道高速公路。

三、技术标准

公路等级的选用，应根据公路功能、路网规划及交通量，综合考虑地形条件、投资规模、环境及与拟建项目连接的其他工程项目等的影响，并充分考虑项目所在地区的综合运输体系、远期发展等，依据现行《公路工程技术标准》（JTG B01—2014）的相关规定来合理确定。根据交通量预测，该项目一期自 2019 年建成后交通量逐年增加。2030 年二期建成后至远景年 2039 年，向西可以到达芦西路，向东与密涿高速公路相接连接廊坊，交通量达到八车道高速公路的标准。

从公路网规划分析，该项目是北京大兴国际机场对外集散的主要道路。根据北京市城市规划设计研究院编制的规划条件，道路规划等级为高速公路。该项目连接北京南部五条高速公路，除大兴国际机场高速公路外，北京与大兴国际机场的连接均需要通过该项目实现。北京南部的河北地区近期也需要通过该项目实现与大兴国际机场高速公路的连接。

从经济发展的角度分析，该项目是京津冀一体化中交通一体化的重要组成部分，将河北省涿州、廊坊与北京紧密联系在一起，并辐射至天津，整体带动北京南部及河北的经济发展，是北京市南部东西向的经济干线，能够促进沿线的经济发展。从交通量预测结果分析，2019 年路段最小年平均日交通量 27376pcu/ d。按照现行《公路工程技术标准》（JTGB01—2014）的相关规定，年平均日交通量大于 15000 辆，宜按高速公路标准修建。

综合考虑该项目在路网中的重要功能及其相接道路的设计速度、建设条件，确定该项目全线设计速度采用 120km/h。按照规范，双向八车道加连续停车带断面布置为：0.75m 土路肩 +3.0m 硬路肩 +2 × 3.75m 行车道 +2 × 3.5m 行车道 +0.75m 路缘带 +3m 中央隔离带 +0.75m 路缘带 +2 × 3.5m 行车道 +2 × 3.75m 行车道 +3.0m 硬路肩 +0.75m 土路肩。路基全宽为 41.0m，主要技术指标参见表 1-3-2。

主要技术指标表 表 1-3-2

序号	项 目	单 位	指 标	备 注
1	公路等级		高速公路	
2	设计使用年限	年	20	
3	设计速度	km/h	120	匝道 40~60
4	同向曲线间最小长度	m	720	
5	反向曲线间最小长度	m	240	
6	圆曲线一般最小半径	m	1000	
7	不设超高的圆曲线最小半径	m	5500	
8	最大纵坡	%	3	受地形限制可增加 1
9	最小坡长	m	300	
10	最小凸曲线半径	m	17000	极限 11000
11	最小凹曲线半径	m	6000	极限 4000
12	竖曲线最小长度	m	100	
13	停车视距	m	210	
14	行车道宽度	m	3.5/3.75	
15	左侧路缘带宽度	m	0.75	
16	右侧硬路肩宽度	m	3.0	

续上表

序号	项　目	单　位	指　标	备　注
17	土路肩宽度	m	0.75	
18	中央分隔带宽度	m	3.0	
19	路基宽度	m	41	
20	桥梁设计车辆荷载		公路－Ⅰ级	
21	洪水频率		1/100（特大桥 1/300）	
22	桥下净空	m	一、二级公路高 5m 二级以下公路高 4.5m 通道净宽 3.5m，人行通道宽 2.5m	
23	地震动峰值加速度		0.20g	

四、项目特点和难点

（一）政治意义大，社会关注度高

北京大兴国际机场是党中央、国务院决策的国家重大标志性工程，是“十二五”和“十三五”时期的国家重点项目，对促进京津冀一体化发展具有重大作用与意义。作为北京大兴国际机场重要配套工程之一，大兴国际机场北线高速公路是北京市围绕大兴国际机场构建“五纵两横”（“五纵”分别是大兴国际机场高速公路、京台高速公路、京开高速公路、轨道交通新机场线一期、京雄城际铁路；“两横”是大兴国际机场北线高速公路和城际铁路联络线一期）交通网中连通东西方向的重要公路干道，对于满足大兴国际机场周边交通需求，构建京津冀交通一体化主骨架，破解北京地区航空硬件能力饱和，辐射京津冀空港经济，具有至关重要的地位与意义。大兴国际机场北线高速公路用最短的距离，实现三大南北主动脉的东西互通，实现与北京中心城区、天津、保定、廊坊等城市以及雄安新区的快速连接，形成集航空、高铁、城际铁路、城市轨道交通、公路等多种交通方式为一体的环首都一小时综合交通运输体系。

（二）项目建设运营采取 PPP（政府和社会资本合作）模式

该项目采用特许经营的 PPP 模式，项目公司对项目的筹划、资金筹措、建设实施、运营管理、债务偿还和资产管理等全过程负责。项目建设包括设计、施工、运营、移交等全过程，组织管理复杂、时间跨度大；对项目公司管理、建设施工管理、项目运营水准提出了更高的要求。

（三）交叉施工审批手续烦琐，对外协调难度大

该项目与多条高速公路、铁路、地方主要道路相交，穿越规划中的大兴国际机场高速公路、大兴国际机场专线、现状高压电线走廊，上跨京开高速公路、京台高速公路、京九铁路、磁大路、青礼路旧线，上跨北干渠、李营沟、永定河、永兴河等河流。在施工过程中要确保铁路和公路的正常运行，不能造成水源污染，且安全风险高，对外协调组织点位多情况复杂，对外协调难度大。

（四）征地拆迁难点众多，严重制约工程进展

由于北京地区特殊的环境及各种影响因素，项目征地拆迁工作十分艰难，需要与多家产权单位及实施单位进行协调沟通。电力迁改、平原造林、基本农田、军缆改移、民宅赔偿、红线扩拆、运营损失、苗圃评估等一系列征拆难点。10kV 线缆由于线路繁多，方案多为电力隧道等入地方案；市属 35kV 及 110kV 高压线迁改工作进度相对缓慢；华北油田 110kV 高压线路因供应多处油田，内部审批手续烦琐等问题严重制约项目征地拆迁工作的推进。

（五）实际施工期短，工期紧张

该项目于 2017 年 11 月 15 日中标，2018 年 1 月 2 日完成项目公司注册工作，中段要求于 2018 年 12 月底全线贯通，这意味着项目要求在不足一年的时间内完成开工建设到主体竣工贯通的建设全过程，期间还包括冬季、雨季施工，实际施工时间极为短暂。由于工程占地情况复杂及北京地区特殊的政治及地理因素，征、拆、交地进展缓慢，迟迟无法进场展开施工，经过多方努力于 2018 年 3 月才协调占用了京投集团部分已征用完毕场地进行交叉施工。整体施工进度受到林地手续、高压线迁改、征地拆迁影响严重滞后，截至 2018 年 6 月底可进场施工面积不足 30%，直至 8 月可进场施工面积才达到 78%，部分现场方能展开连续施工，有效施工时间极短，工期十分紧张，实现工期目标困难很大。工程概况见图 1-3-1。

图 1-3-1　工程概况

第四章 参建单位

参建单位一览表：

建设单位——北京华北投新机场北线高速公路有限公司

监理单位——北京京博通工程咨询有限公司

监理单位——北京天智恒业科技发展有限公司

设计单位——北京国道通公路设计研究院股份有限公司

勘察单位——北京城建勘测设计研究院有限责任公司

勘察单位——建设综合勘察研究设计院有限公司

施工单位——中铁十六局集团有限公司

施工单位——中国铁建大桥工程局集团有限公司

大兴国际机场北线高速公路各参建单位的主要工作分配如表 1-4-1 所示。

大兴国际机场北线高速公路参建单位工作分配 表 1-4-1

勘察、设计、监理单位	施工标段	施工单位	起讫桩号	主要工程量
勘察单位： 北京城建勘测设计研究院有限责任公司； 建设综合勘察研究设计院有限公司。 设计单位： 北京国道通公路设计研究院股份有限公司。 监理单位： 北京京博通工程咨询有限公司； 北京天智恒业科技发展有限公司。	中段 1 标	中铁十六局集团有限公司	K0+600~K6+437.44 （5.837km）	K0+600~K6+437.44（不含京开高速公路互通主线）段内的临时工程、路基工程、桥涵工程、交叉工程的施工（含交竣工验收）以及缺陷修复
	中段 2 标	中国铁建大桥工程局集团有限公司	K6+437.44~K15+224.41 （8.751km）	K6+437.44–K15+224.41 段内的临时工程、路基工程、桥涵工程、交叉工程的施工（含交竣工验收）以及缺陷修复
	东延段	中国铁建大桥工程局集团有限公司	K0+000~K8+182.563 （8.183km）	K0+000~K8+182.563 段内的临时工程、路基工程、桥涵工程、交叉工程的施工（含交竣工验收）以及缺陷修复
	西延段	中铁十六局集团有限公司	K15+260~K18+148.942 （2.88km）	K15+260~K18+148.942 段内的临时工程、路基工程、桥涵工程、交叉工程的施工（含交竣工验收）以及缺陷修复

第二篇
指导篇

概　述

大兴国际机场北线高速公路西起京冀界涿州，东至京冀界廊坊，是北京大兴国际机场“五纵两横”交通网中连通东西方向的唯一一条公路主干道，对满足大兴国际机场周边交通需求，构建京津冀交通一体化主骨架，破解北京地区航空硬件能力饱和，辐射京津冀空港经济，服务雄安新区建设发展都具有至关重要的意义。

该项目的建设受到了国家、省市政府、各部委领导以及各参建单位的广泛关注和重视。在该项目建设过程中，北京市及中国铁建各级领导更是非常关心和支持，相关领导亲临一线，视察指导项目建设，现场提供指导意见，关心慰问项目参建人员。

政府主管部门

▲ 国家发展和改革委员会党组成员、副主任、北京新机场建设领导小组组长胡祖才（右一）调研新机场外围骨干交通建设情况

▲ 交通运输部党组成员兼总规划师、综合规划司司长王志清（右三）听取项目建设进展、新技术运用等情况汇报

▲中国民航局机场司副司长朱文欣（右一）到项目现场调研指导工作

▲时任北京市交通委主任李先忠（前排右二）听取项目建设进展情况汇报

▲时任北京市交通委副主任方平主持项目开工推进会

▲北京市大兴区政协主席吴问平（前排左二）带领区政协常委到施工现场考察调研

◀ 北京市大兴区副区长李强（左三）调研项目建设进展情况

▶ 北京市交通委领导孙中阁（右三）调研项目建设情况

◀ 北京市交通委领导郭卫亮（左一）出席项目“安全生产月”活动

▶ 北京市交通委路政局副局长张新海（左三）到施工现场检查指导工作

◀ 北京市交通委路政局党委副书记钟志敏（前排右一）到施工现场进行安全应急维稳专项检查

▶ 北京市交通委工程管理处处长李鑫（左二）在施工现场指导协调建设工作

◀ 北京市交通委工程管理处副处长张伟（前排左二）在施工现场协调指导工作

▶ 北京市路政局安监处处长孙荣山（前排左二）对项目“平安工地”示范工程创建工作进行检查验收

◀ 北京市道路工程质量监督站站长周绪利（右三）到施工现场检查指导工作

首发集团

▶ 北京市首发集团党委副书记、总经理张恒利（左三）调研项目建设情况

◀ 北京市首发集团党委常委、副总经理徐术通出席项目公司股东会

▶ 北京市首发集团副总经理李荣均出席项目建设动员会

◀北京市首发建设公司党总支书记、董事长高日和出席项目公司董事会

▶北京市首发集团财务管理部部长曹莉出席公司董事会、监事会

◀北京市首发集团建设管理部部长辛立庆（右二）、副部长李建民（左二）在项目现场检查指导工作

中国铁建股份有限公司

▶ 中国铁建原党委书记、董事长陈奋健（左三）调研项目建设和运营情况

◀ 中国铁建总裁、党委副书记庄尚标（右二）调研项目疫情防控和复工复产情况

▶ 中国铁建党委常委、副总裁李宁（前排左一）到项目现场调研指导工作

◀ 中国铁建副总裁王立新（右三）到项目现场调研指导工作

▶ 中国铁建副总裁倪真（右五）到项目现场开展主题教育专题调研

◀ 中国铁建运营管理部总经理高晓东（右四）到项目现场检查指导工作

中铁建华北投资发展有限公司

▶ 中铁建华北投资发展有限公司党委书记、董事长杜水波出席项目工作推进会

◀ 中铁建华北投资发展有限公司党委副书记、总经理刘明杰出席项目建设动员会

▶ 中铁建华北投资发展有限公司副总经理、总会计师王祖春（右二）调研项目经济运行情况

◀ 中铁建华北投资公司副总经理鞠小华（左二）到项目公司春节慰问

▶ 中铁建华北投资发展有限公司副总经理王均山到项目公司指导工作

◀ 中铁建华北投资发展有限公司纪委书记、工会主席李少亮出席项目公司领导班子及成员考察会

第三篇
勘察设计篇

概 述

勘察是设计的前提。符合国家标准、行业标准和地方标准的勘察至关重要。勘察采用工程地质调查与测绘、钻探、原位测试、室内土工试验、地球物理勘探、水文地质试验等方法和手段。勘察内容包括建设场地的地质、地貌、地层结构特征；地下水类型、埋藏条件、水位变化幅度及规律、补径排条件、有无腐蚀性等；场地内填土的分布范围、深度、物质成分、均匀性、密实性、土体的物理力学性质；场地和地基的地震效应……勘察主要解决拟建线路长、建筑物类型多样、高架桥跨径大等问题。

在该项目的工程设计上，按照“以人为本、安全舒适、科学合理、经济耐久、系统兼顾、环保和谐”的指导思想，做到依据地形选线、地质选线、安全选线、环保选线，突出“以人为本，以车为本”的新理念，采用了大角度反光膜等新材料、桥梁多向变位梳形板伸缩装置等新设备，以及长寿命沥青路面、桥梁抗震、节能型信息板、远距离供电等新技术。达到了节约资源、保护环境、促进和谐、通畅快捷的目的。将项目建设成为经得起时间和社会考验的、人民满意的安全和谐、生态环保的精品工程。

第一章　工程勘察

一、勘察依据

《新机场北线（京开高速公路—京台高速公路）高速公路工程勘察招标文件》；设计提供的平面图、桥位布孔线、桥梁概况（图 3–1–1）。

二、勘察执行标准、规范、规程

中华人民共和国国家标准：

《岩土工程勘察规范》（GB 50021—2001）（2009 年版）

《岩土工程勘察安全规范》（GB 50585—2010）

《建筑抗震设计规范》（GB 50011—2010）（2016 年版）

《中国地震动参数区划图》（GB 18306—2015）

《岩土工程基本术语标准》（GB/T 50279—2014）

《土的工程分类标准》（GB/T 50145—2007）

《土工试验方法标准》（GB/T 50123—1999）

图 3–1–1　大兴国际机场北线高速公路效果图

中华人民共和国行业标准：

《市政工程勘察规范》（CJJ 56—2012）

《公路工程技术标准》（JTG B01—2014）

《公路桥涵地基与基础设计规范》（JTJ D63—2007）

《公路工程抗震规范》（JTG B02—2013）

《公路工程地质勘察规范》（JTG C20—2011）

《建筑桩基技术规范》（JGJ94—2008）

《建筑工程地质勘探与取样技术规程》（JGJ/T 87—2012）

《建筑基坑支护技术规范》（JGJ 120—2012）

《建筑地基处理技术规范》（JGJ 79—2012）

《公路土工试验规程》（JTG E40—2007）

《公路桥梁抗震设计细则》（JTG/T B02-01—2008）

《公路工程水文勘测设计规范》（JTG C30—2015）

《公路工程技术标准》（JTG B01—2014）

《公路桥涵施工技术规范》（JTG/T F50—2011）

《工程建设标准强制性条文》（公路工程部分）

北京市地方标准：

《北京地区建筑地基基础勘察设计规范》（DBJ11-501—2009）（2016 年版）

《房屋建筑和市政基础设施工程勘察文件编制深度规定》（2010 年版）

《城市建设工程地下水控制技术规范》（DB11/1115—2014）

三、勘察目的和任务

根据《公路工程地质勘察规范》（JTG C20—2011）及该工程的工程条件，确定该次勘察的目的如下：

（1）查明拟建场地的地质、地貌、地层结构特征，各层土的物理力学性质、空间分布；对地基承载力进行评价；同时对拟建场地地基稳定性和场地适宜性做出评价。

（2）查明拟建场地有无不良地质作用。若有，查明其成因、类型、性质、空间分布范围、发展趋势，评价其危害程度及其对工程建设的影响，并提出整治措施的建议和必要的防治工程设计参数。

（3）查明拟建场地地下水类型、埋藏条件、水位变化幅度及规律、补径排条件、有无腐蚀性等；查明地下水以上土的腐蚀性。

（4）查明场地内填土的分布范围、深度、物质成分、均匀性、密实性、土体的物理力学性质及其对桥梁基础的影响。

（5）判定场地和地基的地震效应，提供抗震设计基本条件，提供抗震设防烈度、建筑场地类别，分析场地土层液化的可能性。

（6）查明可供选择的桩端持力层和下卧层的埋藏深度、厚度及其变化规律，结合上部结构形式和荷载条件，提出桩长的建议、桩基设计及施工建议；提供桩基承载力计算和变形计算参数；提供路基挡墙设计所需的岩土参数。

（7）对桩基的完整性和承载能力提出检测建议。

（8）提供场地土的标准冻结深度。

四、勘察重点难点

（1）拟建线路长，建筑物类型多样。一般路基、互通立交桥、分离式立交桥、通道桥、跨河桥、挡墙等各自的勘察重点不同，需要分别考虑。

（2）高架桥跨径大。一般跨径为30m，跨京九铁路等特殊构筑物时跨度将增加到35m，主桥估计最大桩顶荷载为9000kN/根，控制性勘探孔深度需满足桩基沉降计算深度，参见图3-1-2。

（3）高架桥梁对沉降控制要求严格。勘察时需查明高架桩基桩周土层、桩端土层及其软弱下卧层的分布特征和工程特性，为桩基沉降计算提供依据。

（4）桩周土的极限侧摩阻力是桩长计算的决定性因素，通过多种手段获取准确、合理经济的桩基计算参数是该次勘察的重点。

（5）一般路基段，路基土的承载力、干湿类型、均匀性等是该次勘察的勘察重点。

（6）挡墙、涵洞工程基础埋置较浅，勘察时需查明其场地内浅层土的物理力学性质，为建筑设计、地基处理等提供依据。

图3-1-2 墩柱钢筋保护层合格率100%

图 3-1-3　北京大兴机场北线高速公路实景

（7）查明沿线的砂土液化情况是该工程的勘察重点。

（8）该工程沿线上跨铁路、现况河、村庄、耕地等，环境条件复杂，施工进场难度大，需要配备经验丰富的专门人员进行路由申报及协调工作。

（9）该项目工期紧迫，根据招标要求，需在30天内完成初步勘察，60天内完成详细勘察，需要进行周密的施工组织和充足的人力资源、设备资源和资金准备，参见图3-1-3。

五、勘察方法和工作量

该次勘察采用工程地质调查与测绘、钻探、原位测试、室内土工试验、地球物理勘探、水文地质试验等方法和手段。

野外钻探主要采用DPP100型汽车钻、SH30型冲击钻。钻探过程中在控制性钻孔中针对不同土层进行标准贯入试验（N）并采取适量土样，进行了物理指标、力学指标、水的腐蚀性分析、土的易溶盐分析等试验，选取部分钻孔进行波速测试。

该次勘察完成布置总勘探孔数505个，进尺22546m，标准贯入试验1130次，轻型圆锥动力触探试验168m，波速测试孔18个，取原状土样1546件，扰动样445件，土的物理指标试验1724组，土的剪切试验1143组，土的压缩试验1462组，水的腐蚀性分析36组，土的易溶盐分析42组，颗粒分析试验221组。

第二章 工程设计

一、设计理由

北京大兴国际机场位于北京市正南方向，大兴区最南端与河北省廊坊市交界处，永定河北岸大兴区的南各庄。北京大兴国际机场2019年建成通航后，首都机场和北京大兴国际机场实行“一市两场”运营模式。根据大兴国际机场外部综合交通规划，拟构建与北京市建设世界级城市相匹配的，以公共交通为主体、以轨道交通为核心的绿色交通发展模式，形成满足不同客运需求，高效便捷、设施优良、区域统筹的大兴国际机场外部交通体系。高速公路交通工程规划主要为大兴国际机场高速公路工程及大兴国际机场北线高速公路（京开高速公路—京台高速公路段）工程。该项目建成后，能够满足北京大兴国际机场与市中心联系的刚性需求，加强中心城与新航城及各组团的交通联系，促进京津冀区域经济一体化发展，带动沿线地方经济发展，见图3-2-1。

二、设计依据

大兴国际机场北线（京开高速公路—京台高速公路段）高速公路工程施工图设计任务及依据如下：

（一）相关报告与批复

（1）《北京市规划委员会关于新机场北线（京开高速公路—京台高速公路）高速公路工程设计方案的批复》（市规函〔2015〕1710号），2015年10月27日（图3-2-2）。

（2）《北京市规划委员会建设项目选址意见书附件》（市政字〔2016〕0026号），2016年6月13日。

（3）北京市发展和改革委员会《关

图3-2-1 北京大兴机场北线高速公路建设实景

北京市规划委员会

市规函〔2015〕1710号

北京市规划委员会关于
新机场北线（京开高速公路～京台高速公路）
高速公路工程设计方案的批复

首发集团：

你单位《关于报审新机场场前联络线（京开高速～京台高速）道路工程规划设计条件及方案设计的请示》（京首公技字〔2015〕43号）收悉。经组织相关单位审查、专家评审，并上报市政府同意，原则同意所报设计方案。现批复如下：

一、原则同意新机场北线高速公路的设计范围。该道路线位由现状礼贤镇北侧经过，西起京开高速公路，向东经京九铁路西侧路、京九铁路、中堡二干渠、团河路、魏石路、南北航站楼联络线、京霸城际铁路、新机场高速公路、轨道交通新机场线、磁大路、青礼路旧线、田营沟、青礼路后，至终点京台高速公路。道路全长约14.8公里。道路起终点处预留远期向东和向西继续延伸的条件。

二、原则同意该道路工程按照高速公路标准设计，设计速度为120公里/小时。

三、原则同意该道路工程的横断面设计。

该道路横断面为两幅路形式：中央分隔带宽3米；两侧路面各宽17.75米，机动车道四上四下；两侧土路肩各宽0.75米，路基全宽40米。

四、原则同意该道路与京开高速公路、南北航站楼联络线、新机场高速公路及京台高速公路相交处设置互通式立交，该道路与磁大路、青礼路旧线立交节点方案下阶段进一步深化研究；该道路与其它道路相交处设置分离式立交，新机场北线高速公路上跨沿线相交道路。

五、原则同意该道路与京九铁路及京霸城际铁路相交处采用分离式立交。

六、原则同意该道路与中堡二干渠及田营沟相交处设置跨河桥各1座，共2座。

七、需进一步完善的问题。

1.请设计单位依据2015年4月22日专家评审意见及相关委办局征求意见回函，进一步深化相关设计。

2.请设计单位根据交通量预测情况、结合该道路为新机场北侧东西向联络线的功能，进一步优化道路沿线立交节点设置及其具体形式，并预留好该道路起终点立交处远期道路主线向东西两侧继续延伸的条件。

3.目前，京台高速公路处于实施阶段，该道路与新机场北线

— 2 —

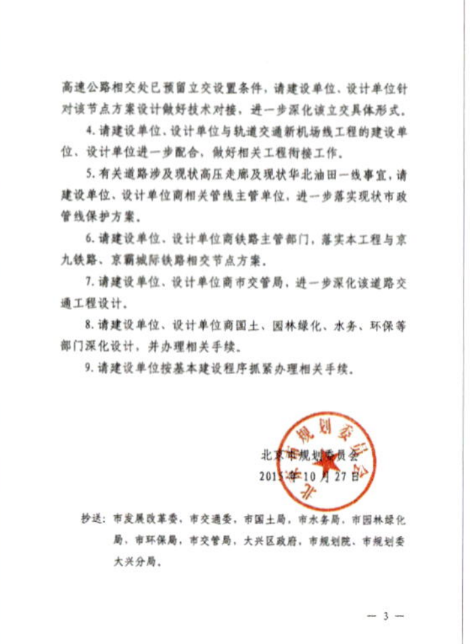
高速公路相交处已预留立交设置条件，请建设单位、设计单位针对该节点方案设计做好技术对接，进一步深化该立交具体形式。

4.请建设单位、设计单位与轨道交通新机场线工程的建设单位、设计单位进一步配合，做好相关工程衔接工作。

5.有关道路涉及现状高压走廊及现状华北油田一线事宜，请建设单位、设计单位商相关管线主管单位，进一步落实现状市政管线保护方案。

6.请建设单位、设计单位商铁路主管部门，落实本工程与京九铁路、京霸城际铁路相交节点方案。

7.请建设单位、设计单位商市交管局，进一步深化该道路交通工程设计。

8.请建设单位、设计单位商国土、园林绿化、水务、环保等部门深化设计，并办理相关手续。

9.请建设单位按基本建设程序抓紧办理相关手续。

北京市规划委员会
2015年10月27日

抄送：市发展改革委，市交通委，市国土局，市水务局，市园林绿化局，市环保局，市交管局，大兴区政府，市规划院，市规划委大兴分局。

— 3 —

图3-2-2　北京市规划委员会关于新机场北线（京开高速公路—京台高速公路）高速公路工程设计方案的批复（市规函〔2015〕1710号）

于新机场北线高速公路（京开高速公路—京台高速公路）工程项目建议书（代可行性研究报告）的批复》[京发改（审）〔2017〕98号]，2017年3月30日。

（4）新机场北线（京开高速公路—京台高速公路）高速公路工程可行性研究报告专家评审会专家意见，2016年6月6日。

（5）北京市交通委员会与河北省交通运输厅《关于新机场高速公路东延工程京冀界接线协议》，2016年6月3日。

（6）北京市大兴区水务局《关于新机场北线（京开高速公路—京台高速公路）高速工程征求意见的回函》，2016年3月29日。

（7）北京市大兴区人民政府《关于新机场北线（京开高速公路—京台高速公路）高速公路工程征求意见的复函》，2016年4月29日。

（8）北京市规划和国土资源管理委员会建设项目用地预审意见，2016年10月17日。

（9）北京市交通委员会《关于对新机场北线高速公路（京开高速公路—京台高速公路）工程社会稳定风险分析报告的审查意见》，2016年11月14日。

（10）北京市大兴区环境保护局《关于新机场北线（京开高速公路—京台高速公路）高速公路工程环境影响报告书的批复》（京兴环审〔2016〕0472号），2016年12月19日。

（11）北京市水务局《关于新机场北线（京开高速公路—京台高速公路）高速公

路工程水影响评价报告书的批复》（京水评审〔2016〕252号），2016年12月30日。

（12）北京市规划和国土资源管理委员会《关于新机场北线（京开高速公路—京台高速公路）高速公路工程初步设计的批复》（市规划国土函〔2017〕1854号），2017年7月17日。

（二）中华人民共和国行业标准

（1）（JTG B01—2014）《公路工程技术标准》

（2）（JTJ 002—87）《公路工程名词术语》

（3）（JTJ 003—86）《公路自然区划标准》

（4）（JTJ/T B02-01—2008）《公路桥梁抗震设计细则》

（5）（JTG B03—2006）《公路建设项目环境影响评价规范》

（6）（JTJG B04—2010）《公路环境保护设计规范》

（7）（JTG C10—2007）《公路勘测规范》

（8）（JTJ C20—2011）《公路工程地质勘察规范》

（9）（JTG C30—2015）《公路工程水文勘测设计规范》

（10）（JTG D20—2006）《公路路线设计规范》

（11）（JTG D30—2015）《公路路基设计规范》

（12）（JTG D50—2017）《公路沥青路面设计规范》

（13）（JTG D40—2011）《公路水泥混凝土路面设计规范》

（14）（JTG/T D33—2012）《公路排水设计规范》

（15）（JTG D60—2015）《公路桥涵设计通用规范》

（16）（JTG D62—2004）《公路钢筋混凝土及预应力混凝土桥涵设计规范》

（17）（JTG D63—2007）《公路桥涵地基与基础设计规范》

（18）（JTG D81—2006）《公路交通安全设施设计规范》

（19）（JTG/T B05—2004）《公路项目安全性评价指南》

（20）（交公路发〔2007〕358号）《公路工程基本建设项目设计文件编制办法》

（21）（JTG/T B06-02—2007）《公路工程预算定额》

（22）（建标〔2011〕124号）《公路工程项目建设用地指标》

三、设计标准

根据北京市规划和国土资源管理委员会《关于新机场北线（京开高速公路—京

台高速公路）高速公路工程初步设计的批复》，确定大兴国际机场北线（京开高速公路—京台高速公路）高速公路工程的设计标准为：八车道高速公路，速度120km/h，路基宽度41.0m，红线宽度100m。按交通运输部颁发的《公路工程技术标准》（JTG B01—2014）、《公路路线设计规范》（JTG D20—2006）及其他相关规范进行设计。

（一）平面技术标准（表3-2-1）

技术指标表　　表3-2-1

设计速度	120km/h
圆曲线最小半径	1000m
圆曲线最小极限半径	650m
圆曲线不设超高最小半径	5500m
缓和曲线最小长度	100m
平曲线最小长度一般值	600m
平曲线最小长度最小值	200m
停车视距	210m

（二）纵断技术标准（表3-2-2）

技术指标表　　表3-2-2

设计速度	120km/h
最大纵坡（主路）	3%
最小坡长	300m
凸形竖曲线一般最小半径	17000m
凸形竖曲线极限最小半径	11000m
凹形竖曲线一般最小半径	6000m
凹形竖曲线极限最小半径	4000m
竖曲线最小长度一般值	250m
竖曲线最小长度最小值	100m

（三）互通式立体交叉范围内指标（表 3-2-3、表 3-2-4）

主线技术指标　　表 3-2-3

设计速度（km/h）			120
最小平曲线半径（m）		一般值	2000
		最小值	1500
最小竖曲线半径（m）	凸形	一般值	45000
		最小值	23000
	凹形	一般值	16000
		最小值	12000
最大纵坡（%）		一般值	2
		最大值	2

匝道指标　　表 3-2-4

匝道设计速度（km/h）		80	70	60	50	40	35	30
圆曲线最小半径（m）	一般值	280	210	150	100	60	40	30
	最小值	230	175	120	80	50	35	25
正常路拱（2%）曲线半径（m）		3500	2600	2000	1300	800	650	500
凸形竖曲线半径（m）	一般值	4500	3200	2000	1600	900	700	500
	极限值	3000	2200	1400	800	450	350	250
凹形竖曲线半径（m）	一般值	3000	2000	1500	1400	900	700	400
	极限值	2000	1500	1000	700	450	350	300
竖曲线最小长度（m）	一般值	100	90	70	60	40	35	30
	极限值	75	60	50	40	35	30	25

（四）路基横断面技术标准（表 3-2-5）

路基横断面技术指标表　　表 3-2-5

道路等级	高速公路
车道数	8
车道宽度	3.75m/3.5m
中间带宽度	3.0m
路基宽度	41.0m
红线宽度	100m

四、测设经过

北京国道通公路设计研究院股份有限公司接到大兴国际机场北线（京开高速公路—京台高速公路段）高速公路工程施工图设计任务后，立即组成大兴国际机场北线（京开高速公路—京台高速公路段）高速公路工程施工图设计项目组，确定人员组成，制订编制计划。

主要工作过程如下：

（1）拟订方案：在1∶1000地形图上，根据主要控制点等条件，拟定道路方案。

（2）现场踏勘：对经过的主要路段、相关道路、沿线工程环境等进行了实地踏勘，重点踏勘路线起、终点、桥位、沿线村庄、河流等地段。

（3）调查资料的收集及分析整理。

（4）方案选择及评价，在现场踏勘、整理分析资料的基础上，在1∶1000地形图上进一步优化路线方案，并进行比选，拟定路线走向，计算工程量，进行工程造价核算。

五、总体设计原则

经过实地调查、分析，依据规划条件及干线公路的布局与技术等级和区域经济发展的总目标与人口、城镇布局发展的要求，按照适度超前发展的原则，确定大兴国际机场北线（京开高速公路—京台高速公路段）高速公路工程的线位方案。路线布设原则：

（1）路线走向符合国家高速公路网规划中路线的基本走向以及北京市城市总体规划中的要求。

（2）路线布设注意与沿线城镇规划建设、路网规划的配合，减少不利分隔，并为其发展预留空间。

（3）处理好与沿线铁路、河流等水利设施、部队、文物、乡镇的关系，尽量减少因公路的修建带来的不利影响。

（4）按照地质选线的原则，尽可能避让不良地质区域，无法避让时，应减少影响范围。

（5）设计中充分考虑公路与自然环境的协调，减少公路建设对生态环境的破坏，并完善环境保护措施。

（6）路线布设应结合路网、用地等因素统筹规划、合理布局，少拆迁、少占用基本农田，注意集约用地。

（7）以相关规范为指导（图 3-2-3），在满足安全及道路功能的前提下，尽量降低工程造价。

（8）设计符合交通运输部新理念要求，充分考虑沿线景观，重视环境保护。

（9）设计标准参照交通运输部颁发的《公路工程技术标准》（JTG B01—2014）。

图 3-2-3　桩基超声波检测均达到设计要求

六、设计思想

设计按照“以人为本、安全舒适、科学合理、经济耐久、系统兼顾、环保和谐”的要求，努力把该项目建设成为经得起时间和社会考验的、人民满意的安全和谐、生态环保的精品工程。

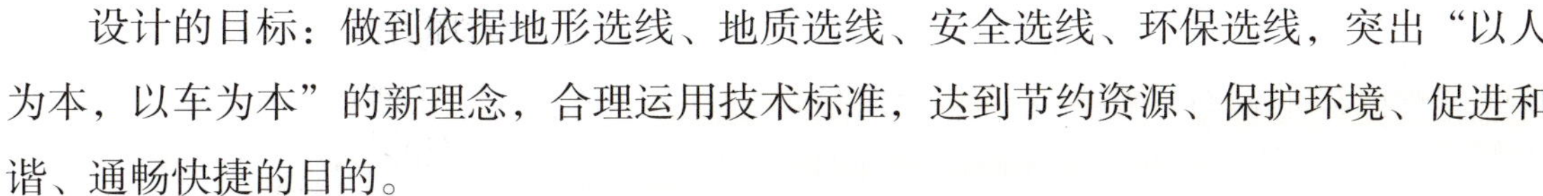

设计的目标：做到依据地形选线、地质选线、安全选线、环保选线，突出“以人为本，以车为本”的新理念，合理运用技术标准，达到节约资源、保护环境、促进和谐、通畅快捷的目的。

（1）路线布设考虑沿线用地规划，并与周边城镇规划、经济开发以及规划干线公路和地方道路相结合，合理布设各节点互通式立交、分离式立交、通道等构筑物，方便沿线群众出行，促进沿线经济发展。

（2）道路横断面根据交通量预测结果，并结合沿线用地及交通集散情况予以确定，以满足远期交通发展要求。路基设计遵循“安全、环保、舒适、和谐”的理念，力求把各类路基结构与整条高速公路有机统一在一起，严格按照环境保护的要求执行，避免引发地质灾害，减少生态环境的影响。

（3）互通式立交节点设置结合路网现状和远期规划，选择合适的被交叉道路，通过交通流量的分析，根据对道路的定位及总体规划交通组织要求，合理确定互通式立交的各方向交通流的转换方向及立交形式、满足交通流转向的交通功能需求，结合总体交通组织要求，统一考虑区间的交通组织与转换。

（4）分离式立体交叉设置在道路与各规划等级相交路相交处，高速公路的相交处采用互通式立交，同时结合地方道路的规划及功能、特点及出入需求，根据规范要求确定是否设置互通立交，并根据道路的规划、现状条件及出入需求确定设置桥梁、通道。

通道和跨河桥的设置应结合现状及规划河道、道路及公路两侧村镇的通行条件、发展前景综合拟定通道的等级。考虑高速公路建成后给沿线居民带来的影响，该项目的通道布设本着合理布局、统筹考虑、尊重原有道路交通体系、方便沿线居民生产、生活的原则，在与当地政府充分协调的基础上，按行人、行车，并兼顾排水等功能分类，进行了合理调整归并，尽量降低造价。

（5）交通标志与标线根据道路设计标准采用高速公路标准设置，标志与标线的布设力求做到标志齐全、功能完整。对驾驶员进行适时、准确的引导，通过全面、系统、连续、均衡的布设道路交通标志与标线，将高速公路快速、舒适、安全的效能充分发挥出来，同时应注意与监控、通信、环境、收费站、检查站等其他沿线设施系统的协调配合。地方道路系统按地方道路的规划及设计标准的道路设计等级依据规划要求确定。

（6）高速公路收费站及收费广场是保证收费站交通安全和畅通，确保收费业务正常运行的重要设施。作为北京市域内高速公路网中的一条主要高速公路，在其收费站设置时应统一考虑各相交现状及规划高速公路的收费系统的设置条件，应与各相交高速公路的收费系统相协调，应系统性、方便性相统一，不重置，不漏设，同时还应保证其快速有效的通行条件。

（7）主线全线新建，现状被交道路部分予以改建，在立交区内如果对其用地及线位有阻隔时，应充分调查及分析周边用地情况，对其局部调整方案进行充分优化，以保证其近期功能一致，远期实现条件充分。

（8）对于沿线各规划相交道路，应充分考虑其规划条件，并预留其远期实施的条件。

（9）桥梁结构在没有特殊要求的前提下，选择结构受力明确、外形简洁且便于施工的桥型，提高行车的舒适性，体现出“以人为本”的设计理念，做到技术可行、经济合理，并尽量做到标准化、系列化和施工机械化。

（10）设计中对桥梁结构形式的选择，还要充分考虑结构的耐久性和运营期间的养护费用，以使桥梁工程全寿命周期费用达到最省，体现“节约全寿命周期成本”的理念。

（11）排水设计应满足规划要求及各地方标准的规定要求，排水出路应当通畅、明确。

七、设计亮点

（一）新材料

大角度反光膜。当汽车灯光照在标志牌上，回归的逆反射光线实际呈现光锥状，越靠近中心轴区域（即入射光线路）的逆反射亮度越高，离中心轴越远，逆反射亮度越低。大角度反光膜的优势就在于它的逆反射光锥很大，在距离中心轴区域较远位置的逆反射亮度还能保证很高。

（二）新设备

桥梁多向变位梳形板伸缩装置。该装置具有模块化设计，多向变位功能，拥有良好的适应性，伸缩量大、抗震性能好，行车舒服度较高；通过采用低合金高强度结构钢，增强结构的耐久性。同时通过梳齿与齿槽之间的圆弧过渡及钢板和混凝土之间的高分子阻尼材料的应用，使伸缩缝具有环保低噪声功能，且由于模块化设计，后期维护、更换较为方便。

（三）新技术

1. 长寿命沥青路面设计技术

根据道路环境和交通荷载状况分析，确定该项目的设计方法为从使用性能指标和力学指标两方面入手，吸收长寿命沥青路面设计思想，考虑“结构、材料、环境、荷载、经济”等因素的长寿命沥青路面结构设计方法。

2. 桥梁抗震技术

该项目位于高烈度区，地震作用控制桥梁设计。应用多滑动面摩擦摆球型支座，利用单摆原理，通过球面半径及球面之间的摩擦系数等参数，来有效延长结构周期、降低地震效应，耗散地震能量等作用，从而降低桥墩等下部结构受力，降低墩柱配筋等。

3. 节能型信息板

该项目道路全线所有可变信息标志全部采用节能型可变信息标志（图 3-2-4），常用的非节能型情报板功率一般可达 500W/m^2，每处消耗 3~5kW 电能，并且需要布设较粗的供电电缆，产生了很大的前期投资和运营成本。随着近几年 LED 管产品工艺的改良，控制系统的优化，节能型可变信息标志可以通过对 LED 管件、驱动电源、驱动芯片、控制器等设备的技术升级提高电能利用率实现节能控制。节能型可变信息标志可以将用电量降低至传统情报板的 1/2 甚至 1/3，为绿色环保的运营手段提供了有力支持。

图 3-2-4 节能型信息板

图 3-2-5 项目公司组织召开大兴国际机场北线设计回访交流会

4. 远距离供电方案

高速公路外场设备供电通常采用从就近供电点低压电力电缆供电的方式，但此方式无法满足远距离、大功率设备的供电需求，所以该项目推荐采用远距离供电方案（浮动电压）。

远距离供电方案是通过加大传输电压从而降低线缆压降的方式实现远距离设备供电。远距离供电方案有如下优势：一是增加线缆供电的传输距离。二是由于远距离供电的传输电压较高，线缆损耗压降较小，所以采用远距离供电的方式，电缆线径可以比低压供电方式小。三是由于远距离供电方式可以减小电缆线径，所以对于线缆的敷设可以提供一种新的实施方案，即采用管道吹缆的方式。远距离供电是一种安全、高效的供电传输方案，可以有效为远端机电设备提供供电条件，并减小传输电缆线径。

图 3-2-5 大兴国际机场北线设计回访交流会。

第四篇
建设管理篇

概 述

规范有效的建设管理，是保证整个工程优质高效竣工交付的保障。北京华北投新机场北线高速公路有限公司是管理团队优秀、硬件设施一流的项目公司，负责实施北京大兴国际机场北线高速公路的投资、建设和运营管理。尤其重视项目工程质量和安全环保，为此做了大量的工作。

项目公司主要负责制度制定、合同履约和重大事项的管理，同时对勘察、设计、监理、施工总承包负管理责任。施工总承包部以实现管理目标为宗旨，以细化公司规章制度，落实各项管理规定，规范施工为手段，履行了确保质量管理体系的责任。

在质量管理方面，项目公司、勘察、设计、监理、施工总承包部分别建立相应的质量管理体系，明确了各自的职责和分工，同时贯穿在工程招标、施工准备阶段、施工阶段各个环节，建立了工程质量定期检查制度。

在安全环保上，始终贯彻“安全第一、以防为主、综合治理”的安全生产方针，遵循“横向到边、纵向到底、责任到人、不留死角”的工作原则，狠抓现场管理。在保证工程质量和安全环保的基础上，取得项目最大的投资效益和社会效益。

第一章 项目组织

一、建设单位

北京华北投新机场北线高速公路有限公司成立于2018年1月，是由北京市首都公路发展集团有限公司和中国铁建股份有限公司、中铁十六局集团有限公司、中国铁建大桥工程局集团有限公司共同出资组建的有限责任公司。公司负责实施北京大兴国际机场北线高速公路的投资、建设和运营管理。公司本着“科学管理、创新发展，以人为本、以信致远，回馈股东、造福人民”的经营理念，建设优质高速公路，提供高效通行服务，打造一流品牌企业。

二、组织机构

根据招标文件和公司章程有关规定，项目公司按照现代企业制度要求成立公司法人治理机构，包括：股东会、董事会、监事会和经营管理机构（图4-1-1），其中经营管理机构按建设期和运营期两个阶段设置，确保项目公司对项目的筹划、资金筹措、建设实施、运营管理、养护维修、债务偿还和资产管理、项目移交等各项工作的顺利开展。

图4-1-1 项目公司领导班子（从左至右依次为：李劲松、廖延军、宗长春、娄德兰、李永珑、吴昱、聂勇）

（一）股东会

公司设股东会。股东会由全体股东组成，是公司的权力机构，见表 4–1–1 和图 4–1–2。

公司股东及出资比例　　表 4–1–1

公司名称	股东单位	出资比例
CRCC 中国铁建 中国铁建股份有限公司 CHINA RAILWAY XTH BUREAU GROUP CO., LTD.	中国铁建股份有限公司	50%
BCHD 北京市首都公路发展集团有限公司	北京市首都公路发展集团有限公司	49%
CRCC 中国铁建 中国铁建大桥工程局集团有限公司 CHINA RAILWAY XTH BUREAU GROUP CO., LTD.	中国铁建大桥工程局集团有限公司	0.5%
CRCC 中国铁建 中铁十六局集团有限公司 CHINA RAILWAY XTH BUREAU GROUP CO., LTD.	中铁十六局集团有限公司	0.5%

股东会行使下列职权：

（1）决定公司的经营方针和投资计划；

（2）决定有关董事的报酬事项；

（3）决定有关监事的报酬事项；

（4）审议批准董事会的报告；

（5）审议批准监事会的报告；

（6）审议批准公司的年度财务预算方案、决算方案；

图 4–1–2　公司第一次股东会、一届一次董事会

（7）审议批准公司的利润分配方案和弥补亏损方案；

（8）对公司增加或减少注册资本作出决议；

（9）对发行公司债券或其他公司融资方案作出决议；

（10）对股东向股东以外的人转让出资作出决议；

（11）对公司合并、分立、变更公司形式、解散和清算等事项作出决议；

（12）修改公司章程；

（13）经营期运营养护服务实现形式及具体方式。

（二）董事会

公司设董事会。董事会由 5 名董事组成，其中：中铁建联合体委派 3 名；首发集团委派 2 名。董事长 1 人，由中铁建联合体委派；副董事长 1 人，由首发集团委派，见图 4-1-3、图 4-1-4 和表 4-1-2。

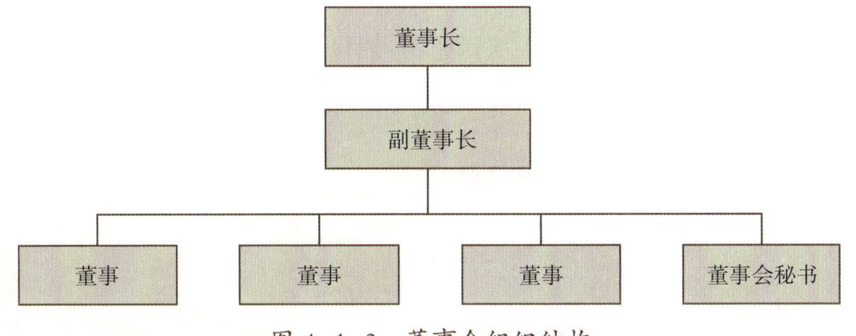

图 4-1-3　董事会组织结构

图 4-1-4　公司股东会、一届四次董事会

公司董事会成员 表 4-1-2

董事会成员	董事会职务	单　位	职　务
娄德兰	董事长	北京华北投新机场北线高速公路有限公司	董事长
高日和	副董事长	北京市首发高速公路建设管理有限责任公司	党总支书记、董事长
李永珑	董事	北京华北投新机场北线高速公路有限公司	总经理
连文博	董事	中铁建华北投资发展有限公司	投资经营部总经理
吴　昱	董事	北京华北投新机场北线高速公路有限公司	副总经理
聂　勇	董事会秘书	北京华北投新机场北线高速公路有限公司	副总经理、财务总监

董事会对股东会负责，行使下列职权：

（1）负责召集股东会，并向股东会报告工作；

（2）执行股东会决议；

（3）决定公司的经营计划和投资方案；

（4）制订公司的年度财务预算方案、决算方案；

（5）制订公司的利润分配方案和弥补亏损方案；

（6）制订公司增加或减少注册资本的方案；

（7）拟订公司合并、分立、变更公司形式、解散的方案；

（8）决定公司内部管理机构的设置，决定公司员工的工资、福利、奖惩；

（9）聘任或解聘公司总经理、财务总监。根据总经理的提名，聘任或解聘公司副总经理，决定其报酬事项；

（10）制定公司的基本管理制度；

（11）决定公司的委托经营事项；

（12）制定公司融资方案；

（13）提出高速公路收费价格调整方案；

（14）制定公司在经营期届满时公司资产的移交方案及程序；

（15）对新机场北线高速公路（北京段）的质量、工期、造价、安全等方面重大调整和重大技术变更进行决策；

（16）董事会决定公司重大问题，应事先听取公司党委的意见。

（三）监事会

公司设监事会，监事会由 3 名监事组成。由中铁建联合体委派 1 名；首发集团委派 1 名；公司职工代表 1 名。监事会主席由首发集团委派的监事担任。监事会中的职工代表由公司职工民主选举产生，见图 4–1–5、图 4–1–6 及表 4–1–3。

图 4–1–5 监事会组织结构

图 4–1–6 公司一届五次董事会暨监事会

公司监事会成员 表 4–1–3

监事会成员	监事会职务	单　　位	职　　务
曹　莉	监事会主席	北京市首都公路发展集团有限公司	财务管理部部长
谭森林	监事	中铁建华北投资发展有限公司	财务融资部总经理
张晗飞	监事	北京华北投新机场北线高速公路有限公司	总经理助理、综合管理部（党群工作部）部长

监事会行使下列职权：

（1）检查公司财务；

（2）对董事、总经理、财务总监执行公司职务时违反法律、法规或公司章程的行为进行监督；

（3）当董事、总经理、财务总监的行为损害公司的利益时，要求董事、总经理、财务总监予以纠正；

（4）提议召开临时股东会；

（5）公司章程规定的其他职权。

（四）党委

公司设立党委。党委设书记 1 名（表 4–1–4），其他党委成员若干名。符合条件的党委成员可以通过法定程序进入董事会、监事会、经理层，董事会、监事会、经理层成员中符合条件的党员可以依照有关规定和程序进入党委（图 4–1–7）。

党 委 书 记 表 4–1–4

党 委 委 员	职　　务	单位（职务）
宗长春	党委书记	北京华北投新机场北线高速公路有限公司

公司党委根据《中国共产党章程》等党内法规履行职责。

（1）保证监督党和国家方针政策在公司的贯彻执行，落实党中央、国务院重大战略决策和国资委党委以及上级党组织有关重要工作部署。

图 4-1-7 项目公司召开党委会

（2）坚持党管干部的原则与董事会依法选择经营管理者，以及经营管理者依法行使用人权相结合。党委对董事会或经理提名的人选进行酝酿并提出意见建议，或者向董事会、总经理推荐提名人选；会同董事会对拟任人选进行考察，集体研究提出意见建议。

（3）研究讨论公司改革发展稳定、重大经营管理事项和涉及职工切身利益等重大问题，并提出意见建议。

（4）承担全面从严治党主体责任。领导公司思想政治工作、统战工作、精神文明建设、企业文化建设和工会、共青团等群团工作。领导党风廉政建设，支持纪委切实履行监督责任。

（五）经理层

公司经理层设总经理 1 名，总经理由董事长提名，经董事会聘任或解聘；副总经理若干名，由总经理提名，经董事会聘任或解聘。

总经理对董事会负责，行使下列职权：

（1）主持公司的生产经营管理工作，组织实施董事会决议，并定期向董事会报告工作；

（2）拟订并组织实施公司年度经营计划和投资方案；

（3）拟订公司的内部管理机构设置方案；

（4）拟订公司的基本管理制度；

（5）制定公司的具体规章制度；

（6）提请董事会聘任或者解聘公司副总经理；

（7）聘任或者解聘除应由董事会聘任或者解聘以外的负责管理人员；

（8）拟定公司员工的工资、福利、奖惩，决定公司员工的聘用或者解聘；

（9）公司章程和董事会授予的其他职权；

（10）总经理主持召开办公会议，研究决定公司生产经营管理中的重大问题，应事先听取公司党委的意见，参见图 4-1-8、图 4-1-9 和表 4-1-5。

图 4-1-8　项目公司召开总经理办公会

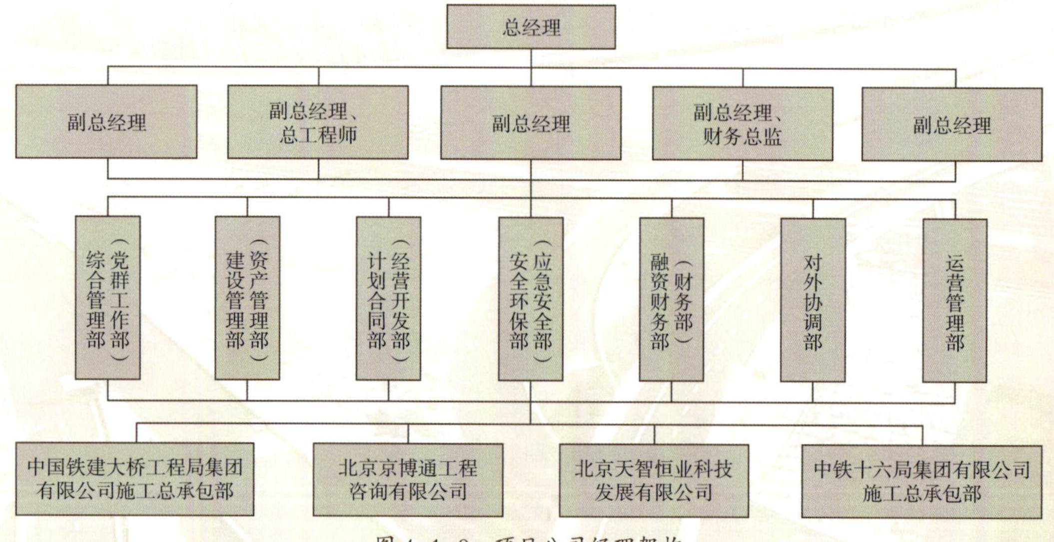

图 4-1-9　项目公司经理架构

公司经理层 表 4-1-5

姓名	职务	姓名	职务
李永珑	总经理	吴昱	副总经理
廖延军	副总经理、总工程师	李劲松	副总经理
聂勇	副总经理、财务总监	刘亚军	副总经理

（六）公司部门设置

根据有关文件对公司机构设置的要求，同时结合项目建设与运营并存的实际情况，为便于各项工作的开展，项目公司建设期设置的主要部门有：综合管理部（党群工作部）、建设管理部、计划合同部、安全环保部、融资财务部、对外协调部；运营期设置的主要部门有：办公室、运营管理部、财务部、资产管理部、经营开发部、应急安全部。

图 4-1-10 从左至右依次：刘萍、段之雯、张晗飞、冯帆、许鹏

1. 综合管理部（党群工作部）

主要职能：负责项目公司综合行政和党群工作。行政管理、文书文秘、人事薪酬、党群事务、督查督办、综合协调、后勤管理等（图 4-1-10）。

2. 建设管理部（资产管理部）

主要职能：负责工程建设的咨询、设计、施工、技术、进度、质量控制等工作（资产实物管理，养护，路产巡视、机电管理等），见图 4-1-11。

图 4-1-11 从左到右依次：姚尧、高晓辉、王瑞花、葛陟、姚方全

3. 计划合同部（经营开发部）

主要职能：负责项目建设过程中经济活动管理工作。招标、合同、工程造价、投资计划、成本管

控、法律合规等工作（统计、合同管理、市场经营开发等），见图 4–1–12。

4. 安全环保部（应急安全部）

主要职能：负责履行建设单位安全生产、环境保护职责（安全、环保、应急管理等），见图 4–1–13。

5. 融资财务部（财务部）

主要职能：负责公司资金筹集、资金安全、会计基础等工作（财务管理、会计核算、税务事宜、票卡管理等），见图 4–1–14。

图 4–1–12　从左到右依次：李立成、张晓宇、田博、于昊

图 4–1–13　从左到右依次：张晗飞、俞昌涛

图 4–1–14　从左到右依次：高甜、金航、代丽

6. 对外协调部

主要职能：负责项目征地拆迁、工程协调、征拆手续办理和费用管控等工作（图 4–1–15）。

7. 运营管理部

主要职能：负责运营收费、信息、票证、稽查、监控等工作（图 4–1–16）。

图 4–1–15　从左到右依次：王耀阳、范仰杰

图 4–1–16　从左到右依次：向加杰、胡方龙、叶家军、代丽、李媛博

第二章 对外协调管理

该项目征地共涉及4个镇17个村623户，涉及征地面积2856亩，面临电力迁改、军缆改移、民宅赔偿、红线扩拆、苗圃评估等一系列征拆难点。

为加快推进征拆工作，项目公司首先健全专职机构，加强组织领导，成立项目征地拆迁领导小组，保障征拆工作有效落实；同时明确责任，强化分工，细化到底，落实到人。在持续的攻坚克难与不懈努力下，赢得了政府、行业各级主管单位的理解和支持，半年时间内先后取得了国家林业和草原局《使用林地和审批同意书》，完成了冀北供电公司运维的500kV高压迁改等多项实质性进展，征地拆迁工作逐渐完成从量变到质变的阶段。

2018年6月19日，项目公司成功取得国家林业和草原局《使用林地和审批同意书》，使用林地手续全部办理完成。由于林地影响面积占到全线红线用地的一半，对工程进展和总体工期目标实现造成很大影响，该同意书的取得是项目公司在征拆工作方面取得的重大突破之一。国家电网500kV冀北供电公司运维的两条超高压线于2018年初开始启动迁改工作，历经十几个流程环节，于2018年6月25日全部迁改完成。该迁改工作仅用半年时间，远低于同地域同类型其他项目需要近2年的迁改时间。

此外，平原造林、林木伐移、弱电迁改、跨路许可等各项工作也同步协调推进，并逐一实现突破。面对市属电力迁改、中国劳动社会保障出版社、北京蜂鸟花卉有限公司（养猪场）等征拆难点问题，项目公司凝聚所有参建单位合力，通过紧紧依靠政府、首发集团等各方力量，深入分析和探讨解决问题的方向、方案，积极制定应对策略，加强与产权单位与政府部门的沟通，争取有关部门支持，均按期征拆完成（图4-2-1）。

图4-2-1 项目公司总经理李永珑、党委书记宗长春、副总经理李劲松组织召开征拆工作推进会

一、办理使用林地手续

（一）办理难点

大兴国际机场北线高速公路项目（中段）总占地面积 2856 亩，涉及林地总面积 887.5 亩，平原生态林及平原造林总面积 609.2 亩，总影响面积近 1300 亩（部分林地与平原生态林和平原造林重合），占工程总占地面积的 48%。

林地相关手续办理作为征地拆迁工作中的一部分，对工程项目的影响较大，未办理林地相关手续将直接影响进地施工。且林地审批手续比较烦琐，中间环节多，牵涉到的相关人员也比较多，协调难度大。手续办理过程中也遇到了一些问题：

（1）由于该项目占用防护林林地面积超过 10hm^2，根据林业部门相关规定，需上报国家林业和草原局审批。林地申请由区局报市局，再上报国家局，直接延长了林地手续的办理时间。

（2）补偿协议签订。该工程项目使用北京市黄垡苗圃地 118 亩，为北京市园林绿化局下属单位，由于地上物的补偿问题一直未能签订补偿协议，而且由于黄垡苗圃属于国有林场，向国家林业和草原局提交的使用林地申请需要提供国有林场的补偿协议，为解决此项问题，经公司领导多方努力，最终与北京市黄垡苗圃商定，先签订框架协议，同意使用林地，地上物补偿问题待补偿谈妥后再签订。公司使用与黄垡苗圃签订的框架协议，报到国家林业和草原局，成功办理使用林地手续。

（3）使用平原造林地的占补平衡问题。根据林业部门相关规定，使用平原造林地需要坚持“占补平衡”原则，由于该工程项目用地主要集中在礼贤镇，占用礼贤镇平原造林及生态林近 610 亩，且礼贤镇工程项目较多，都涉及平原造林的“占补平衡”问题，礼贤镇范围内无法提供符合要求的土地，需要向区园林局申请大兴区内平衡。根据区园林局的相关规定，区内异地平衡需要缴纳 3 倍平原造林建设资金，参见图 4-2-2。

图 4-2-2　项目公司党委书记宗长春（右一）、副总经理李劲松（右二）组织召开平原造林树木移植方案研讨会

（二）使用林地手续基本流程

（1）前提条件。取得项目建议书（可行性研究报告）和规划设计方案（一会三函项目要有项目立项批复和规划设计方案批复）；取得工程拨地钉桩成果（放样出工程用地边线）。

（2）委托有资质的中介机构编制《工程项目使用林地可行性研究报告》。

（3）公司对外协调负责人向区园林绿化局提交使用林地申请并提供相关申请材料，配合区园林绿化局进行现场查验。

（4）由区园林绿化局填写《使用林地现场查验表》，根据审批权限（林地等级不同，审批部门不同）直接下发《使用林地备案通知书》或协助区局将相关材料上报市园林绿化局。

（5）市园林绿化局审核相关材料，并下发《使用林地审核同意书》，参见图4-2-3和图4-2-4。

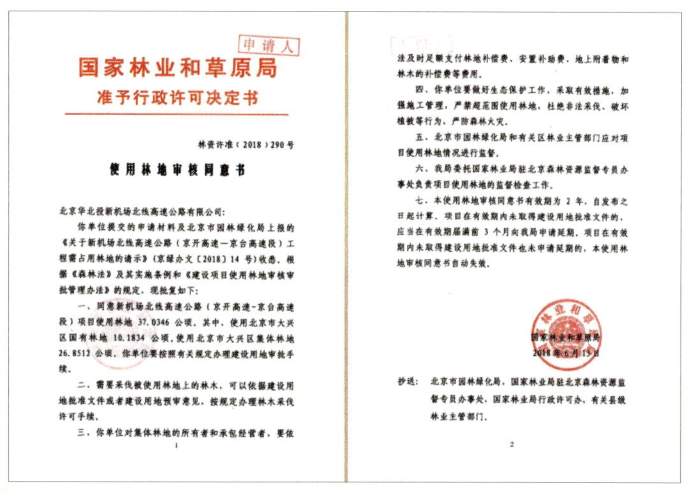

申请人

国家林业和草原局
准予行政许可决定书

林资许准（2018）290号

使用林地审核同意书

北京华北投新机场北线高速公路有限公司：

你单位提交的申请材料及北京市园林绿化局上报的《关于新机场北线高速公路（京开高速—京台高速段）工程需占用林地的请示》（京绿办文〔2018〕14号）收悉。根据《森林法》及其实施条例和《建设项目使用林地审核审批管理办法》的规定，现批复如下：

一、同意新机场北线高速公路（京开高速-京台高速段）项目使用林地37.0346公顷。其中，使用北京市大兴区国有林地10.1834公顷，使用北京市大兴区集体林地26.8512公顷。你单位要按照有关规定办理建设用地审批手续。

二、需要采伐被使用林地上的林木，可以依据建设用地批准文件或者建设用地预审意见，按规定办理林木采伐许可手续。

三、你单位对集体林地的所有者和承包经营者，要依

1

法及时足额支付林地补偿费、安置补助费、地上附着物和林木的补偿费等费用。

四、你单位要做好生态保护工作，采取有效措施，加强施工管理，严禁超范围使用林地，杜绝非法采伐、破坏植被等行为，严防森林火灾。

五、北京市园林绿化局和有关区林业主管部门应对项目使用林地情况进行监督。

六、我局委托国家林业局驻北京森林资源监督专员办事处负责项目使用林地的监督检查工作。

七、本使用林地审核同意书有效期为2年，自发布之日起计算。项目在有效期内未取得建设用地批准文件的，应当在有效期届满前3个月向我局申请延期。项目在有效期内未取得建设用地批准文件也未申请延期的，本使用林地审核同意书自动失效。

国家林业和草原局
2018年6月13日

抄送：北京市园林绿化局，国家林业局驻北京森林资源监督专员办事处，国家林业局行政许可办，有关县级林业主管部门。

2

图4-2-3　国家林业和草原局准予行政许可决定书

（三）平原造林手续办理流程

（1）委托有资质的平原造林现状调查单位进行该工程项目平原造林现状调查，并编制《工程项目使用平原造林地可行性研究报告》。

（2）协调各镇林业站根据“报告”编制《平原造林选址、设计方案》。

（3）协调各镇政府向区园林绿化局提交工程项目使用平原造林地申请。

（4）取得区园林绿化局《工程项目使用平原造林地批复》。

（5）根据批复要求，办理平原造林树木移植手续。

（6）组织进行林木移植，参见图4-2-5。

（四）林木伐移手续办理

采伐工程施工范围内的树苗木均需要办理林木采伐许可证。

（1）拆迁工作主体与树权人签订补偿协议。

（2）公司对外协调部林地工作负责人协调各镇林业站及树权人（产权单位）填写林木采伐申请，并向区园林绿化局提交申请。

（3）协助区园林绿化局组织进行现场查验，由区局向各镇林业站下发《林木采伐

许可证》。

（4）组织进行林木采伐。

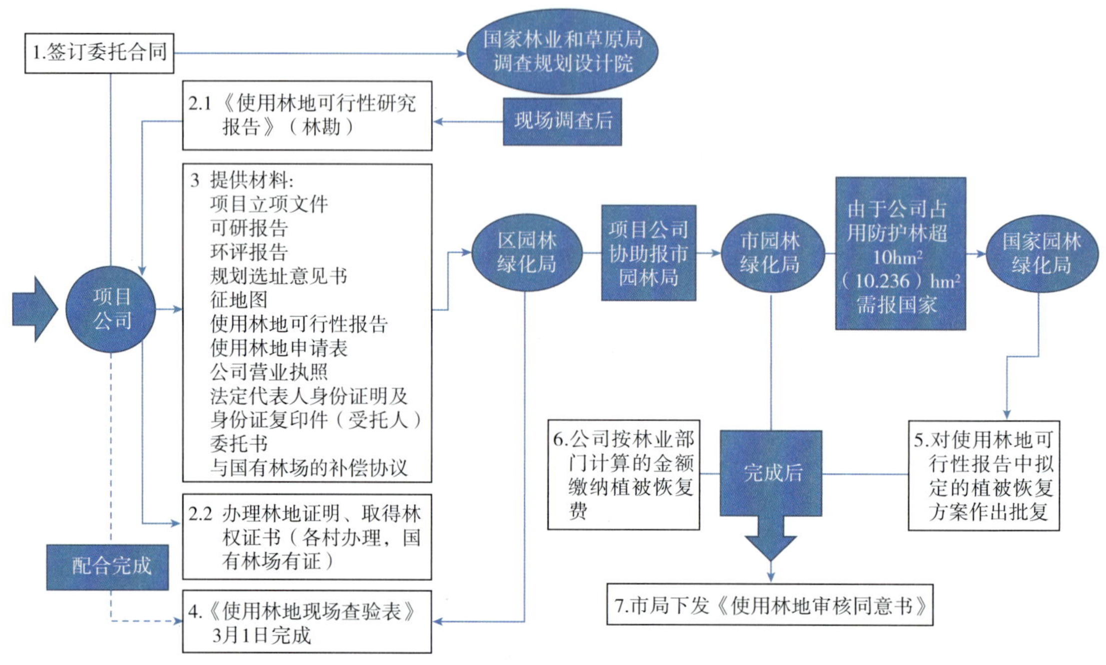

图 4-2-4　办理占用林地许可手续程序图

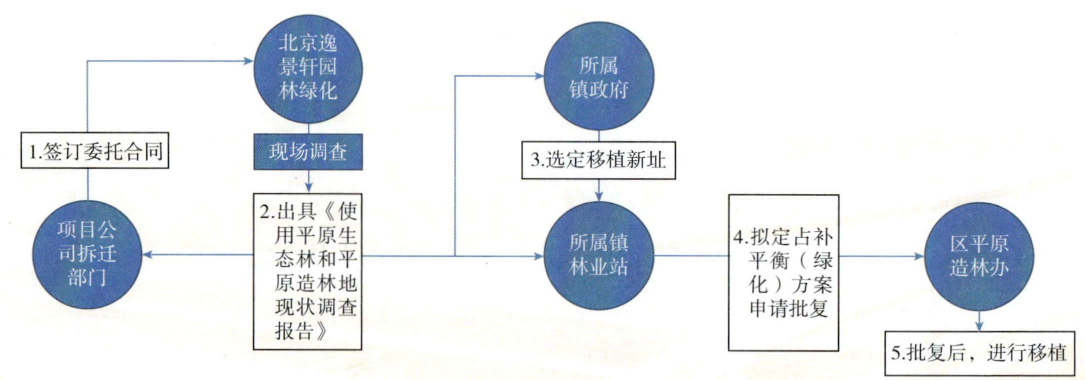

图 4-2-5　平原造林、平原生态林审批程序

树苗木采伐许可证申办程序。除已取得《使用林地审核同意书》或平原造林办批准外，采伐树苗木均需办理采伐许可证（图 4-2-6）。

二、输电线路的迁改流程

（一）基本情况

该项目涉及高压输电线路 7 条，其中，涉及国网冀北电力公司 500kV 线路 2 条

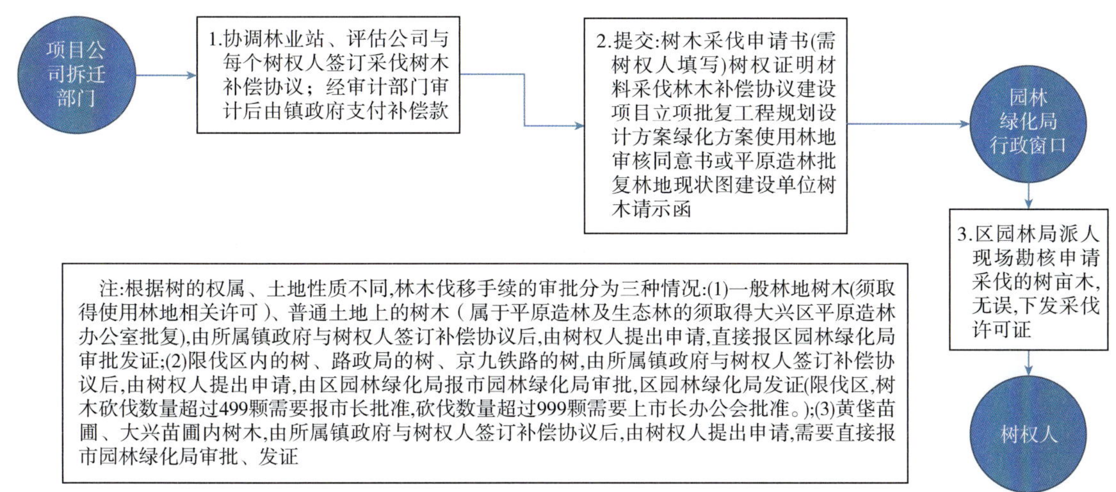

图 4-2-6 树木采伐许可证申办程序

（源安一线、二线）；华北油田 110kV 专用线路 1 条（天佃线）；国网北京市电力公司 110kV 线路 2 条（大求一二线、青牵一二梨支）和 35kV 线路 2 条（小榆线、会礼线）。国网北京市电力公司大兴供电公司 10kV 线路 6 条共 16 处（图 4-2-7）。

（二）常规流程（大于 10kV）

初设方案稳定后，开展输电线路工作。

（1）根据物探公司给出的物探图，沿征地红线确认现场的线路是否存在，或位置是否有偏差，并根据施工单位测量人员放出的结构物坐标，来确定线路影响范围和部位；

（2）和当地政府或电管站等部门确定线路的产权单位；

（3）咨询相关单位开展前期立项阶段咨询、勘察设计阶段咨询、施工阶段咨询等工作；

（4）根据咨询结果审批意见编制项目建议书、项目可行性研究报告、项目申请报告和资金申请报告等相关内容；

（5）设计院根据项目要求提供初步设计方案；

（6）项目公司出具委托、线路迁改说明、设计方案等相关资料报规划委审核。如果报规划委通过，则继续办理立项手续；如果没有通过，则进行设计方案调整，以便再次上报；

（7）环评、稳评等咨询报告及评审结果报相关主管部门审批；

（8）沟通当地镇政府，对施工用地进行说明，并联系评估公司对施工用地进行清登，做好合理赔补工作；

图 4-2-7　项目公司组织召开 10kV 电力迁改第二阶段工程专题会

（9）清表后协调施工进地事宜；

（10）组织施工单位进场，排工期计划，监督并实施，同时要确保迁改过程中的安全文明施工；

（11）组织验收。

（三）应急流程

由于大兴国际机场北线高速公路项目工期紧迫，根据北京市政府、北京市电力公司、北京市交通委相关会议纪要，国家电网北京市电力公司对项目公司涉及迁改线路按照“优化相关工作流程，缩短建设工作周期”的政策启动应急措施，委托项目公司负责对会礼 35kV、小榆 35kV、大求一二线 110kV 和青牵一二梨支 110kV 架空线进行电力迁改工作，项目公司负责办理电力迁改需征占土地（含林地等）的补偿、使用等手续，组织电力迁改设计、施工、监理、物资等工作，完成全部迁改工作后将资产无偿移交给国网北京市电力公司管理、运营和维护，见图 4-2-8~ 图 4-2-11。

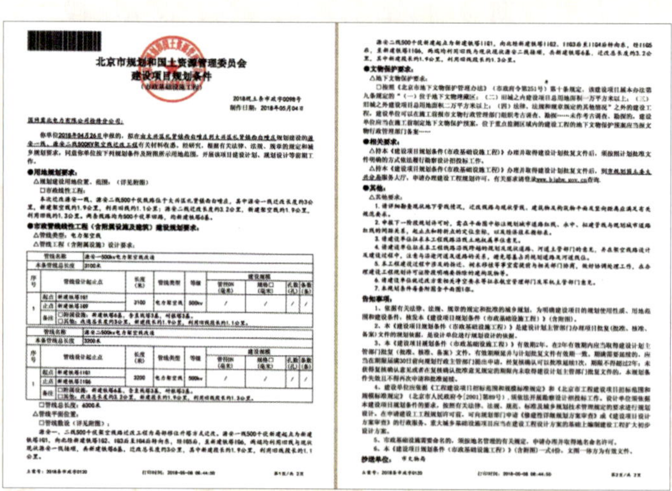
北京市规划和国土资源管理委员会
建设项目规划条件
2018规土条市政字0098号
制作日期：2018年05月04日
●用地规划要求：
△规划建设用地位置、范围：（详见附图）
□市政线性工程：
●市政管线线性工程（含附属设施及建筑）建设规划要求：
△管线类型：电力架空线
△管线工程（含附属设施）设计要求：

图 4-2-8　北京市规划和国土资源管理委员会建设项目规划条件

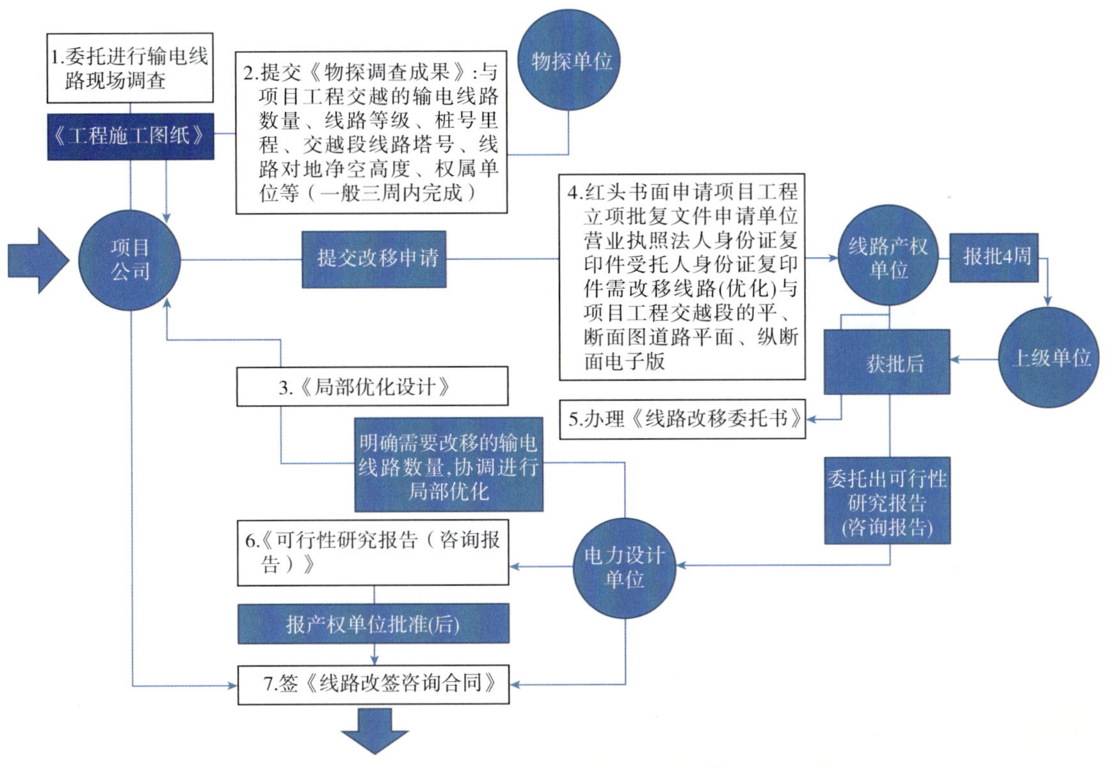

图 4-2-9　输电线路改移第一阶段

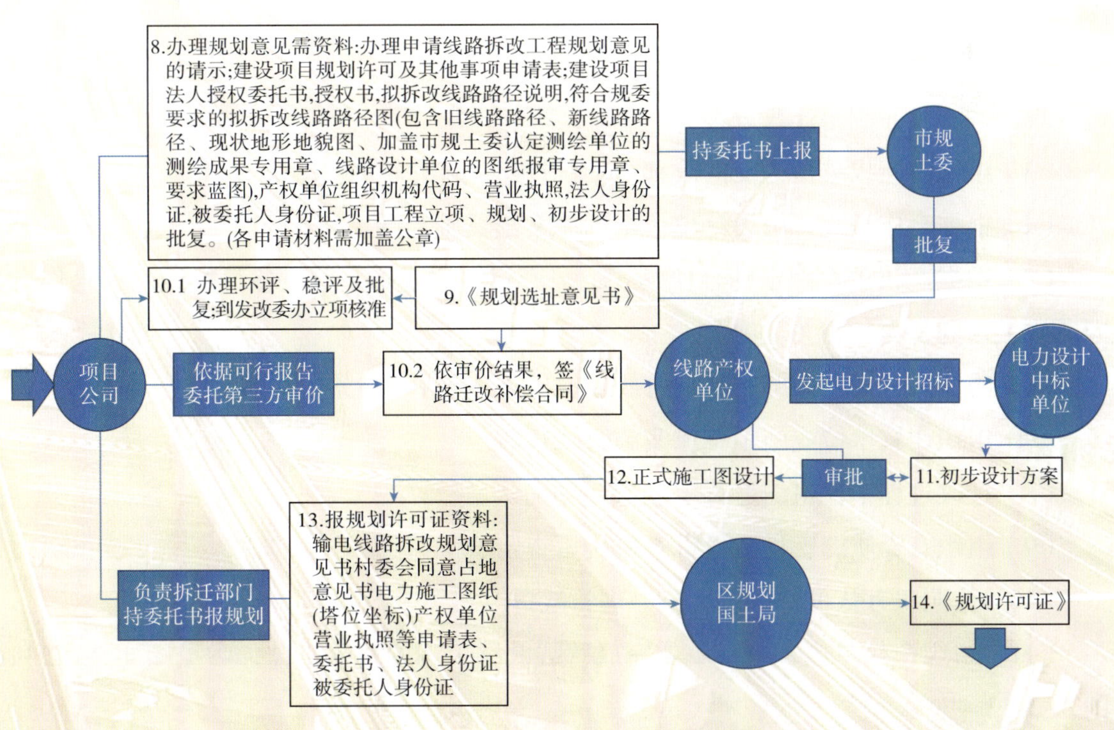

图 4-2-10　输电线路改移第二阶段

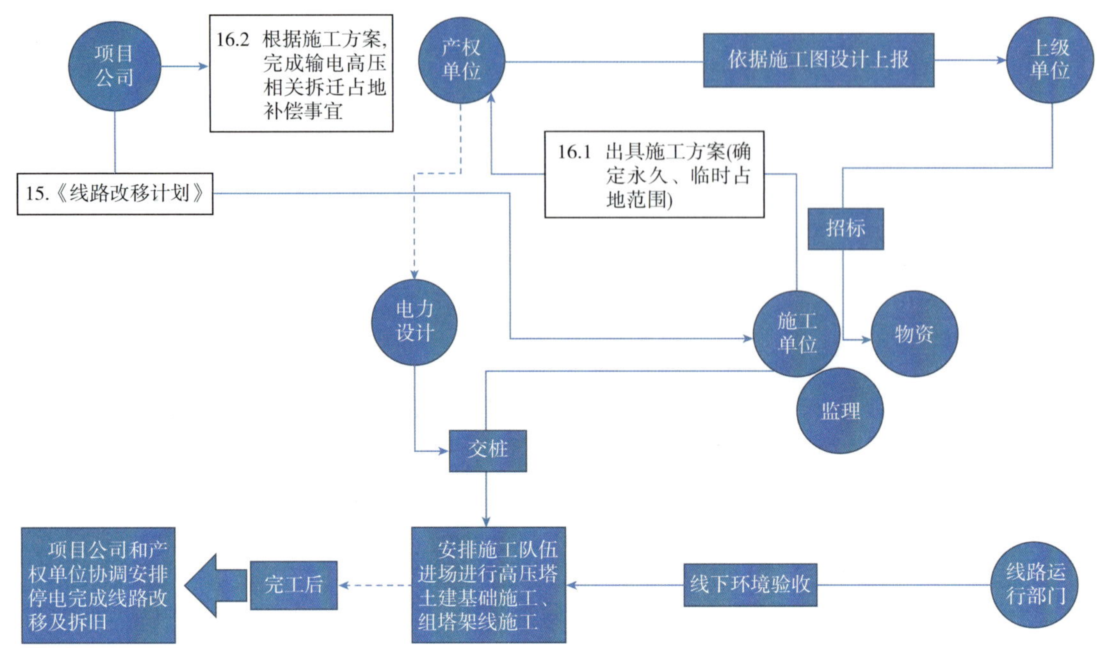

图 4-2-11　输电线路改移第三阶段

三、一般管线改移工作

（1）通过招标或比选等方式确定物探公司进行地上地下管线调查。

（2）根据物探报告及管线调查结果，与产权单位进行接洽，对所需迁改管线逐一进行现场调查，并制定迁改方案。

（3）组织对产权单位提交的改移方案设计组织优化审核。

（4）根据合作模式，由设计单位根据方案出具施工图。

（5）根据产权单位确定的合作模式，与产权单位或施工单位签订管线改移补偿合同或施工合同，支付相关款项。

（6）协调区拆迁主管部门完成管线迁改线外占地补偿工作。

（7）组织产权单位或施工单位实施管线迁改。

（8）迁改过程中，组织进行工程量现场确认。

（9）组织有资质的工程造价审查机构审查定价。

（10）按照双方认可的审定价格办理管线拆改结算手续。

（11）组织产权单位、施工单位完成管线改移工程的移交工作，参见图 4-2-12 和图 4-2-13。

图 4-2-12　项目公司党委书记宗长春、副总经理李劲松组织管线迁改会议

四、土地征用手续办理流程

项目建议书、可研报告、土地预审批复、征地图稳定且取得拨地定桩成果后，与区政府主管部门接洽，办理土地征用手续：

（1）办理《拨地定桩成果》。

（2）向市财政缴纳耕地开垦费。

（3）依据《该工程征地后农转非人员安置所需费用》与工程所在地区政府签订《征地即农转非人员安置补偿协议》。

（4）委托勘测定界工作单位，由其出具《勘测定界技术报告及附图》。

（5）向工程所在区国土分局申报权属审查并取得《权属审查成果》。

（6）组织相关申报材料报送至国土分局（《勘测定界技术报告及附图》、填写《征地结案表》、办理《权属登记》、督促勘测定界技术单位编制《竣工后的勘界图》，到区国土分局申请办理土地划拨，取得《国有土地使用证》）。

（7）工程所在地拆迁主管部门协调沿线派出所出具《各被征地村人员结构数据》。

（8）协调区政府和区国土分局确定该工程《征地其中土地补偿费标准》。

（9）组织召开村民代表大会并出具《村民代表大会决议》。

（10）组织各被征地村签订《征地协议》。

（11）张贴征地公示，编制《一书四方案》。

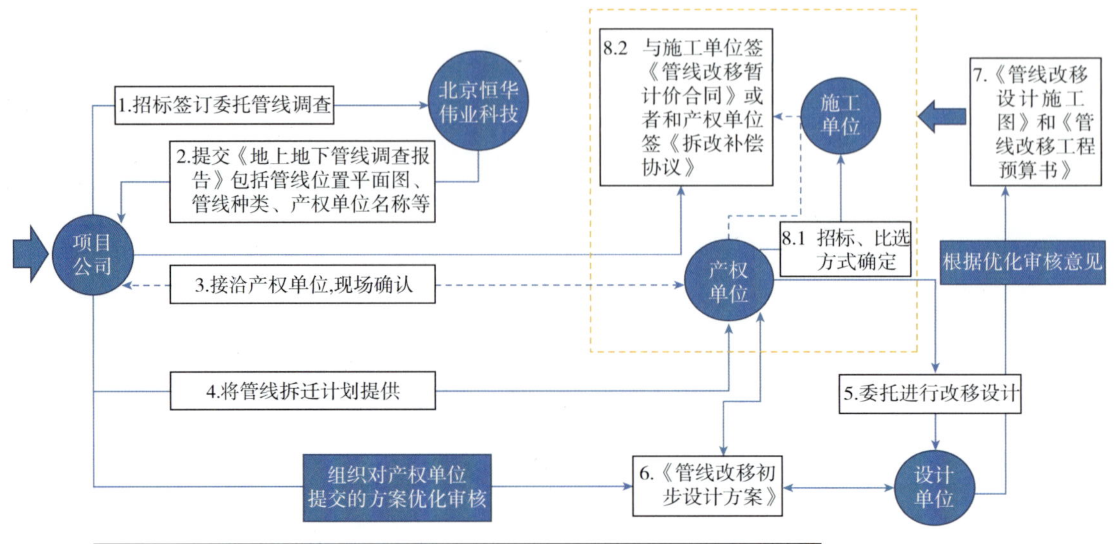

（一）

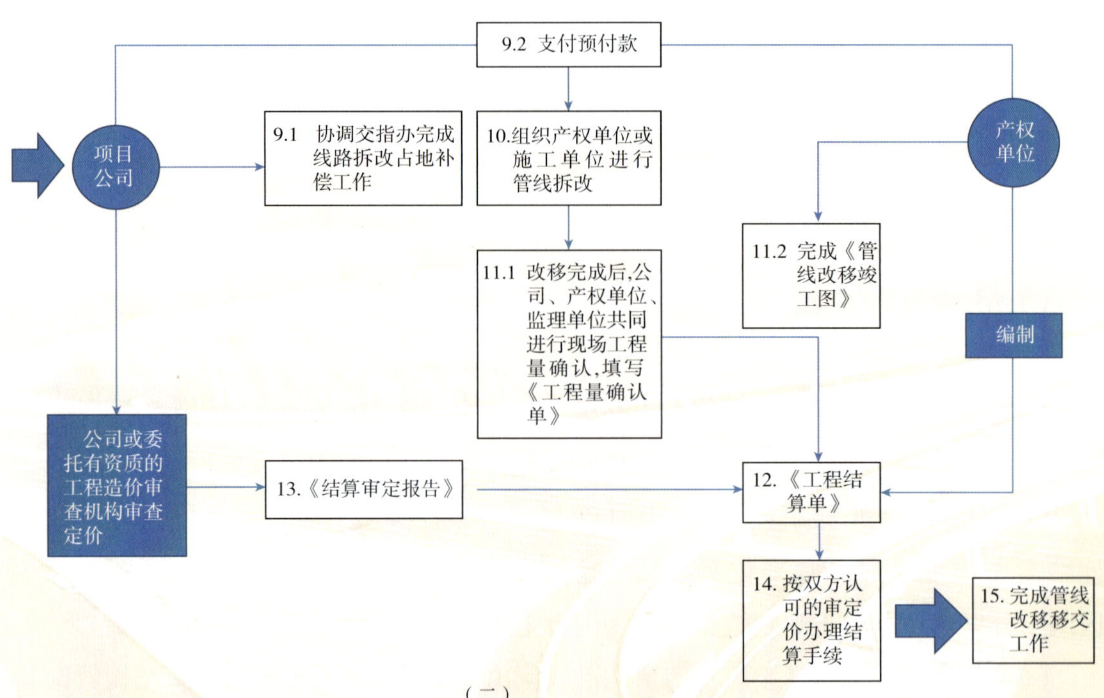

（二）

图 4-2-13 一般管线改移工作图

（12）北京市政府下发《农转非人员安置批复》。

参见图 4-2-14 和图 4-2-15。

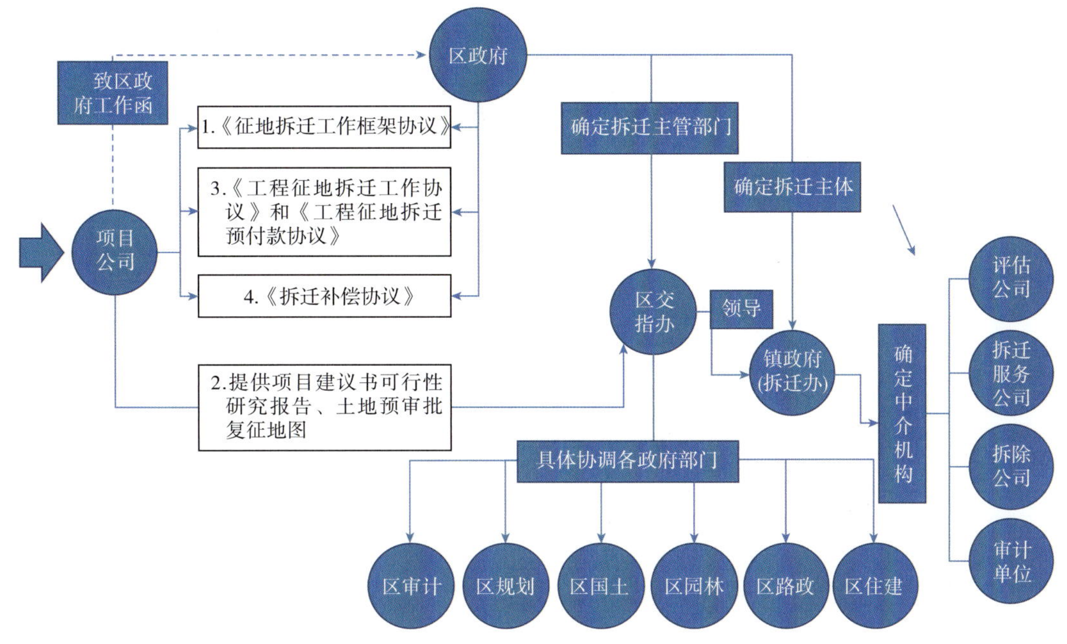

图 4-2-14　签订工程征地拆迁工作协议流程图

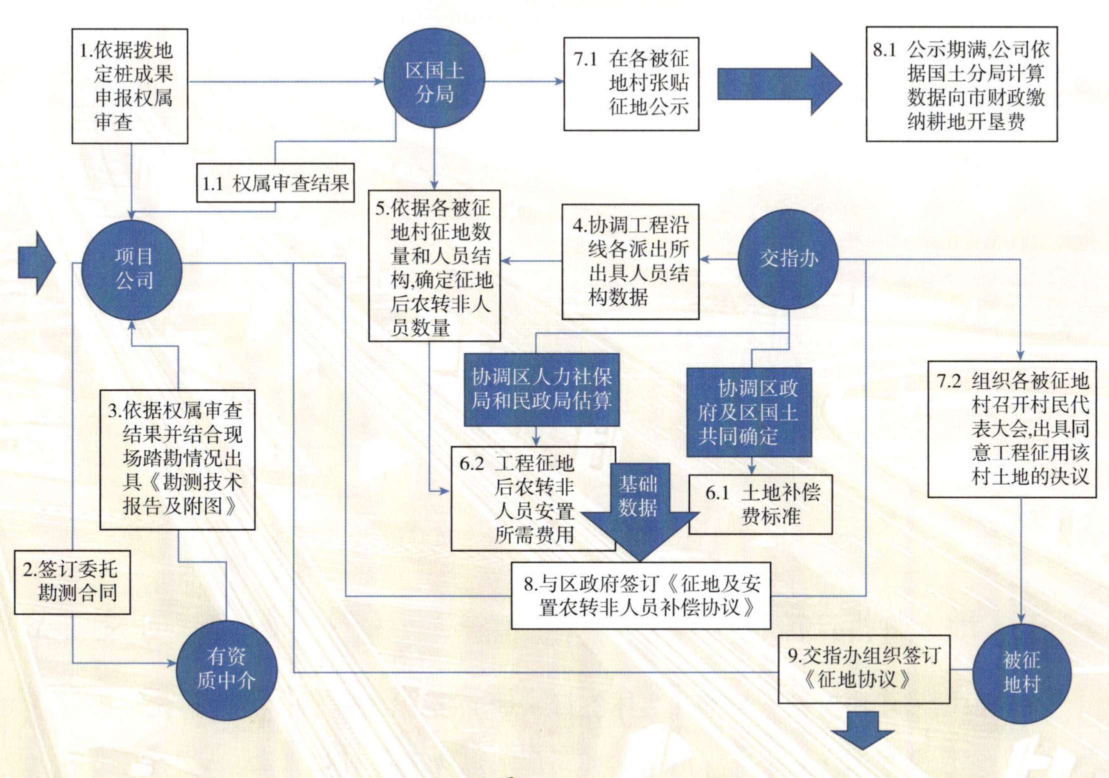

图　4-2-15

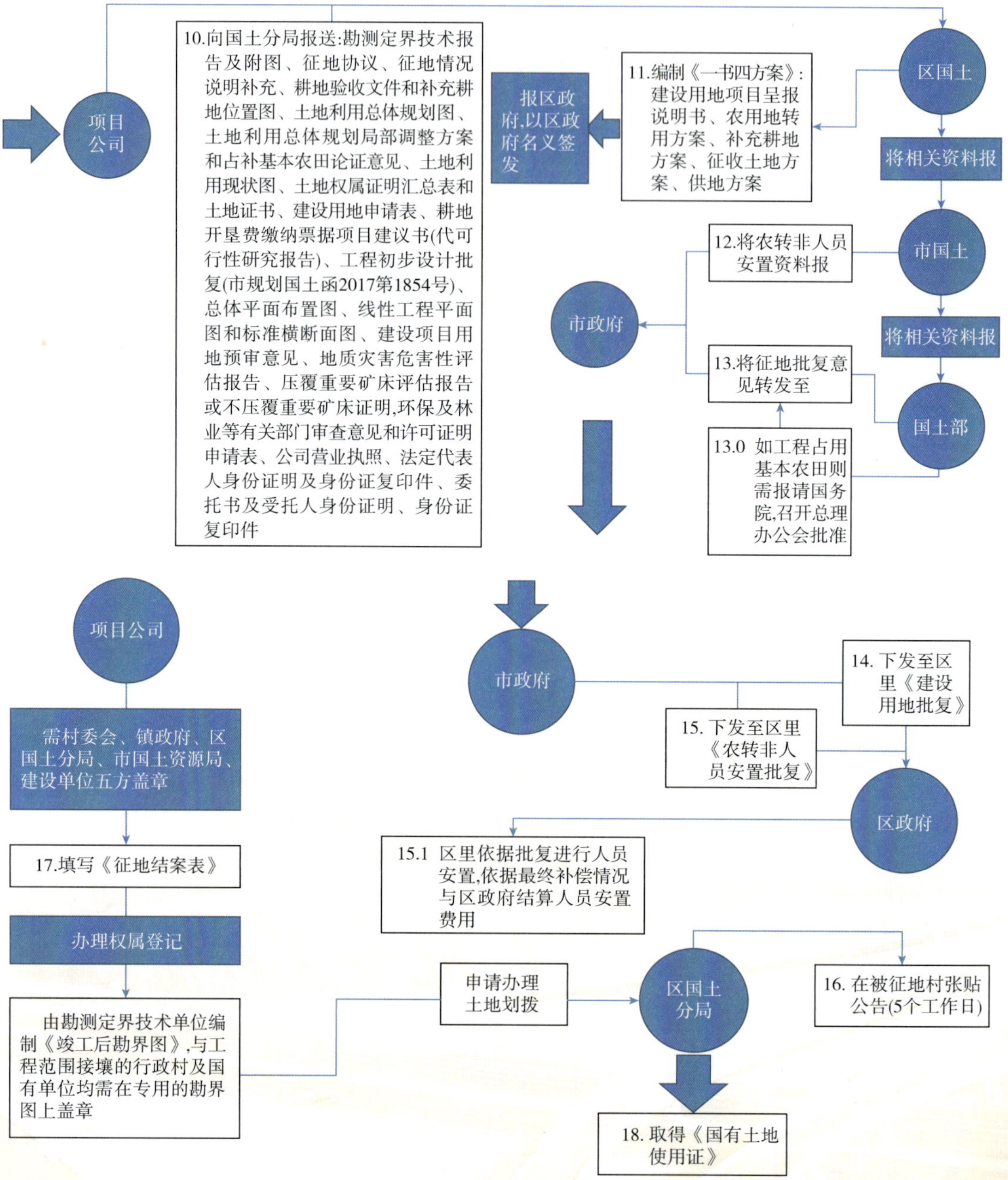

图 4-2-15 土地征用手续流程图

五、地上物拆迁流程

（1）根据《评估报告》与拆迁主体签订《地上物补偿协议》。

（2）委托勘测定界工作单位依据征地图在施工现场施划征地线。

（3）地上物清除。

（4）组织镇村政府、区征拆主管部门、征拆主体及施工单位现场交地。

（5）征拆主体确定《拆迁补偿标准及拆迁补偿方案》，并报区住建委审核备案。

（6）张贴禁止公告。

（7）区征拆主管部门组织建设单位、评估公司、拆迁公司、镇村政府及被拆迁人进行地上物调查清登，出具《清登数量表》。

（8）评估公司出具《评估报告》。

（9）进行补偿及拆除工作，参见图 4-2-16。

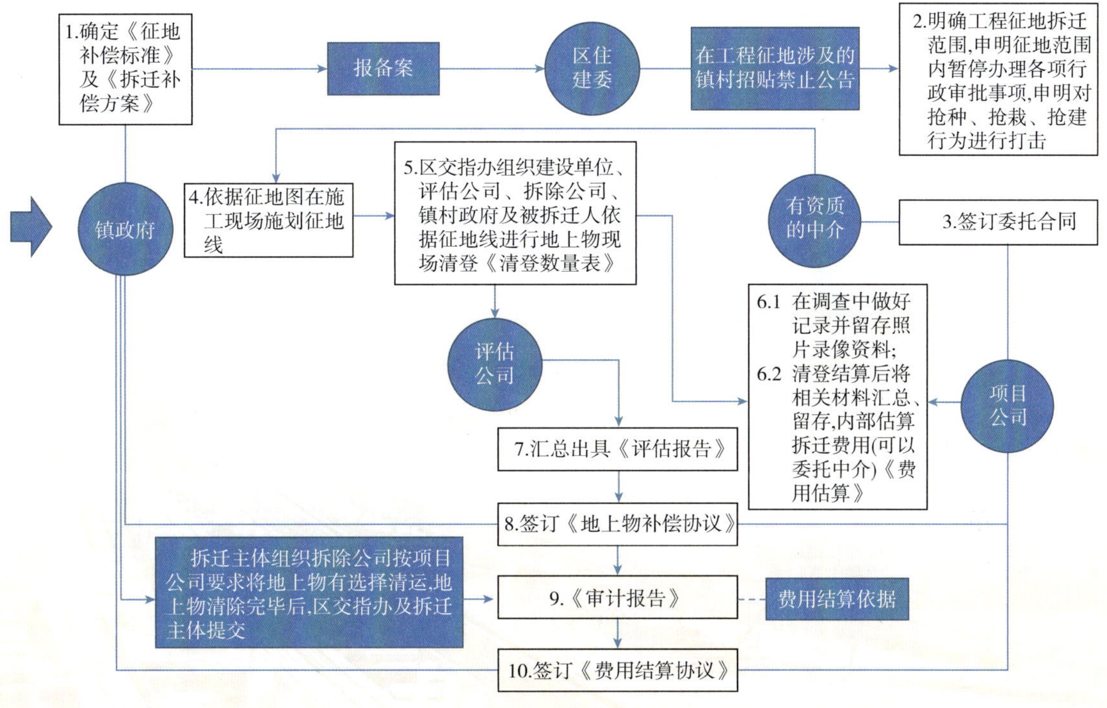

图 4-2-16　地上物拆迁流程图

六、国有土地上房屋征收

项目建议书、可研报告、土地预审批复、征地图、征拆补偿实施方案确定后，开展国有土地上房屋征收工作。

（1）区政府依据前期文件作出房屋征收决定。

（2）制定征收补偿方案报区政府。

（3）区政府组织对方案进行论证，征求公众意见。

（4）组织进行《社会稳定风险评估》。

（5）区征拆主管部门设立专用账户。

（6）区政府就房屋征收决定进行公告。

（7）区征拆主管部门对房屋征收范围内房屋的权属、区位、用途、面积等情况组织调查登记，调查结果在房屋征收范围内向被征收人公布。

（8）评估公司出具《评估报告》。

（9）区征拆主管部门负责征拆工作具体实施，参见图 4–2–17。

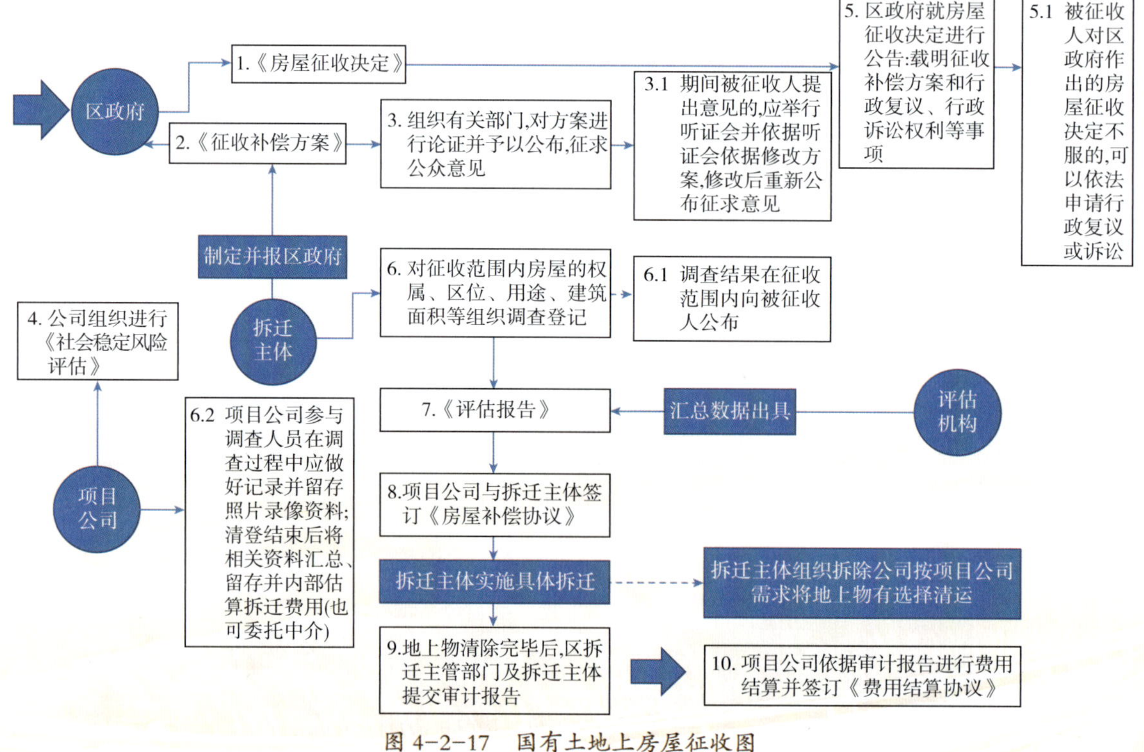

图 4–2–17　国有土地上房屋征收图

七、集体土地上房屋拆迁

征拆补偿实施方案确定后，开展集体土地上房屋征收工作：

（1）向区住建委申报房屋拆迁许可证。

（2）确定《征拆补偿实施方案》，报区住建委审核。

（3）区征拆主管部门组织建设单位、评估公司、拆迁公司、镇村政府及被拆迁人进行征拆调查，确定房屋征拆相关数据。

（4）区住建委下发《房屋拆迁许可证》并报市住建委备案。

（5）公布征拆实施方案，公布期限不少于 10 日。

（6）评估公司出具《评估报告》。

（7）区征拆主管部门负责拆迁工作具体实施，参见图 4-2-18。

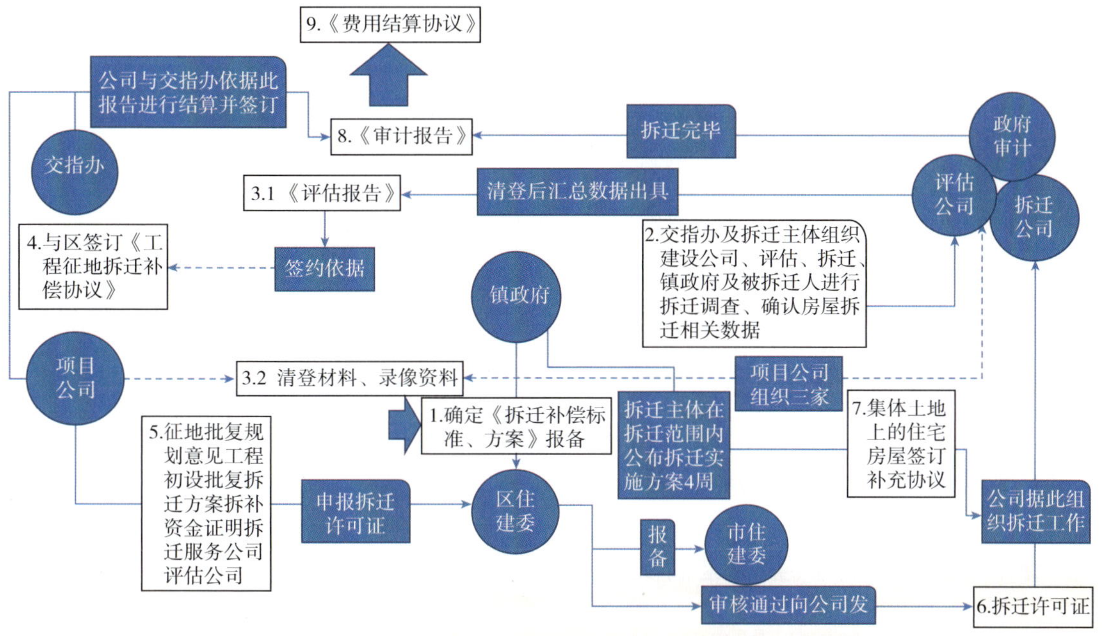

图 4-2-18　集体土地房屋拆迁进程图

八、路政局跨路行政许可办理流程

魏石路、青礼路、京开高速公路、京台高速公路四条道路办理跨路行政许可：

（1）对接行业主管部门区路政局申请办理跨路行政许可。

（2）联系有资质的咨询单位出具需办理行政许可的道路的安全评价报告。

（3）带领审批部门完成审批道路的现场勘察工作。

（4）向审批部门提交安全评价报告和审批材料后在行业主管部门上会审批。

（5）审核通过后提交材料（图 4-2-19）至区路政局，由

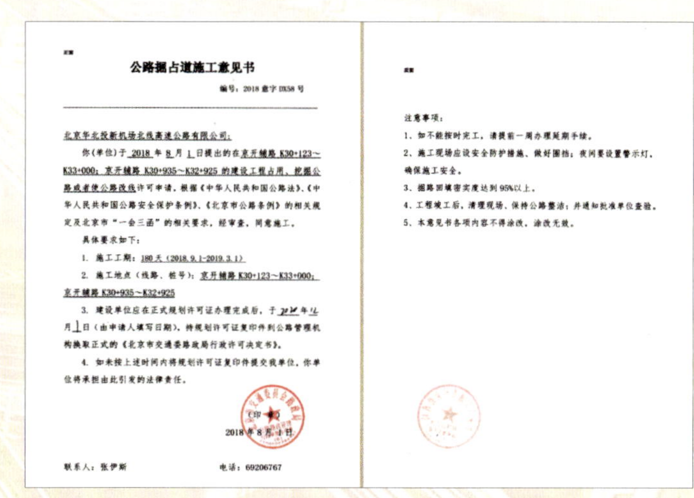

公路掘占道施工意见书

编号：2018 意字 DX58 号

北京华北投新机场北线高速公路有限公司：

你（单位）于 2018 年 8 月 1 日提出的在京开辅路 K30+123～K33+000；京开辅路 K30+935～K32+925 的建设工程占用、挖掘公路或者使公路改线许可申请，根据《中华人民共和国公路法》、《中华人民共和国公路安全保护条例》、《北京市公路条例》的相关规定及北京市“一会三函”的相关要求，经审查，同意施工。

具体要求如下：

1. 施工工期：180 天（2018.9.1-2019.3.1）

2. 施工地点（线路、桩号）：京开辅路 K30+123～K33+000；京开辅路 K30+935～K32+925

3. 建设单位应在正式规划许可证办理完成后，于 2018 年 12 月 1 日（由申请人填写日期），持规划许可证复印件到公路管理机构换取正式的《北京市交通委路政局行政许可决定书》。

4. 如未按上述时间内将规划许可证复印件提交我单位，你单位将承担由此引发的法律责任。

（印章）

2018 年 8 月 1 日

联系人：张伊斯　　电话：69206767

注意事项：

1、如不能按时完工，请提前一周办理延期手续。

2、施工现场应设安全防护措施、做好围挡；夜间要设置警示灯，确保施工安全。

3、掘路回填密实度达到 95%以上。

4、工程竣工后，清理现场、保持公路整洁；并通知批准单位查验。

5、本意见书各项内容不得涂改，涂改无效。

图 4-2-19　公路被占道施工意见书

区路政局上报市局进行审核，通过后完成行政许可的办理。

九、路政局接养手续办理流程

京开东西辅路改线和南中轴路改造办理路政局接养手续：

（1）对接行业主管部门区路政局申请办理道路接养手续。

（2）联系有资质的咨询单位出具需办理接养手续道路的安全评价报告。

（3）带领审批部门完成审批道路的现场勘察工作。

（4）向审批部门提交安全评价报告和审批材料后在行业主管部门上会审批。

（5）向市路政局项目中心提交需接养道路的施工图进行审批，取得项目中心意见的批复。

（6）与区路政局签订道路接养协议。

（7）将道路接养协议和其他材料上报区路政局，由区路政局上报市局进行审核，通过后完成道路接养手续的办理。

十、临时用地手续办理情况

（1）根据总承包部的临时用地需求，协同计划合同部委托有资质中介机构出具报审图纸，准备资料报区规土局，取得《规划意见书》。

（2）委托有资质的中介机构设计复垦方案。

（3）委托有资质的中介机构完成勘测定界和权属审查工作。

（4）与国土分局和复垦资金开户行签订复垦资金监管三方协议，签订后存入复垦资金。

（5）将临时用地材料报行业主管部门国土分局办理临时用地土地证。

（6）临时用地完成后，由总承包部按照复垦方案，完成土地复垦工作，见图4-2-20。

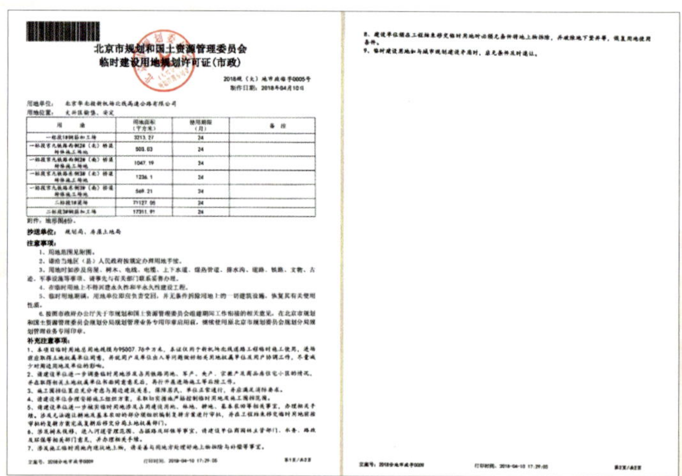

北京市规划和国土资源管理委员会
临时建设用地规划许可证（市政）

用途	用地面积（平方米）	使用期限（月）	备注
[illegible]	3213.27	24	
[illegible]	503.03	24	
[illegible]	1047.19	24	
[illegible]	1236.1	24	
[illegible]	569.21	24	
[illegible]	71127.95	24	
[illegible]	17311.91	24	

注意事项：

1、用地范围见附图。

4、在临时用地上不得兴建永久性和半永久性建设工程。

补充注意事项：

图 4-2-20　临时用地许可证

第三章　工程管理

项目公司不断加强对工程建设各责任主体方在质量、进度、安全、环保等方面的日常检查、月度检查和专项检查，对违反规范和规定的行为，及时发现、及时查处、及时整改，切实解决存在的问题和隐患，每天检查当日完成的工作量，随时掌握施工现场状况，使得工程全过程始终处于循环、动态、可控之中。

一、施工总承包模式确定

根据项目《投资协议》中约定，项目公司应与投资人中承担施工任务的一方签订施工总承包合同，根据《联合体协议》中约定，由中铁十六局集团有限公司及中国铁建大桥工程局集团有限公司负责承担该项目的具体施工任务，并分别与项目公司签订施工总承包合同，按照各占50%施工任务的原则进行任务划分，以项目中段魏石路分离式立交桥起点为分界点，将整个工程划分为东段、西段两个施工段，东段工程由中国铁建大桥工程局集团有限公司负责施工，西段工程由中铁十六局集团有限公司负责施工，并分别成立总承包部，作为施工管理责任主体，全面负责项目施工安全、质量、进度等任务，参见图4-3-1。

图4-3-1　项目公司组织施工总承包合同评审会

二、质量管理

（一）明确质量管理职责

项目公司、勘察、设计、监理、施工总承包部分别建立相应的质量管理体系，明确了各自的职责和分工：

项目公司主要负责制度制定、合同履约和重大事项的管理；同时对勘察、设计、监理、施工总承包负管理责任；

勘察单位应按照国家现行的有关规定、技术标准和合同进行勘察，负责项目设计所需要的工程地质、地形、地貌及水文条件的勘察工作，并进行勘察文件的编制，向设计单位进行交底；

设计单位负责项目的设计工作，对设计文件的技术要求、标准及质量负责；

监理单位以把控现场为主，充分发挥监督、检查、试验检测的职能；

施工总承包部以实现管理目标为宗旨，以细化公司规章制度，落实各项管理规定，规范施工为手段，是确保质量管理体系有效运行的责任主体。

（二）建立健全质量责任制和项目质量管理小组

（1）实行项目公司总经理负责制。项目公司对工程项目质量负总责，项目公司总经理为质量的第一责任人，项目公司总经理具备相应的政治、业务素质和组织能力，具备项目管理的实际经验。项目公司的人员素质、内部组织机构满足工程管理和技术上的要求。

（2）工程质量终身负责制。项目公司、勘察、设计、监理、施工等单位的法定代表人及有关责任人，要按各自职责对参与的工程质量负终身责任。

图 4-3-2　项目公司副总经理廖延军主持“质量月”动员会

（3）项目公司根据国家有关规定建立健全质量保证体系，建立质量管理制度，落实质量岗位责任制（图 4-3-2、图 4-3-3）。

（4）项目公司严格履行基本建设程序，按国务院交通主

图 4-3-3 项目公司组织质量安全专题培训

管部门规定通过项目招投标选择具有相应资格勘察、设计、监理和施工单位，分别签订合同，实行合同管理。

（5）项目公司主动接受质监机构对其质量保证体系的监督检查。

（6）项目公司依照有关公路工程建设的法律、法规、规章、技术标准、规范和合同文件，组织进行施工和监理。

（7）项目公司加强质量档案管理，所有建设项目都要按照《中华人民共和国档案法》的有关规定，建立健全项目档案。

（三）质量管理措施

1. 招标过程质量管理措施

在招标过程中，认真执行国家有关招投标的法律法规的规定，严格审核投标人的资质，严肃招标评标纪律，本着公开、公平、公正、诚实信用的原则，使招标过程能够真正体现其作用和价值，为择优选择合格的中标人创造条件。

2. 施工准备阶段的质量管控措施

（1）施工前的图纸审查，对可能出现问题的部位或薄弱环节及时提出意见或建议，由设计单位考虑是否采取必要的加强措施。

（2）督促施工总承包部提前做好施工方案、施工工艺设计，采取切实可行的施工方法，对容易出现问题的工程部位或工序，重点细化设计，采取有效措施进行预防。

（3）对施工总承包部编制的施工组织设计，组织各方从各个角度进行认真的审查，尽可能多地预见各种可能出现的问题，采取有效措施进行预防；对重要的工程项目、工程难点或关键工序施工，召开专家会议进行讨论审查。

3. 施工阶段质量管控措施

施工阶段的质量保障措施主要从两方面着手：一方面是建立健全项目公司质量管理的规章制度，加强施工现场的质量监控；另一方面是加强对监理单位、施工单位的合同管理以及对物资供应商的督促，使各方工作高效、有序开展，确保工程质量。

4. 保证质量的经济措施

实行工程质量责任制，定期对工程质量进行检查评比，对质量优的单位和个人实施奖励，对造成质量问题的单位和个人严加惩处。

5. 工程质量定期检查措施

（1）施工总承包部每星期应进行不少于一次的工程质量检查；

（2）总监办每 15 天进行不少于一次的工程质量检查；

（3）项目公司每月结合安全检查，进行不少于一次的工程质量检查。

各单位的质量检查应做好检查记录。对存在的质量问题发出指令或改进措施，并以书面形式通知施工单位。政府质量监督部门对工程质量进行检查时，施工总承包部应提供完整的施工资料和质检资料，并汇报工程质量情况。

6. 工程试验措施

工程试验是质量管理的重要控制手段。总监办试验室指导和监督施工总承包部的工地试验室，按照试验规范和监理细则的要求，提供真实、科学的试验数据，负责标准试验，做好抽样和选样试验工作。

三、创优工作

（一）工作目标

围绕品质工程 6 方面攻关任务，依托试点项目和试点企业，总结提炼先进技术和管理经验，分阶段形成品质工程建设质量安全管理制度或技术要求（图 4-3-4），品质工程攻关经验得到有效推广，工程质量安全管理精细化水平不断提升。

（二）攻关任务

按照交通运输部《品质工程公关行动试点方案》总体安排，该项目攻关任务是：施工班组规范化管理。

图 4-3-4 项目公司召开品质工程攻关行动推进会

重点攻关解决施工班组结构不合理、作业工人岗位技能培养不到位、质量安全责任心不强、制度难以落实等突出问题，研究制定施工班组规范化管理指南（图 4-3-5），提升一线施工班组整体操作技能。

（三）施工班组规范化管理实施内容

（1）建立健全施工班组管理制度，强化班组能力建设。

（2）加强施工技术交底，实行班前教育和工后总结制度。

（3）推行班组首次作业合格制，强化班组作业标准化、规范化和精细化。

（4）全面推行班组人员实名制管理，强化班组的考核与奖惩，夯实基层基础工作。

图 4-3-5 项目公司副总经理吴昱、廖延军组织召开"班组管理规范化"攻关行动推进会

四、安全环保管理

（一）安全管理

公司始终坚持"安全第一、预防为主、综合治理"的工作方针，遵循"横向到边、纵向到底、责任到人、不留死角"的工作原

则，深入扎实开展“隐患排查治理”“安全生产月”“平安工地”建设等各项活动，认真贯彻落实行业主管部门及上级单位有关安全的文件、会议精神和要求，全面落实安全生产责任制，强化安全教育，狠抓现场安全基础管理，突出重点环节，超前防范，不断夯实安全管理工作。大兴机场北线高速公路项目（中段）建设全过程未发生生产安全事故，完成了PPP合同中规定安全生产目标。

1. 建立安全管理组织机构，不断完善制度体系建设，落实安全责任

以各参建单位主要领导为成员，共同成立了工程项目安全生产管理委员会，全面负责项目建设期间安全生产管理工作。公司成立了以总经理、书记为组长、副总经理为副组长的安全生产领导小组，同时建立了安全环保部，负责日常安全环保管理工作，并明确一名副总经理进行分管。

制定了《安全生产管理办法》《安全生产责任制》《安全生产会议制度》《安全生产检查制度》等18项安全生产管理制度，并根据执行运转情况及时对制度办法进行修订，以制度为依托，开展安全管理工作，做到有章可循、有据可依，不断健全安全生产管理机制，落实安全生产责任。

2. 建立风险管控和隐患排查治理双重预防机制，切实强化源头治理，推进安全管理状况稳定前行

工程实施前，组织开展了风险评估（图4-3-6），并形成评估报告，突出重点，明确重大安全风险工程、重点部位、重要环节，制定《重大安全风险工程清单》，动态管理，重点管控；牢固树立“隐患就是事故”意识，严格落实隐患排查治理主体责任，深入开展隐患排查治理工作，确保各类安全隐患第一时间发现、第一时间派单、第一时间整治。按照“全覆盖、零容忍、严执法、重实效”的要求，紧盯重点领域、重点部位和薄弱环节，切实消除安全隐患。

DF2018JT007

新机场北线（京开高速-京台高速）高速公路
桥梁工程
施工安全总体风险评估报告

2018年3月29日

图4-3-6　施工总体安全风险评估报告

建设过程中共组织了180余次日常巡查、20余次专项检查、月度综合大检查13次。通过全面排查整治施工现场安全隐患和薄弱环节，常态化开展隐患排查治理工作，形成安全隐患

图 4–3–7 项目公司组织运营一线员工接受安全教育培训

排查治理闭环系统。切实消除盲区和死角，堵塞管理漏洞，提高管理水平，做到了“将安全风险管控挺在隐患前面，将隐患排查治理挺在事故前面”。

3. 强化安全生产教育培训和安全生产责任制落实，从基础夯实安全管理工作

日常检查随机对作业人员教育培训情况进行抽查，每月综合大检查时就施工单位对进场作业人员安全教育培训情况进行检查，确保三级安全教育培训制度落至实处，人员教育培训覆盖率 100%。督促施工单位充分利用安全考试、专题培训、观看警示宣传片、安全体验、班前教育等多种形式对从业人员开展全员安全教育培训（图 4–3–7），全面提升全员安全意识和自我保护意识。

公司与总监办、施工总包部签订安全生产协议书，明确安全生产责任，各参建单位依据“一岗双责”要求及职责分工，层层分解、细化安全生产责任，并逐级签订安全包保责任书，直至作业队和一线作业人员，建立了层层传导、层层压实的全员安全生产责任体系，履行“一岗双责”，全面狠抓安全生产工作。

4. 利用经济杠杆调动各参建单位积极性，加强安全管理落地见效

奖惩结合，结合各施工单位施工现场安全环保管理情况，根据日常检查、月度检查结果，每月对施工单位进行安全环保单项排名，对排名前二位的工区进行奖励；对现场安全环保管理不到位，问题隐患多次重复出现的给予处罚。

5. 始终坚持首善标准、最严要求，积极组织开展各项安全环保行动（图 4-3-8、图 4-3-9）

积极开展“平安工地”示范项目创建工作。为强化“平安工地”建设，邀请专家进行“平安工地”创建培训，并组织去先进项目进行学习观摩，最终以“优良”的成绩先后通过“平安工地”初、中、末期考核，取得了 2019 年度北京市公路建设“平安工程”冠名。

开展“安全生产月”“消防宣传月”活动（图 4-3-10）。通过开展动员部署会、悬挂条幅标语等手段营造氛围，组织专项检查，及时消除隐患，通过“安全生产宣传咨询日”活动、“观看安全生产警示教育片”、安全体验、应急演练等活动手段，提升全员安全意识，增强安全应急能力。

（二）环保管理

公司始终坚持以“绿水青山就是金山银山”的环保理念，深入开展“打赢蓝天保

图 4-3-8　项目公司与参建单位签订《安全生产与环保协议书》

图 4-3-9　项目公司召开安全环保工作专题会议

图 4-3-10　项目公司切实推进全国“安全生产月”活动宣传

卫战”计划行动，紧紧围绕环境保护和水土保持两个管理重点，不断加强思想意识提升和管理制度建设，对工程建设加强监督检查力度，严格执行“六个百分百”，落实扬尘治理要求，切实提高环境保护、水土保持管理的工作质量，全面提升项目环保总体管控水平。

图 4-3-11 项目公司总经理李永珑、副总经理吴昱出席“平安工地”中期考评会并获评最高达标等级

1. 建立健全管理制度，明确管理目标，环保管理有的放矢

公司成立了以总经理、书记为组长、副总经理为副组长的环境保护领导小组，明确安全环保部负责项目日常环保管理工作（图 4-3-11）。编制了《环境保护实施管理办法》，明确各参建单位的环保目标、任务和职责，细化治理措施，本项目建设期间，为落实北京市大气污染防控治理责任，各参建单位累计共投入约 2800 万元直接用于现场封闭作业、洒水降尘、裸露土方苫盖、进出车辆冲洗、便道硬化等措施。

2. 严格过程管理，紧抓水土保持、环境保护两个重点，深化环保管理

项目前期阶段，委托专业咨询单位，开展环境影响评价和水影响评价工作，并形成《环境影响评价报告》《水影响评价报告》，而且通过了有关环保部门和水务局审批；根据实际需求，为深化环保、水保“建设项目自主验收”工作，施工过程中，推动并委托第三方单位，进行环水保监理、水保检测、环水保验收工作，全面落实各参建方在环保工作中的职责任务，使环保、水保管理工作扎实有效地推进。

建设管理过程中，为进一步明确职责，落实环保管理，推动“网格化管理”，进行责任区划分，明确各区环保责任人，将环保工作落实与各标段、个人的考核挂钩，全面推动责任落实，为各项环保标准及要求落实奠定了基础。

第四章　计量及合同管理

一、计量支付管理流程

作为计划合同部重要的工作之一，该项目计量支付有一定的特殊性。由于项目为PPP项目，施工单位为联合体成员，无传统招投标程序及投标报价。项目公司组织设计单位按照合同约定，进行了工程量清单的编制工作。

监理单位参考当地类似项目中期计量单价、市场主材价格变动情况，提交上报了暂估单价以开展中期计量工作。

同时组织施工单位开展分部分项台账的梳理工作，在划分时，将每个分项工程划分为与清单子目项相对应的内容。依次进行工程量的比对及建安费的比对。

最后将分部分项台账和工程量清单内容录入汉讯计量软件公司的计价平台，进行中期计量支付工作。

同时还将在软件中开展合同管理及包含建安部分的总投资管理，全面推行计量支付的信息化。

二、公开招标基本程序

1. 招标准备

（1）签订招标代理合同

2018年1月，项目公司与北京逸群工程咨询有限公司签订了《新机场北线高速公路（北京段）PPP项目工程建设项目招标代理协议书》。

（2）拟定招标方案

在项目招标之前，招标代理机构与项目公司沟通，确定招标范围、招标规模、招标方式、招标计划、业绩、资质、是否接受联合体投标等内容。

2. 招标文件编制

招标文件主要内容包括：

（1）招标公告：载明项目的基本信息、招标文件的获取方式、投标文件的递交时间及地点等要求。

（2）投标人须知：招标内容及招标范围、对工程的质量要求、工期要求、评标标准和方法、提交投标文件的起止时间、地点和方式、开标的时间和地点。

（3）评标办法：包括选择评标因素、标准和评标方法、步骤，是评标委员会评标的直接依据，是招标文件中投标人最为关注的核心内容。评标委员会将依据评标办法和标准评审投标文件，作为评审结论并推荐中标候选人。

图 4-4-1　中铁建华北投资发展有限公司党委副书记、总经理刘明杰（右二）到项目调研指导工作

图 4-4-1 为中铁建华北投资公司领导指导工作。

（4）合同条款及格式。

（5）投标文件格式。

3. 招标公告发布

依据《招标公告和公示信息发布管理办法》中华人民共和国国家发展和改革委员会令第 10 号第八条：依法必须招标项目的招标公告和公示信息应当在“中国招标投标公共服务平台”或者项目所在地省级电子招标投标公共服务平台（以下统一简称“发布媒介”）发布，招标公告在《北京市招投标公共服务平台》(《北京市公共资源交易服务平台》) 上发布。

4. 投标报名、招标文件发售

按照招标文件规定的时间和地点进行投标报名和招标文件的发售。招标文件的发售期不少于 5 日。

5. 开标

依法必须进行招标的项目，自招标文件开始发出之日起至投标人提交投标文件截止之日止，不少于 20 日。

按照招标文件规定的时间和地点公开开标，并邀请所有投标人的法定代表人或其委托代理人准时参加。投标人少于 3 个的，不得开标。

按照招标文件规定的程序进行开标（图 4-4-2）。投标人代表、招标人代表、记录人等有关人员在开标记录上签字确认。

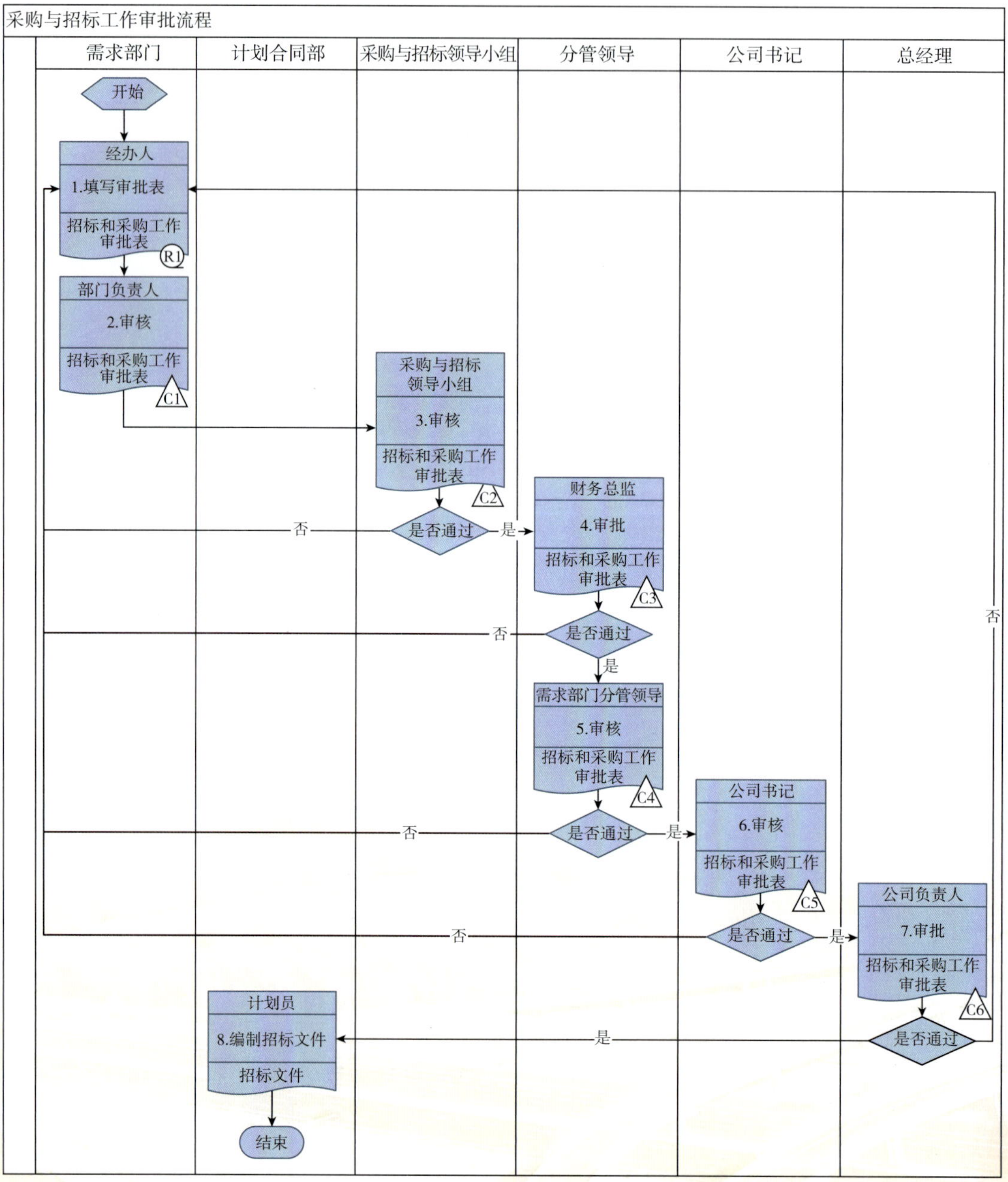

采购与招标工作审批流程					
需求部门	计划合同部	采购与招标领导小组	分管领导	公司书记	总经理
开始					
经办人 1.填写审批表 招标和采购工作审批表 R1					
部门负责人 2.审核 招标和采购工作审批表 C1					
		采购与招标领导小组 3.审核 招标和采购工作审批表 C2			
否		是否通过	是 → 财务总监 4.审批 招标和采购工作审批表 C3		
否			是否通过		
			是 → 需求部门分管领导 5.审核 招标和采购工作审批表 C4		
否			是否通过	是 → 公司书记 6.审核 招标和采购工作审批表 C5	
否				是否通过	是 → 公司负责人 7.审批 招标和采购工作审批表 C6
	计划员 8.编制招标文件 招标文件				是否通过（是 → 8；否 → 1）
	结束				

图 4-4-2　采购与招标工作审批流程

6. 评标

按照招标文件规定组建评标委员会，评标委员会构成：5 人，其中招标人代表 1 人，专家 4 人；评标专家确定方式：从北京市评标专家库中随机抽取。

评标委员会按照招标文件规定的方法、评标因素、标准和程序对投标文件进行评标，出具评标报告，推荐的中标候选人。

7. 中标候选人公示

在发布招标公告的同一网站上公示中标候选人，公示期不少于 3 日。

8. 中标通知书及结果通知书的发放

在公示期结束后，向中标人发出中标通知书，告知中标人中标结果，同时将中标结果通知所有未中标的投标人。

9. 签订合同

中标后，按招标文件规定，订立书面合同。

三、履约检查管理流程

项目公司曾多次接受北京市交通委各级单位检查，并通过检查提升项目管理水平，健全相关管理制度，满足项目施工需要以及北京市政府各级机关的要求。具体流程为：

（1）接到检查单位通知，报送领导批示，明确承办领导及部门，及时回应检查通知；

（2）组织自查会议，逐条分析检查内容，整理检查资料（图 4-4-3）；

（3）按照检查单位要求出示检查资料，虚心听取检查单位意见；

（4）根据检查单位整改通报对项目公司问题进行整改，并及时向检查单位发送整改报告；

图 4-4-3　项目公司召开管理会

（5）复查时，按照检查单位要求提供整改资料。

履约检查管理流程见图 4-4-4。

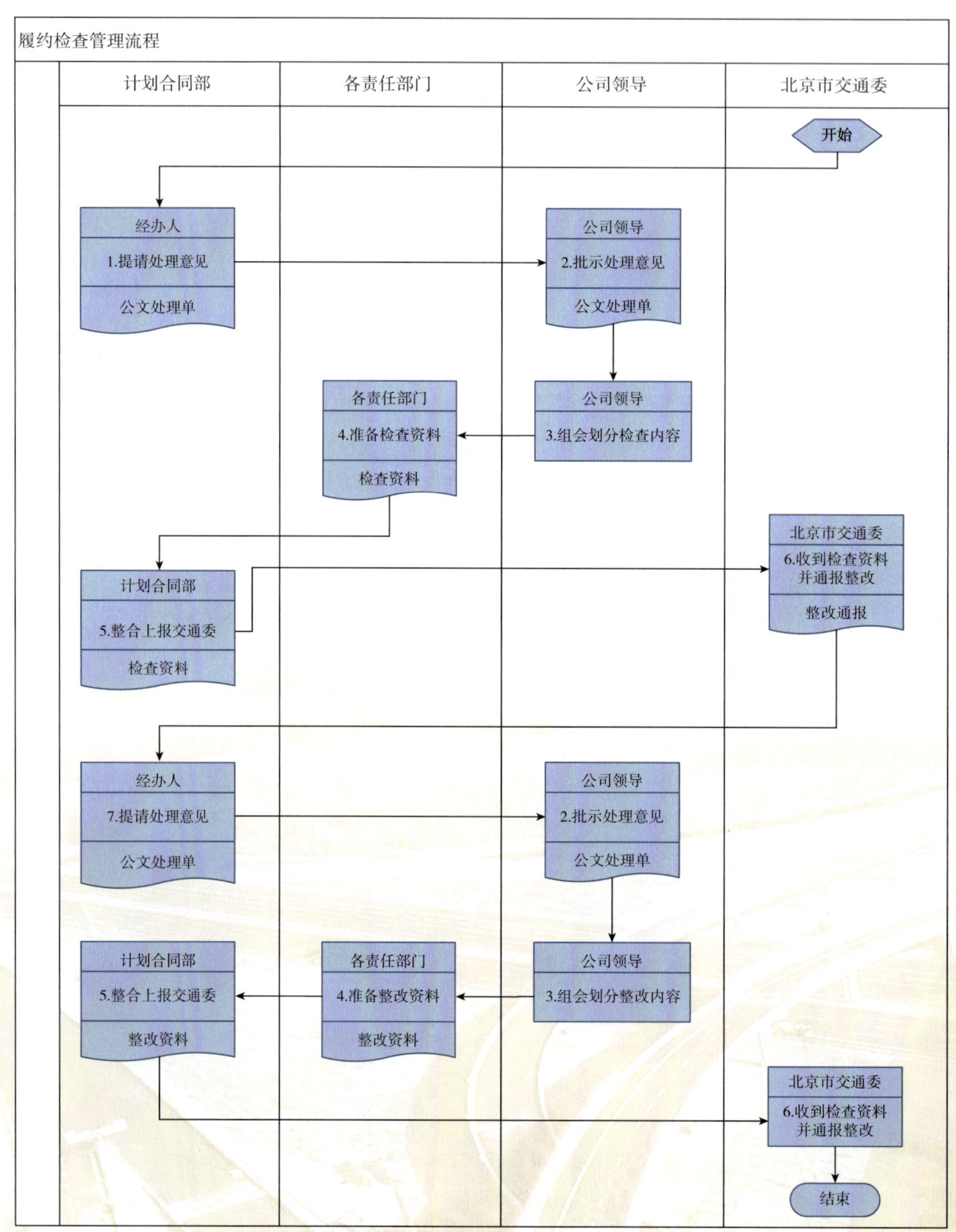

图 4-4-4　履约检查管理流程

四、物资设备管理流程

项目公司建立了《物资设备管理办法》，规范大兴国际机场北线高速公路项目物资设备管理。大兴国际机场北线高速公路项目绝大部分物资设备采购模式为甲控乙购模式，项目公司管理主要以过程监督为主，包括招标文件中材料技术条件监督，合同备案监督以及物资设备进场监督等。具体流程为：

（1）总包单位根据工程量清单核算物资设备需求计划；

（2）总包单位将编制好的招标文件报监理单位审查后，到项目公司进行备案；

（3）审查合格后进行招标采购工作，将中标人投标文件报项目公司备案审查；

（4）对于项目主要物资设备，项目公司根据需要可同监理、施工单位一同到中标厂家实地考察；

（5）中标人审查合格后，总包单位签订合同并将合同副本报项目公司备案；

（6）施工单位对进场物资设备进行抽检试验，项目公司在月度考核检查中检查，并不定期抽查。监理单位对物资设备采购进行全程监督。

图 4-4-5 为物资设备采购及备案流程。

五、合同备案管理流程

项目公司通过对施工单位备案合同的监督，了解施工单位劳务、物资设备等方面的成本，为项目公司计量支付工作服务，强化施工单位资金付款控制。具体流程为：

（1）施工单位签订合同，将备案表、乙方资质、合同附件在 10 日内备案至项目公司；

（2）项目公司根据备案合同登记台账；

（3）财务部根据备案合同台账审核施工单位付款；

（4）计划部根据合同台账每月清查施工单位合同，确保合同齐全。

图 4-4-6 为施工单位合同备案及应用流程。

六、供应商管理流程

项目公司建立了《供应商管理办法》，规范大兴国际机场北线高速公路项目供应商管理，并为项目公司选择同类供应商提供依据。大兴国际机场北线高速公路项目供应商分为项目公司供应商和施工单位供应商，项目公司供应商分为施工单位、监理单位和其他供应商。

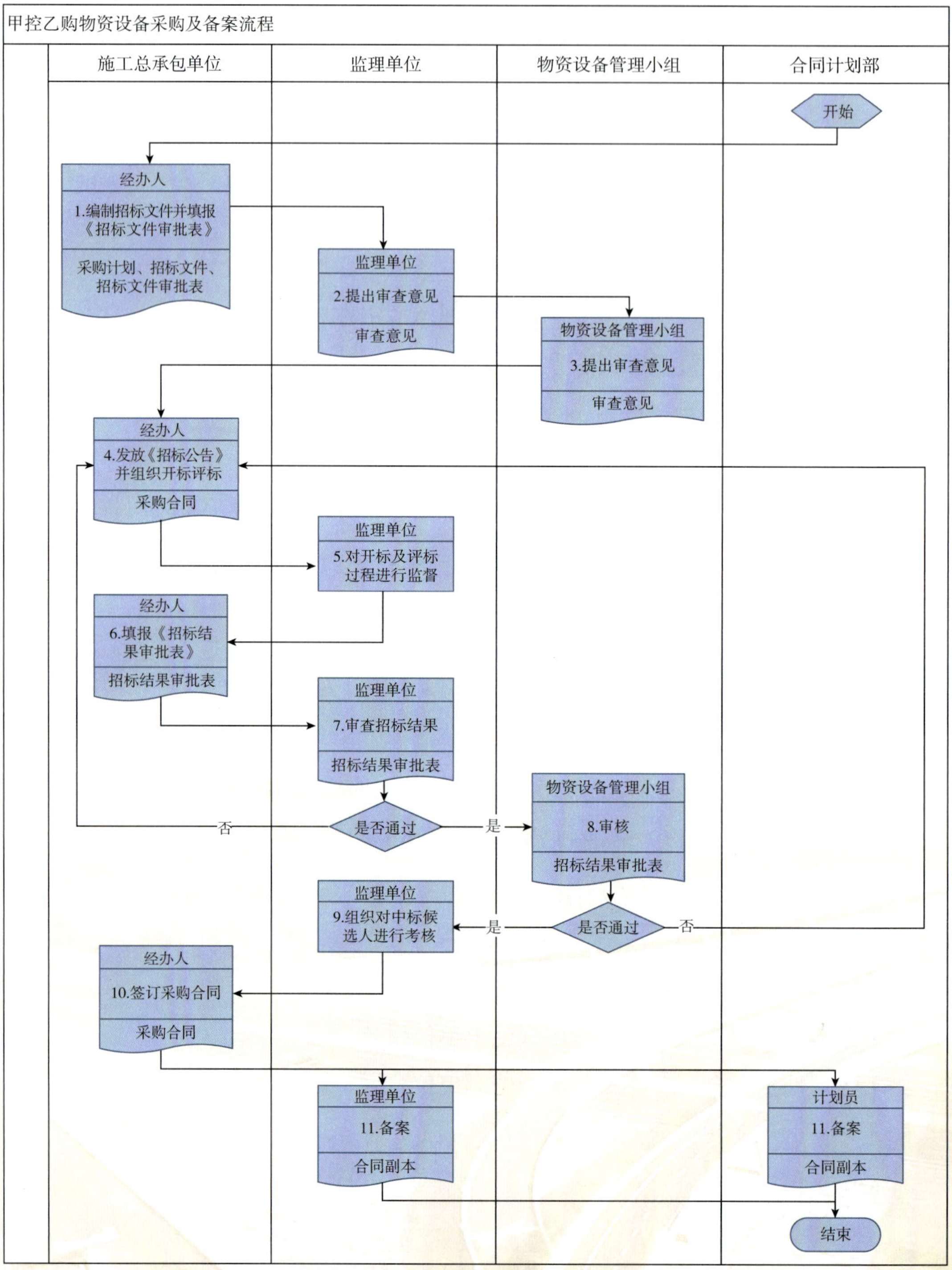

甲控乙购物资设备采购及备案流程

施工总承包单位	监理单位	物资设备管理小组	合同计划部
			开始
经办人 1.编制招标文件并填报《招标文件审批表》 采购计划、招标文件、招标文件审批表			
	监理单位 2.提出审查意见 审查意见		
		物资设备管理小组 3.提出审查意见 审查意见	
经办人 4.发放《招标公告》并组织开标评标 采购合同			
	监理单位 5.对开标及评标过程进行监督		
经办人 6.填报《招标结果审批表》 招标结果审批表			
	监理单位 7.审查招标结果 招标结果审批表		
否	是否通过	是 → 物资设备管理小组 8.审核 招标结果审批表	
	监理单位 9.组织对中标候选人进行考核	← 是 是否通过 否	
经办人 10.签订采购合同 采购合同			
	监理单位 11.备案 合同副本		计划员 11.备案 合同副本
			结束

图 4-4-5 物资设备采购及备案流程

监理单位和施工单位供应商参照北京市交通委出台的信用评价实施细则进行信用评价，具体流程为：

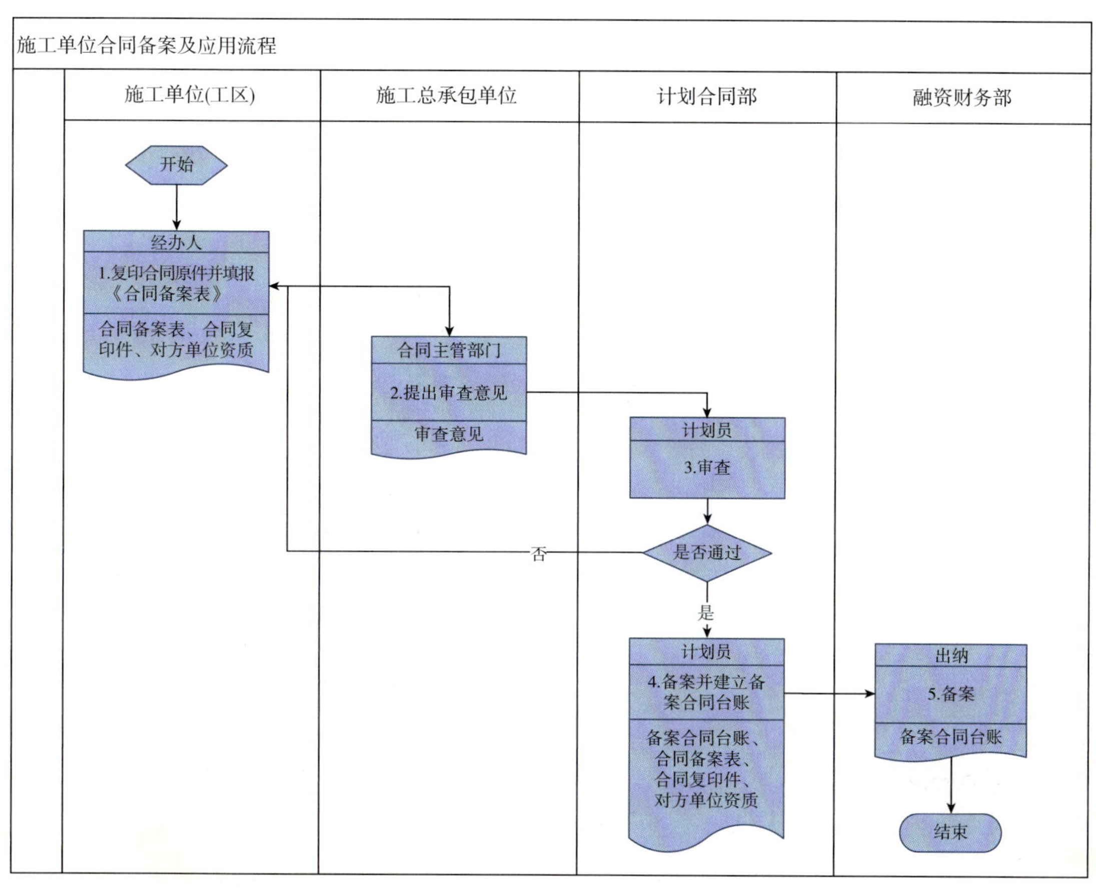

图 4-4-6 施工单位合同备案及应用流程

（1）每月由计划合同部承办，每月发出考核通知，组织人员参加评价；

（2）到现场进行考核评价，并做好评价考核记录；

（3）整合评价记录，发布本月检查通报；

（4）被评价单位根据通报进行整改，并将整改报告到项目公司；

（5）项目公司根据整改报告进行核查，并如实填写复查记录，并将实际情况录入北京市公路建设市场信用信息管理系统。

施工和监理信用评价管理流程见图 4-4-7。

项目公司以及施工单位供应商按照项目公司管理办法评价，具体流程为：

（1）根据中标通知书或供应商审查表确定为大兴国际机场北线高速公路项目供应商；

（2）根据现有供应商统计《供应商名录》，动态更新，每月 25 日整合为《合格供应商名录》；

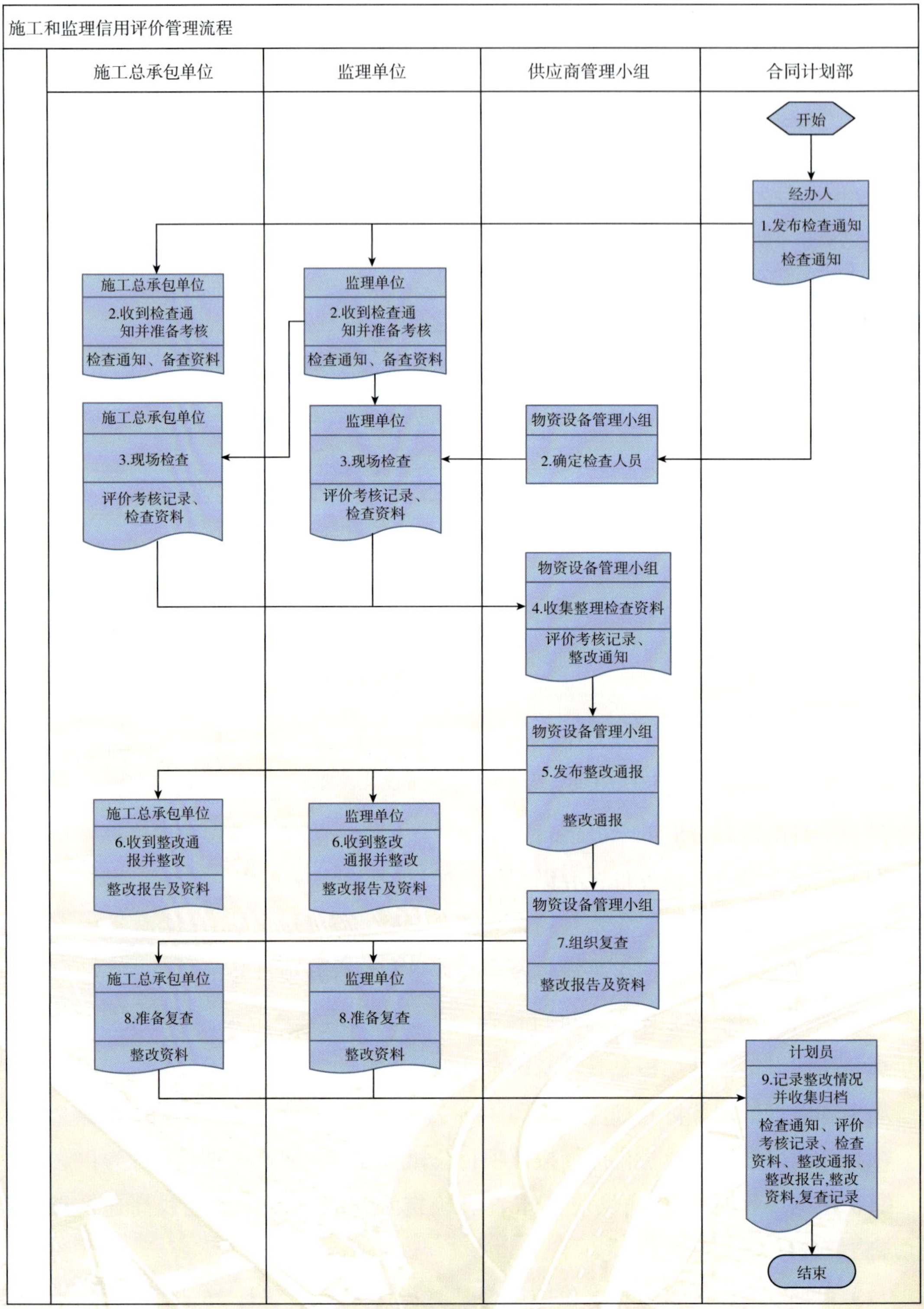

施工和监理信用评价管理流程

施工总承包单位	监理单位	供应商管理小组	合同计划部
			开始
			经办人 1.发布检查通知 检查通知
施工总承包单位 2.收到检查通知并准备考核 检查通知、备查资料	监理单位 2.收到检查通知并准备考核 检查通知、备查资料		
施工总承包单位 3.现场检查 评价考核记录、检查资料	监理单位 3.现场检查 评价考核记录、检查资料	物资设备管理小组 2.确定检查人员	
		物资设备管理小组 4.收集整理检查资料 评价考核记录、整改通知	
		物资设备管理小组 5.发布整改通报 整改通报	
施工总承包单位 6.收到整改通报并整改 整改报告及资料	监理单位 6.收到整改通报并整改 整改报告及资料		
		物资设备管理小组 7.组织复查 整改报告及资料	
施工总承包单位 8.准备复查 整改资料	监理单位 8.准备复查 整改资料		
			计划员 9.记录整改情况并收集归档 检查通知、评价考核记录、检查资料、整改通报、整改报告,整改资料,复查记录
			结束

图 4-4-7　施工和监理信用评价管理流程

（3）每季度第一个月进行上一季度的评价考核，由合同承办部门按照《供应商信用评价表》进行评价考核；

（4）将不合格供应商在项目公司进行通报；

（5）不合格供应商必须经重新资格认证，并经公司供应商管理领导小组批准，方可重新纳入合格供应商名录；

（6）项目开展同类业务时，优先考虑列入合格供应商名录的公司。

其他供应商管理流程见图 4-4-8。

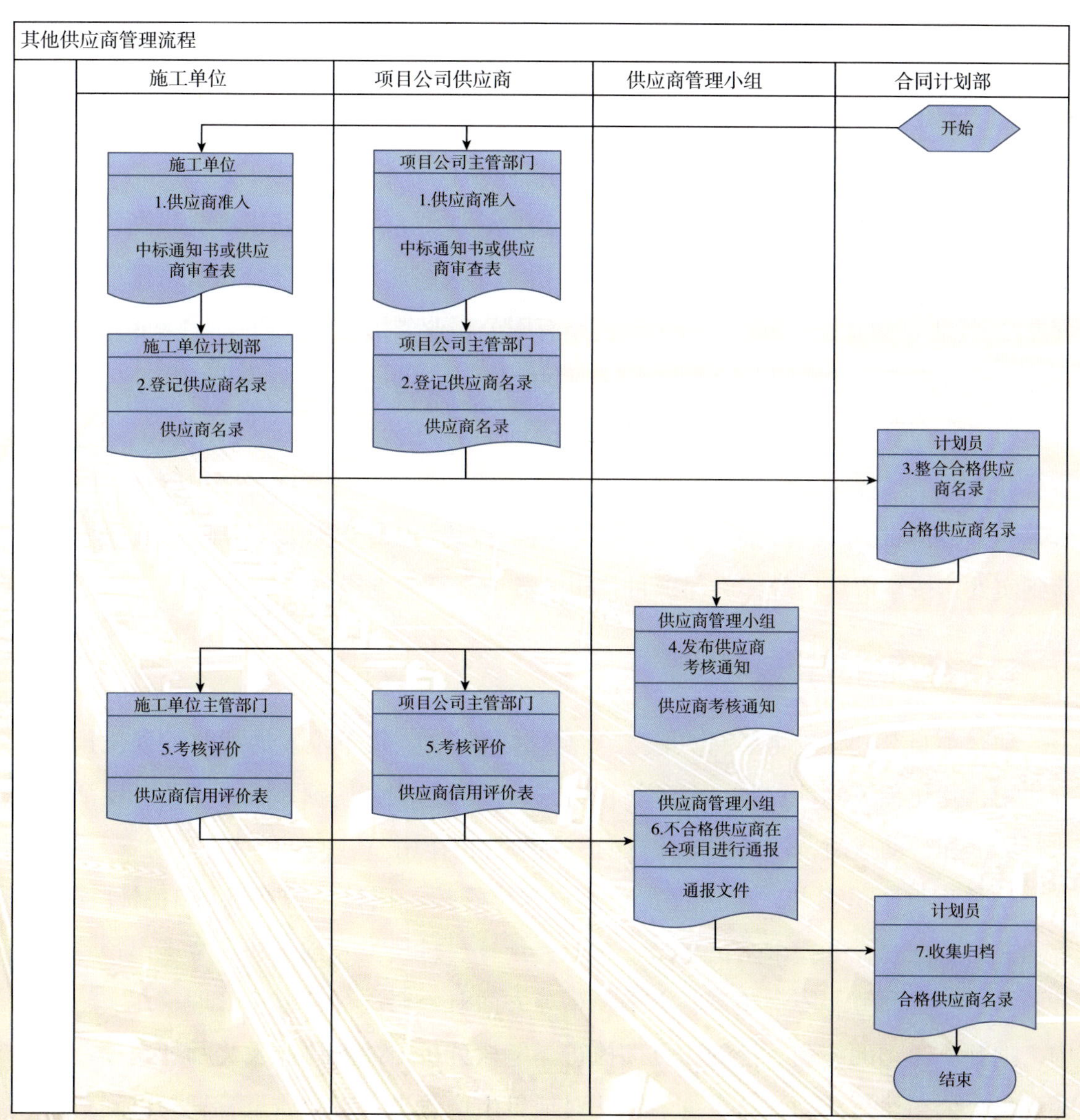

图 4-4-8 其他供应商管理流程

第五章 财务管理

一、内控管理

项目公司融资财务部严格对照国家财经法律法规和股份公司相关财务规章制度，结合项目公司的具体情况制订实施细则或相关内控制度及管理办法，持续完善财会制度体系。近年来，陆续制定下发了财务管理、资金管理、经费管理等一系列管理办法，严格坚持内控制度“立改废”原则，财务制度体系日趋完善。制定下发了《北京华北投新机场北线高速公路有限公司财务管理暂行办法》《北京华北投新机场北线高速公路有限公司货币资金暂行办法》《北京华北投新机场北线高速公路有限公司增值税进项侧管理办法》《北京华北投新机场北线高速公路有限公司业务招待费管理办法》《北京华北投新机场北线高速公路有限公司差旅费管理办法》《北京华北投新机场北线高速公路有限公司固定资产管理办法》《北京华北投新机场北线高速公路有限公司（运营）财务管理暂行办法》，并结合各项制度制定了包括预算管理、资金管理、银行账户管理、财务报告等 4 个方面共计 11 个审批流程。在制度执行过程中严格把关，督促各项规章制度落到实处，按章依法纳税，确保项目公司的各项规章制度得到有效执行。

二、全面预算管理

结合项目公司《财务管理办法》，始终贯彻落实上级单位发展战略，强化预算引领作用，硬化预算刚性控制，对预算执行进行动态监测，使预算成为企业各项活动的执行标准和行动指南，切实发挥预算的引领和管控作用。

一是注重全员参与，全过程覆盖，全方位管控。项目公司在预算编制过程中注重业务财务配合，并要求全员参与，从业务预算、科技投入预算、安全支出预算、财务预算、经营预算、筹资预算、资本预算等方面对公司进行全方位管理；在实施过程中，把预算活动的编制、控制、贯彻执行、考核分析、绩效评价及奖励惩罚等过程贯穿到整个公司运行活动的每个细节，并对项目生产管理，安全质量管理，再到费用开支管理实施全方位管控，确保每一个细节落实到位。二是每个季度末召开预算执行分析会，对执行过程中出现的偏差及异常经济指标查找问题及时研究对策，保障生产经营的平稳运行。三是开展项目全生命周期经济指标测算分析，引领预算编制和预算调整。开展了全生命周期经济指标测算工作，重点对现金流量指标、利润实现指标、投资回收期及收益率指标进行了分析，找出项目运行过程的风险点，提前发现风险、筹划规避或降低风险，防患于然，力保投资项目实现投资收益目标。

全面预算编制流程具体为：

（1）公司依照年度投资计划，确定合理的预算的总目标，融资财务部负责人于每年 11 月中旬下发《财务预算编制通知》；

（2）各部门经办人每年 11 月底编制《部门预算草案》；

（3）各部门负责人审核《部门预算草案》；

（4）各部门分管领导审核《部门预算草案》；

（5）融资财务部经办人于 12 月中旬对各业务部门提出的预算初稿进行汇总、综合平衡，汇总编制《公司预算草案》；

（6）财务总监审核《公司预算草案》；

（7）总经理办公会审议，通过后报上级单位；

（8）董事会审议，通过后下达执行；

（9）融资财务部经办人组织分解落实全面预算，参见图 4-5-1。

三、资金管理

（一）融资管理

一是合理选择融资模式，全面保障融资规模，切实降低融资成本，提高资金创效能力。项目公司融资模式采用联合贷款模式，项目公司与多家合作银行分别谈判，分别签订贷款合同，在这种模式下，可以实现银行间“背对背”竞争，项目公司可以获得更多的市场信息，分散融资风险，掌握融资谈判的主动权。合作银行为提高竞争力，争取最大的融资份额占有率，会采取做足授信规模，降低融资成本，放宽融资条件等措施。项目公司因此会获得超额授信规模和最低的融资成本，并为提款创造更多的选择空间。二是灵活使用融资工具，实时调整融资工具组合，切实降低融资成本。对于 PPP 项目债务融资，建设期内采取项目前期短期借款 + 银行承兑汇票的模式，待项目建设期结束由项目长期借款无缝衔接短期借款（或者银行承兑汇票）。项目公司亦可综合项目实际融资需求，及金融机构的融资产品特点和成本水平，灵活调整融资工具组合，使项目的融资实现综合融资成本最低，充分发挥资金使用效益最大化的作用。

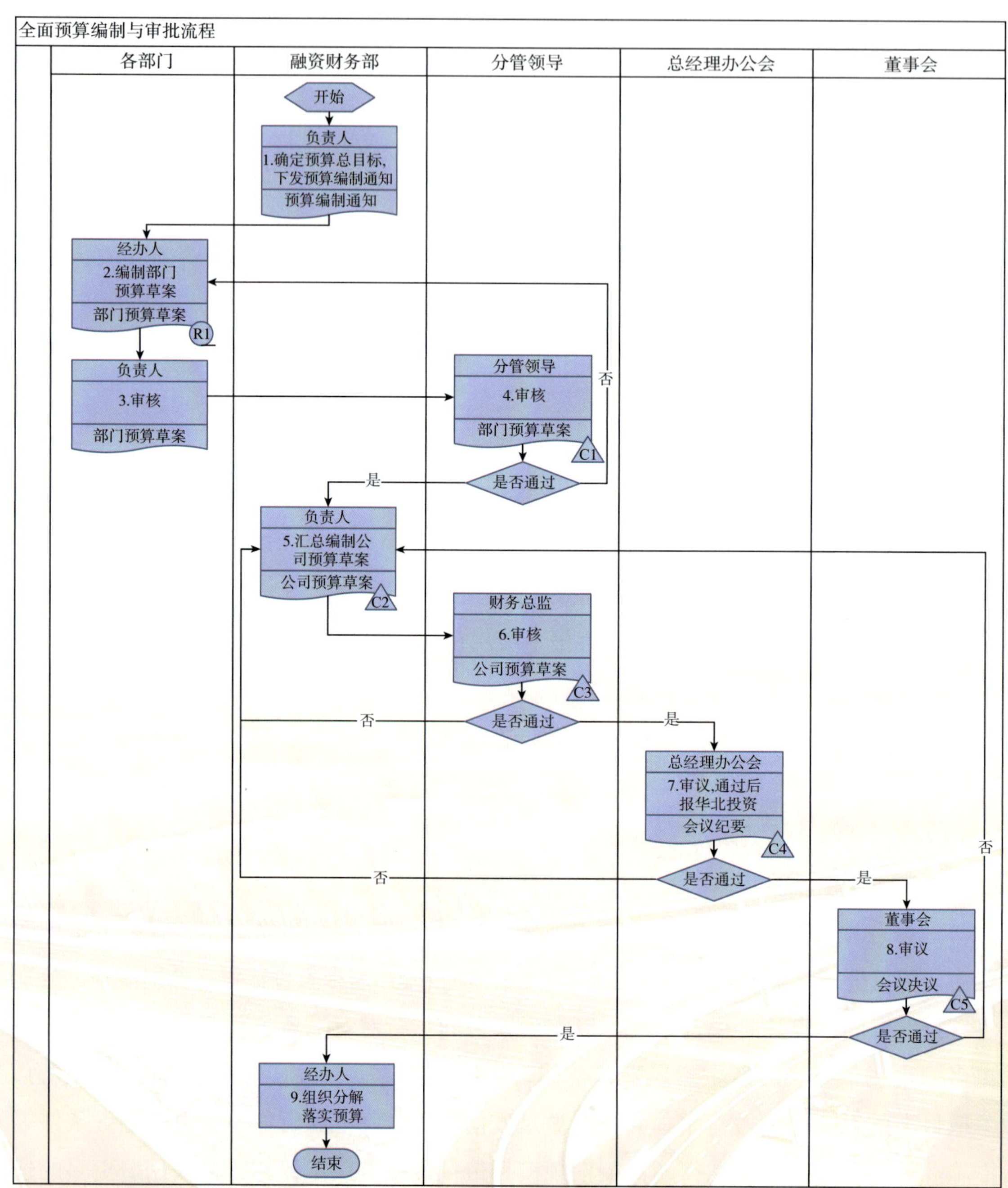

图 4-5-1　全面预算编制与审批流程

（二）资金风险防范

一是加强资金收支计划管理，结合项目建设情况，实行月度资金计划管理，根据项目投资计划，合理筹划自有资金、债务资金的使用，做好资金统筹安排，严防资金断链，严控资金成本。二是加强资金监管，结合各施工单位上报的资金计划，有效监督各施工单位资金流向，确保资金专款专用，严防不当抽逃资金。

（三）资金计划编制流程

（1）总承包部汇总本级和工区的资金计划，编制《月度资金计划》，经总承包部负责人及财务负责人、总监办签字后一并备案到公司；

（2）实际需拨款时，总承包部编制《资金开支计划》；

（3）各部门经办人每月 20 日编制《月度资金计划采集和明细》；

（4）各部门负责人审核，通过后交融资财务部；

（5）融资财务部经办人每月根据各部门、各总承包部计划，编制《月度资金计划、融资计划》；

（6）财务总监审核《月度资金计划、融资计划》；

（7）总经理审核《月度资金计划、融资计划》，参见图 4–5–2、图 4–5–3。

四、核算管理

结合北京新机场北线高速公路 PPP 项目特点，按照会计准则，此项目核算模式属于混合资产模式，即既有金融资产又有无形资产。对于未来一定能够取得的资金流入部分（即政府对可研车流量的 75% 保底部分收入形成的资金流入）划分为金融资产，对应会计科目为“长期应收款”；对于未来不能确定的资金流入（即政府对可研车流量的 75% 保底部分以外的资金流入），划分为无形资产，对应会计科目为“无形资产 – 特许经营权”。融资财务部根据项目投资及收入情况搭建资产全生命周期模型，进行每年的财务核算。

五、财务报告编制流程

（1）融资财务部经办人编制各项财务报表，包括《月度快报》《季度决算报表》《清欠报表》；

（2）在每个季度和年度终了，按照国家会计法律、法规、准则规定，在全面财产清查、债权债务确认、资产质量核实的基础上，认真组织编制《半年度 / 年度财

图 4–5–2　中铁建财务公司到项目公司开展业务交流研讨

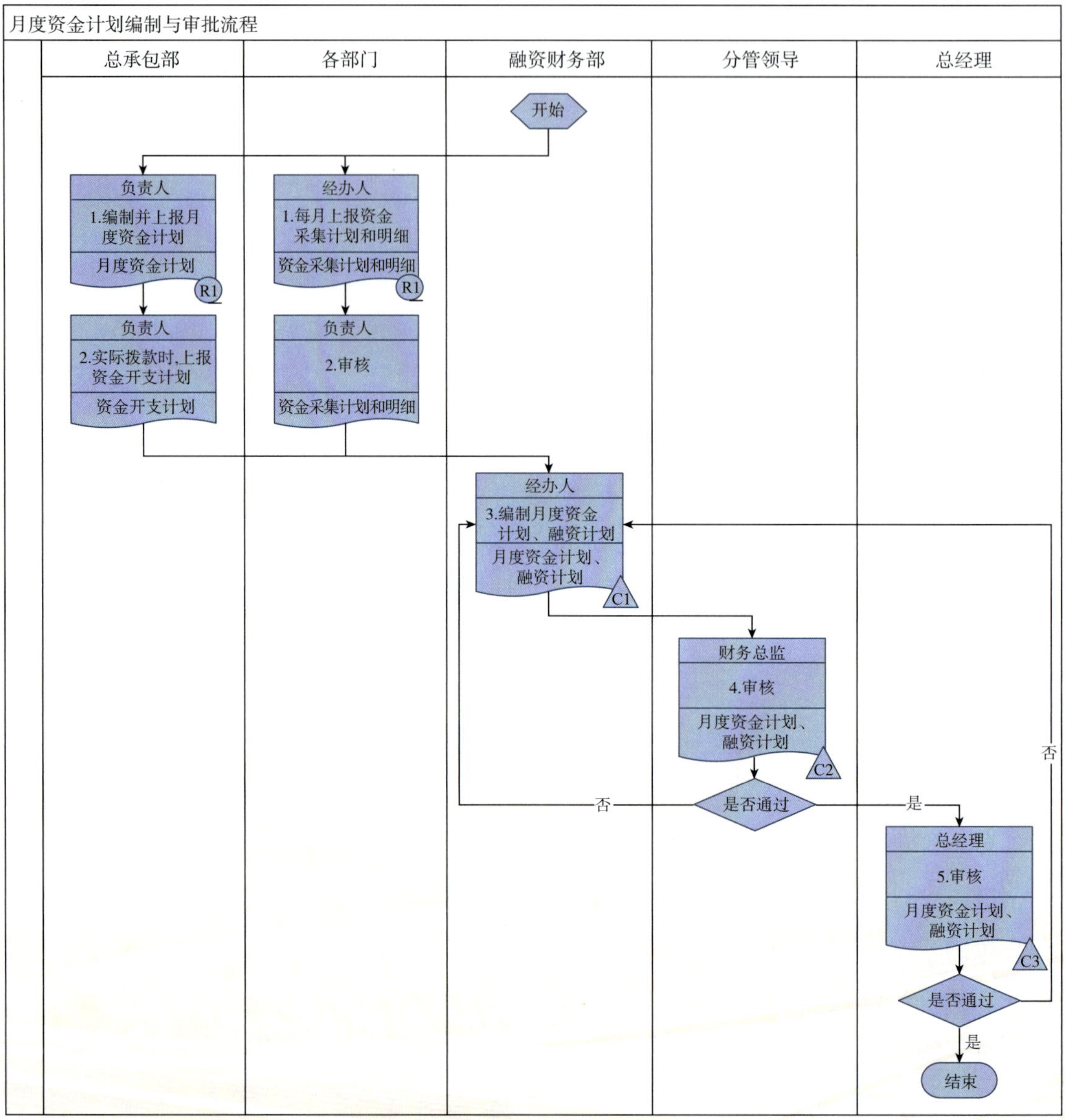

月度资金计划编制与审批流程

总承包部 | 各部门 | 融资财务部 | 分管领导 | 总经理

开始

负责人
1.编制并上报月度资金计划
月度资金计划
R1

经办人
1.每月上报资金采集计划和明细
资金采集计划和明细
R1

负责人
2.实际拨款时,上报资金开支计划
资金开支计划

负责人
2.审核
资金采集计划和明细

经办人
3.编制月度资金计划、融资计划
月度资金计划、融资计划
C1

财务总监
4.审核
月度资金计划、融资计划
C2

是否通过
否
是

总经理
5.审核
月度资金计划、融资计划
C3

是否通过
否
是

结束

图 4-5-3　月度资金计划编制与审批流程

务决算报表》《年度财务报告》；

（3）财务总监审核《半年度 / 年度财务决算报表》《年度财务报告》；

（4）外部会计师事务所审计《年度财务报告》；

（5）总经理审批《半年度 / 年度财务决算报表》，审核《年度财务报告》；

（6）总经理办公会审议《年度财务报告》；

（7）融资财务部经办人将董事会批准的年度财务报告报有关单位，相关报表整理归档，参见图 4-5-4。

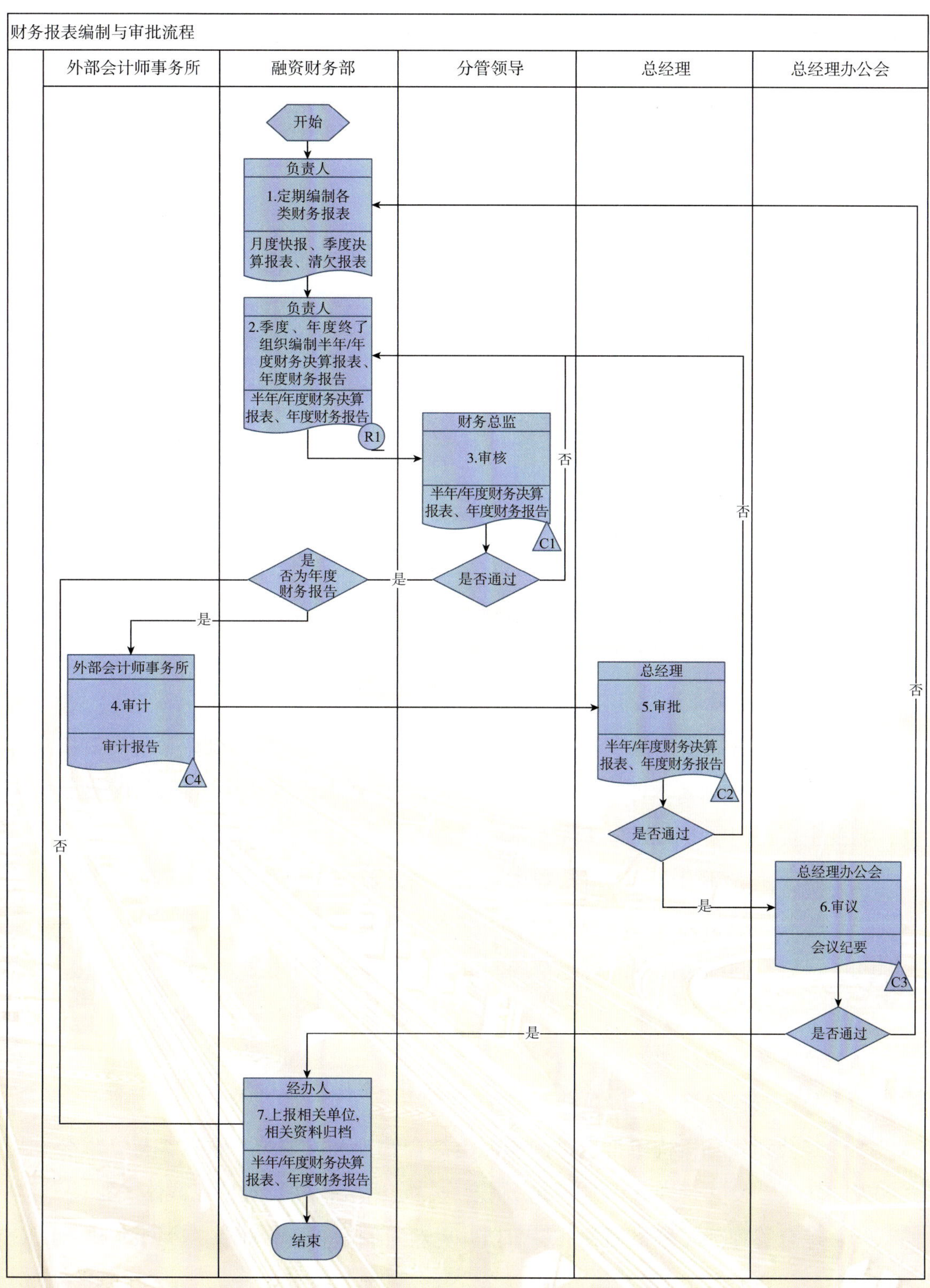

图 4-5-4 财务报表编制与审批流程

第六章 行政管理

行政管理是公司为加强综合行政业务的内部控制，规范公司行政管理与实物资产管理行为，防范和控制行政与资产管理过程中的风险而制定的一系列制度、程序和措施的总称。综合行政围绕包括督察督办、制度管理、公文管理、印章管理、证照管理、档案管理和后勤管理等方面工作，努力实现组织协调、机关建设、后勤保障等工作职能。

一、制度订立和修订

（一）业务目标

规范制度订立 / 修订工作程序，明确规章制度管理要求，确保制度订立 / 修订工作规范、科学、有序、高效开展。

（二）制定流程

（1）公司已有制度中没有所要规定的内容，需要通过新增制度或在现有制度中增补相关内容实现管理要求时，制度主责部门编写《规章制度初稿》。对于拟更新的制度，制度主责部门经办人编写《规章制度修订稿》；

（2）制度主责部门负责人审核规章制度初稿，形成《规章制度征求意见稿》；

（3）相关部门负责人对起草的规章制度发表意见；

（4）计划合同部法律顾问对起草的制度进行法律合规审核；

（5）总经理办公会审议；

（6）董事会审议；

（7）公司章程修订，由股东会审议；

（8）经公司领导机构审批通过的制度由综合管理部文秘统一进行编号，以公文形式印发，转入“发文管理流程”；涉密制度应设定密级，并仅对特定群体发布；

（9）综合管理部文秘将相关资料归档并更新《制度管理台账》，参见图 4-6-1。

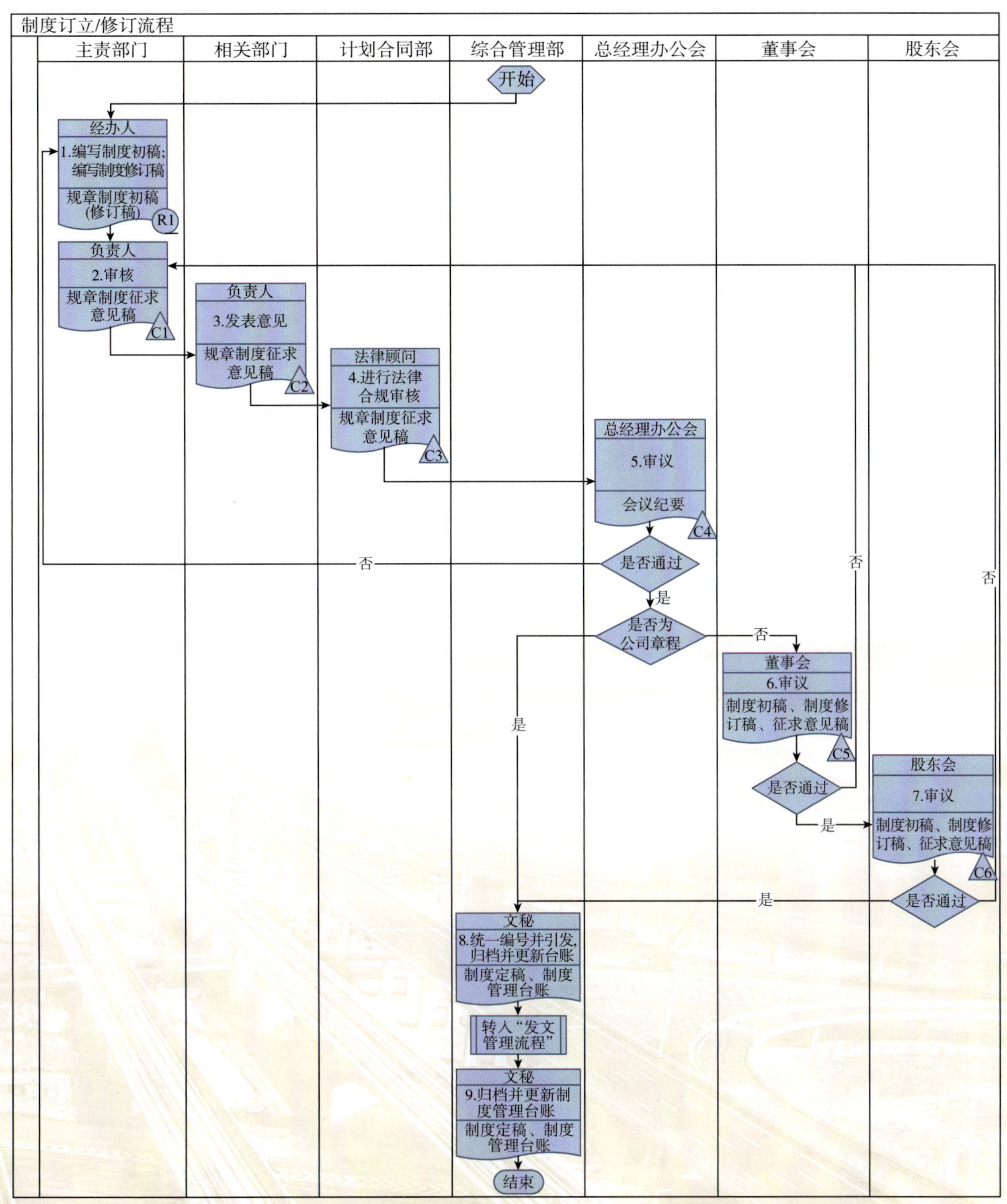

图 4-6-1　制度订立/修订流程

二、印章使用管理

（一）业务目标

明确印章使用流程，确保印章管理有序，提高印章使用工作效率，保证用印安全。

（二）管理流程

（1）需求部门在需要加盖公司印章时，由经办人填写《用印审批单》，说明用印事由、用章类别、用章时间、文件名称、份数，是否带出等信息；

（2）需求部门负责人审核《用印审批单》；

（3）需求部门分管领导审核《用印审批单》；

（4）总经理审批《用印审批单》；

（5）若印章需外带使用，印章管理人员应随印章使用申请人一同外出。携带印章外出时需派专车，不得使用公共交通工具和出入其他公共场所。用印时印章保管人必须在场监督，不得离开；

（6）综合管理部文员根据审批结果用印，并登记《印章使用登记簿》。

说明：以下已完成审批事项可直接用印并登记：

（1）签发公文时，《发文稿纸》按权限审批后；

（2）合同审查审批表、担保审批单、设备采购审批单等按权限审批后；

（3）董事会、总经理办公会议决议的事项，出具会议决议后；

（4）各类合同、报表，按权限审批后，参见图 4-6-2、图 4-6-3。

图 4-6-2　中国铁建股份公司办公室在项目公司进行印章管理专项检查

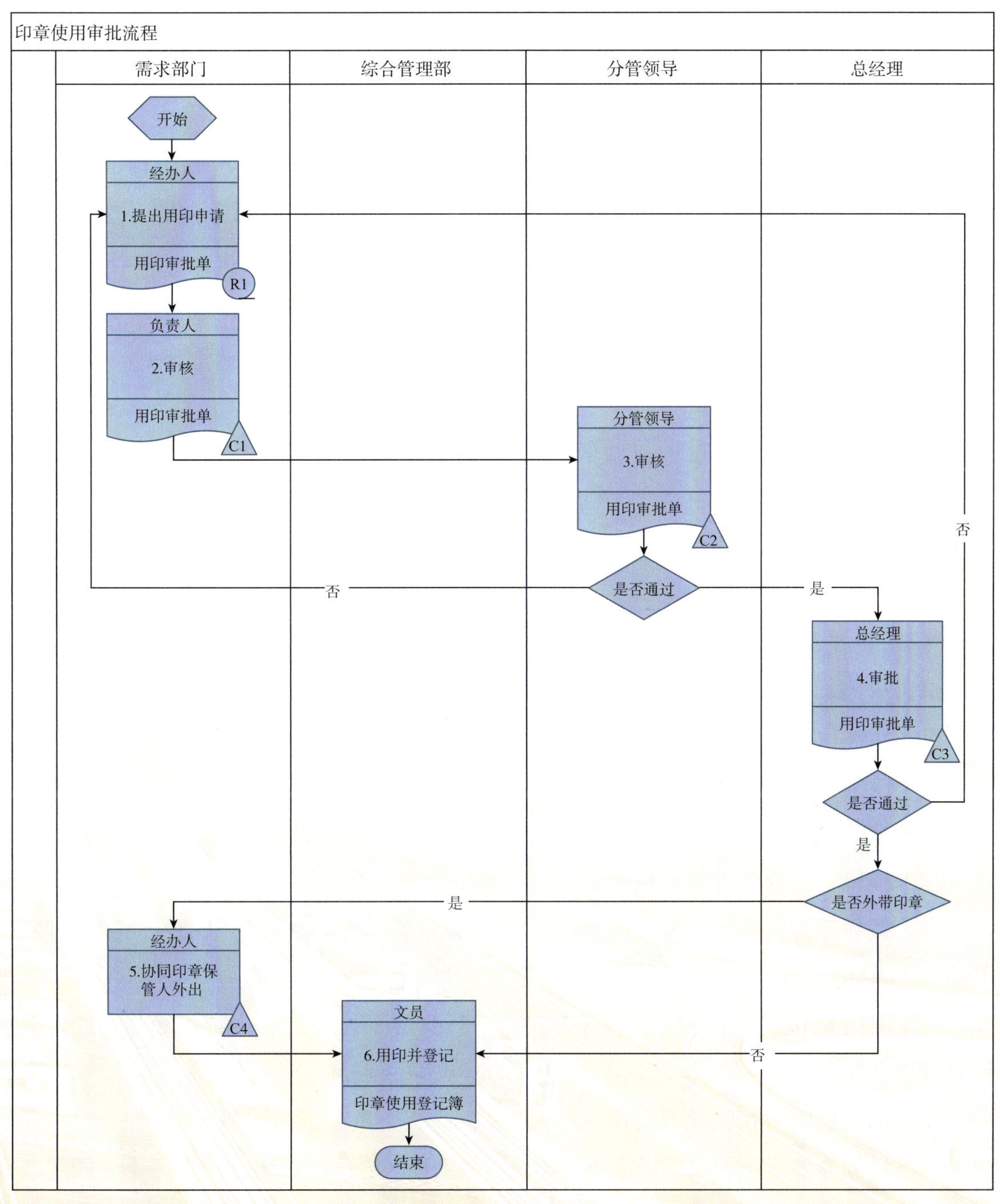

图 4-6-3 印章使用审批流程

三、收发文管理

（一）业务目标

规范公司公文管理，提高公文处理水平和工作效率，确保公文运转有序。

（二）收文流程

（1）签收和登记：综合管理部文秘对收到的公文应当逐件清点，核对无误后签字或者盖章，并注明签收时间，登记《收文登记表》；

（2）转送相关部门签收：阅知性公文应当根据公文内容、要求和工作需要确定范围后分送；综合管理部文秘将文件转送相关部门；呈阅或传阅公文统一使用《文件处理单》；

（3）承办：批办性公文应当由相关部门负责人提出拟办意见报公司领导批示；需要两个以上部门办理的，应当明确主办部门；紧急公文应当明确办理时限；

（4）批示：公司领导批示；

（5）传阅：根据领导批示和工作需要将公文及时送传阅对象阅知或者批示；

（6）答复并整理归档：承办部门将公文的办理结果应及时答复来文单位，并根据需要告知相关单位；办理完结后，兼职文件管理员负责将原文件和处理结果处理单返回综合管理部；相关部门应保留复制件，参见图 4–6–4。

（三）发文流程（图 4–6–5）

（1）拟稿：公文拟稿由拟稿部门起草，行文应当确有必要，讲求实效，注重针对性和可操作性；

（2）核稿：由拟稿部门负责人对其内容进行核查，修改；

（3）填写发文稿纸：拟稿部门填写发文稿纸，并呈阅相关人员审签；

（4）核稿：综合管理部根据股份公司文件处理办法核稿；

（5）领导签发，签发人签发公文，应当签署意见、姓名和完整日期；圈阅或者签名的，视为同意：

①重要公文和上行文由主管领导签发；下行文或平行文，由主管领导签发或者分管领导签发；

②会议纪要由主管领导或会议主持人签发。

（6）经领导签发的公文，不得擅自改动；特殊情况下改动时，应填写《文件更改申请单》；

（7）复核：经发文机关负责人签批的公文，印制前，综合管理部负责人进行复核；重点复核审批、签发手续是否完备，附件材料是否齐全，格式是否统一、规范等；

收文管理流程
相关部门
综合管理部
主管/分管领导
开始
文秘
1.签收和登记
公文、收文登记表
R1
文秘
2.转相关部门签收
公文
C1
负责人
3.承办
公文、文件处理单
C2
主管/分管领导
4.批示
公文
C3
负责人
5.传阅
公文
兼职文件管理员
6.答复并整理归档
公文、文件处理单
结束

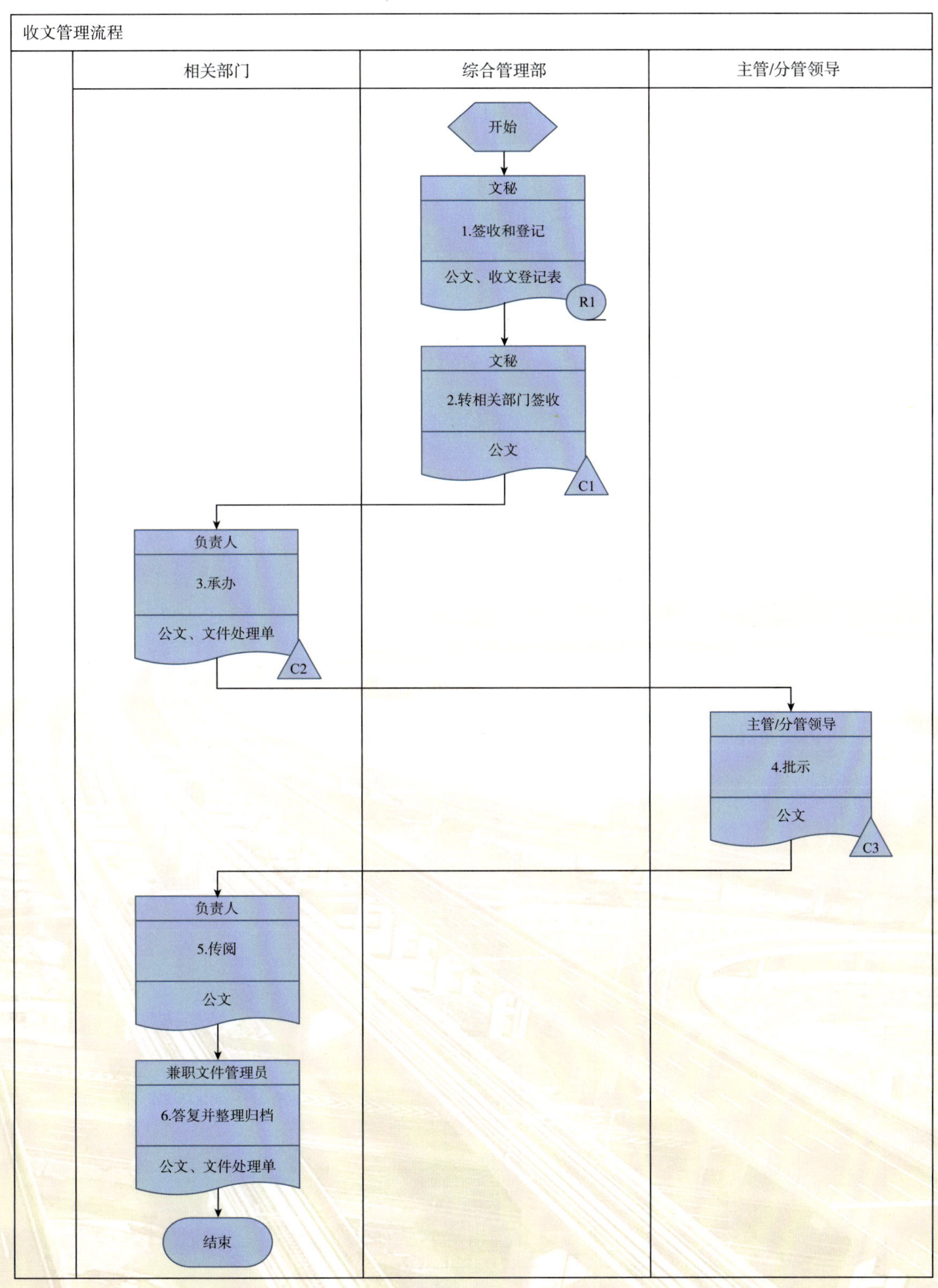

图 4-6-4 收文管理流程

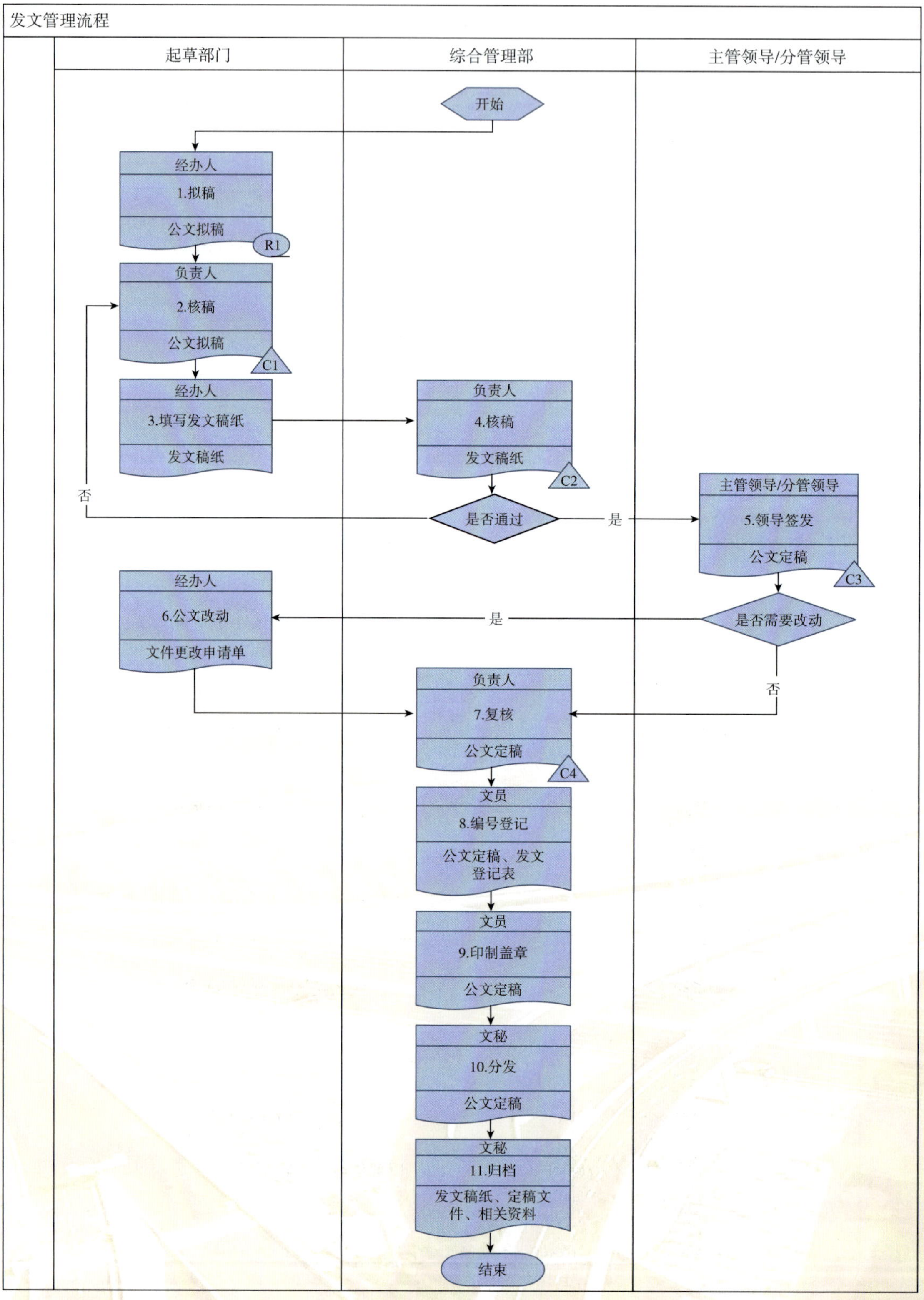

发文管理流程
起草部门
综合管理部
主管领导/分管领导
开始
经办人
1.拟稿
公文拟稿
R1
负责人
2.核稿
公文拟稿
C1
经办人
3.填写发文稿纸
发文稿纸
负责人
4.核稿
发文稿纸
C2
否
是否通过
是
主管领导/分管领导
5.领导签发
公文定稿
C3
经办人
6.公文改动
文件更改申请单
是
是否需要改动
否
负责人
7.复核
公文定稿
C4
文员
8.编号登记
公文定稿、发文登记表
文员
9.印制盖章
公文定稿
文秘
10.分发
公文定稿
文秘
11.归档
发文稿纸、定稿文件、相关资料
结束

图 4-6-5　发文管理流程

（8）编号登记：审核通过后综合管理部统一编号，按拟稿部门使用相应的文头行文，确定发文字号、分送范围和印制份数并详细记载，登记《发文登记表》；

（9）印制盖章：公文印制必须确保质量和时效，涉密公文应当在符合保密要求的场所印制，按照印信管理规定盖章；

（10）分发：综合管理部文秘根据分送范围分发；

（11）归档：综合管理部文秘将发文稿纸、定稿文件及相关资料归档。

第七章 运营筹备

项目公司深入贯彻落实交通运输部、中国铁建、华北投资公司要求，全面树立标准化、制度化、集约化、人文化的运营管理理念，牢固树立首都意识，坚持首善标准，努力建设“人文高速、科技高速、绿色高速”，加快推进综合交通、智慧交通、绿色交通、平安交通建设，为使用者提供畅通、安全、舒适、美观的通行环境，更好地服务于首都地区社会经济发展，更好地服务于京津冀一体化及雄安新区建设协同发展。

北京大兴国际机场北线高速公路（中段）工程于 2019 年 7 月 1 日开始运营收费，为了顺利开展运营前期筹备工作，实现从建设到运营职能的顺利转变，根据《新机场北线高速 PPP 项目合同》及《新机场北线公司章程》，项目公司积极筹划，提前启动各项运营筹备相关工作，图 4-7-1 为项目运营筹备组向兄弟单位学习。

对于高速公路运营管理，比较成熟的有两种管理模式：第一种模式是自行管理；第二种模式是委托管理。通过对两种运营管理模式的比较，最终采取自行管理模式。项目公司的职能包括收费管理、养护管理、绿化管理和监控、收费、服务等方面。

图 4-7-1　项目公司运营筹备组到北京兴延高速公路公司交流运营维管工作

一、运营期管理目标与服务目标

1. 运营管理目标

通过项目公司采取正确有效的技术措施和合理化管理，提高公路的使用质量，延长公路的使用年限，保护公路和沿线设施的完好状态，保证公路路面养护质量指数 PQI 大于等于 90，一、二类桥梁占项目桥梁总数的比例大于等于 95%，不出现四类或五类桥梁，隧道技术状况等级达到 B 级（含 B 级以上）。苗木成活率大于等于 95%，养护检评质量指数达到 80 分以上，标志线齐全、清晰、无损坏等。

2. 服务目标

向社会提供“快速、畅通、便捷、高效、安全、舒适、文明、优质”的通行服务，并以更低的成本，提供更优的服务，获得更大的效益，为公司资产经营、筹融资服务。

二、运营管理工作原则

项目公司依据以下原则，实施项目的运营管理：

（1）依法经营原则：在经营过程中，首先将遵守国家、交通部及北京市地方相关法律、法规、条例及规定的要求，依法经营。

（2）服从国家、社会及人民利益原则：作为公共服务基础设施，在经营过程中首先要考虑到国家、社会及人民利益，必要情况下要把国家、社会及人民利益放在项目公司的利益前面。

（3）市场及服务意识原则：在项目经营过程中，树立市场及服务意识，要始终把顾客当作上帝，在法律允许范围内统筹考虑为顾客提供最大价值的服务、最为方便的服务。

（4）股东价值最大化原则：在项目经营过程中，在坚持上述三条原则的前提下要把股东价值最大化放在项目公司经营管理工作的首位，充分利用项目公司的各种资源，争取实现股东价值的最大化，为各位股东提供满意的社会与经济回报。

（5）和谐经营、持续发展的原则：在经营过程中，注重营造与各相关利益方的和谐环境，包括与顾客、股东、政府、银行、员工等各相关方的和谐相处与合作，争取为项目经营及项目公司发展创造良好、和谐的环境，实现项目公司的科学持续发展。

（6）超前准备原则：高速公路运营管理必须具有超前意识，做到通盘考虑，综合规划，分步实施。特别在高速公路建设后期成立专门的机构研究规划今后管理体制、机构定编、人员配备、设备购置、管理方式等问题，待高速公路开通即可顺利开展运营管理工作，图 4-7-2 是公司组织运营一线人员招聘会。

（7）机构设置应坚持集中、统一、高效、特管原则：高速公路运营管理必须实行统一领导，坚持集中、统一、高效、特管原则，管理人员精干，提倡高效率，才能建立高速公路特有的快速反应机制。

（8）现代化管理原则：建成的高速公路具有先进完善的现代化设备、设施，具有技术密集型的管理特点，只有利用科学的管理手段，才能充分发挥设备效能。高速

图 4-7-2　项目公司组织运营一线人员招聘会

公路现代化管理应首先从办公现代化入手，建立管理数据库，开发使用计算机管理系统，创造高智能环境。

（9）加速人才培训，提高人员素质原则：高速公路管理是实行多工种、跨行业的现代化管理，需要管理人员的高素质、高技能；高速公路运营管理的发展也需要管理人员的知识不断更新。因此，高速公路管理实施中将进行经常性的人才培训，加速人员素质的提高，适应现代化管理需要，参见图 4-7-3。

（10）健全规章制度，实行规范化管理原则：高速公路管理项目繁多，分工细致，专业性强。为保证互相协调、有条不紊地运作，必须制定健全的规章制度和操作规程，实行严格的规范化管理。

（11） 重视经济效益，注重经营开发原则：高速公路的建设和管理均需庞大的经费开支，在运营管理中除特别重视收费工作，力求节约开支外，尚要利用高速公路的环境、土地设施等进行综合经营开发，在为运营管理服务的同时，可作为通行费收入的补充形式，增加积累，实现高速公路的自我发展。

三、成立运营筹备机构

项目公司成立运营筹备组负责运营前期筹备工作。

图 4-7-3 公司运营一线培训班顺利结业

筹备组的职责主要为：与政府商谈特许经营合同及办理特许经营手续；负责运营人员培训、运营制度编写、运营系统联调、运营演练、试运营等重要时间节点和工作计划统筹安排各项筹备工作。同时，为了更好地编制运营筹划方案，急需引入熟练掌握北京市收费管理、信息管理及机电管理方面知识的专业人才，以便进入筹备组进行筹备工作。筹备组其他人员从项目公司现有人员中抽调，原则上不再新增管理人员，见图 4-7-4。

图 4-7-4 北京大兴国际机场北线高速公路中段正式开通运营

四、运营期人员及机构配置

（一）管理层

运营期间，项目公司完全按照现代企业管理机制进行设置，有股东会、董事会、党委、监事会、经理层，同时根据工作需要，参照北京市其他各高速公司的现行做法，设置6个部门：办公室、运营管理部、财务部、资产管理部、经营开发部、应急安全部，各部门的主要职能为：

1. 办公室

主要职能：行政管理、文书文秘、人事薪酬、党群事务、后勤管理等。

2. 运营管理部

主要职能：收费、信息、票证、稽查、监控等。

3. 财务部

主要职能：财务管理、会计核算、税务事宜、票卡管理等。

4. 资产管理部

主要职能：资产实物管理、养护、机电管理等。

5. 经营开发部

主要职能：统计、合同管理、市场经营开发。

6. 应急安全部

主要职能：安全、环保、应急管理等。

（二）一线机构编制

大兴国际机场北线高速公路（中段）共设1个收费站（段家务收费站），相关一线工作人员暂按满足中段收费要求进行配置，全部暂按4班3运转的模式进行，根据需要，配置收费、稽查监控、票证、维护维修等班组，后期根据车流量和东西延工程进展情况增配相关人员。

（三）其他服务人员

对于运营期的食堂工作人员、接送收费员上下班的司机、保洁、保安等其他后勤服务人员，实行劳务外包。

第五篇

PPP 经验篇

概　述

PPP（政府和社会资本合作）模式是政府与社会资本基于某一投资项目、以合作多方参与，以实现“双赢”或“多赢”为目的的合作形式，其核心是政府与社会帕累托资本之间建立长期稳定的合作关系，以合同为基础实现风险共担、利益共享，参与各方可以实现比预期单独行动更为有利的结果，实现帕累托最优、总体收益最大化，即社会效益最大化。

PPP 模式在我国高速公路投资建设领域应用的时间还不长，大兴国际机场北线高速公路项目在实践中不断学习、实践并积极探索、完善 PPP 模式，努力拓宽融资渠道，协调各方利益，形成了一套较为完备的 PPP 实施准规则，在项目实施过程中取得了不俗的成绩，同时也为 PPP 模式在高速公路等基础设施投资建设领域积累了经验。

第一章 PPP 项目市场环境

面对财政收入增速放缓，交通专项资金进一步趋紧的新形势，合规有序利用 PPP（政府和社会资本合作）模式推进交通基础设施建设成为必然的选择。大兴国际机场北线高速公路作为北京第三条 PPP 模式的公路项目，受到了广泛关注，而之所以中国铁建竞投该项目，一方面是为了蓄力北京市场，做强企业影响力，另一方面则是充分衡量 PPP 相关政策与北京 PPP 市场环境和政府决策力与执行力后的谨慎选择。

一、PPP 相关政策日趋完善

2019 年，《中共中央国务院关于完善产权保护制度依法保护产权的意见》（以下简称《意见》）正式对外公布，其中涉及 PPP 的内容对于参与 PPP 建设的社会资本方来说有着非常积极的意义。

1. 不得以政府换届、领导人员更替等理由违约毁约

《意见》称，大力推进法治政府和政务诚信建设，地方各级政府及有关部门要严格兑现向社会及行政相对人依法做出的政策承诺，认真履行在招商引资、政府与社会资本合作等活动中与投资主体依法签订的各类合同，不得以政府换届、领导人员更替等理由违约毁约，因违约毁约侵犯合法权益的，要承担法律和经济责任。

因为 PPP 模式的合同期限比较长，往往跨越几届政府，社会资本对政府能不能按合同履约缺乏信心。一些地方政府只管把社会资本"圈进来"，之后对所做承诺往往兑现不到位。国务院出台该条文，明确政府不得随意违约，大大降低了社会资本所承担的风险。

北京大兴国际机场北线高速公路 PPP 项目开工推进会现场见图 5-1-1。

2. 政府违约，要依法赔偿社会资本的损失

《意见》还提出，因国家利益、公共利益或者其他法定事由需要改变政府承诺和合同约定的，要严格依照法定权限和程序进行，并对企业和投资人因此而受到的财产损失依法予以补偿。对因政府违约等导致企业和公民财产权受到损害等情形，进一步完善赔偿、投诉和救济机制，畅通投诉和救济渠道。

图 5-1-1　北京大兴国际机场北线高速公路 PPP 项目开工推进会在北京市交通委举行

3. 建立健全政府失信责任追究制度及责任倒查机制

《意见》提出，将政务履约和守诺服务纳入政府绩效评价体系，建立政务失信记录，建立健全政府失信责任追究制度及责任倒查机制，加大对政务失信行为惩戒力度。

除此之外，财政部、发改委在大力推进 PPP 模式的相关文件中，对地方政府的部分不合规行为做了明确规定。PPP 项目中，政府不得有以下行为：

一是政府及其相关部门不应为项目公司或社会资本方的融资提供担保。二是政府与社会资本合资设立项目公司的，不得在股东协议中约定由政府股东或政府指定的其他机构对社会资本方股东的股权进行回购安排。三是当期政府不得以购买服务支出代替 PPP 项目中长期的支付责任，规避 PPP 相关评价论证程序。四是项目实施不得采用建设 - 移交（BT）方式。五是政府不得以固定回报承诺、回购安排、明股实债等方式承担支出。六是严禁政府以 PPP 项目名义举借债务。

二、北京 PPP 市场规范有序

按照财政部和北京市有关部署，近年来，北京市政府相关部门在公共服务领域进一步推广 PPP 模式，加强制度建设，加大资金支持，强化规范管理，推进北京市 PPP 工作规范有序开展，服务供给侧结构性改革，助力首都经济社会创新发展的同时，也为参与 PPP 建设的企业提供良好的发展环境。

1. 促规范，着力加强制度建设

一是加强制度建设。在积极贯彻落实财政部相关管理制度的基础上，北京市政府办公厅印发了《关于在公共服务领域推广政府和社会资本合作模式的实施意见》。2016 年以来，北京市财政局会同相关部门相继印发了水务等行业导则、PPP 项目用地政策等一系列配套文件，初步形成较完整的制度框架体系，为 PPP 项目规范、有序实施奠定了良好的制度基础。

二是加强项目库管理。印发《北京市政府和社会资本合作（PPP）项目库管理办法》，按照“能进能出”的项目管理原则加强储备及动态管理，定期清理项目库。按要求做好项目信息更新，建立项目库定期分析报告制度。

三是落实信息公开制度。落实财政部 PPP 项目信息公开要求，通过财政部 PPP 综合信息平台，实现北京市 PPP 项目全生命周期的信息公开，以公开促规范，推动 PPP 市场公平有序发展。

四是强化日常监管。印发《关于进一步规范政府和社会资本合作（PPP）项目实施有关事项的通知》，对 PPP 项目前期沟通论证、政府采购等关键环节明确财政管理要求。组织开展项目规范性检查，重点对照六部委《关于进一步规范地方政府举债融资行为的通知》，对全市入库落地 PPP 项目进行规范性检查，组织各区对区级 PPP 项目开展对照自查，杜绝“固定回报，约定回购，明股实债”等违规问题。

2. 重引导，着力加大资金支持

一是强化奖补资金支持。2016 年起，北京市财政局设立了 PPP 以奖代补专项资金，制定了《北京市推广政府和社会资本合作（PPP）模式以奖代补资金管理办法》，对 PPP 项目进行补贴或奖励，有效激发了各行业、各区参与积极性。结合 PPP 规范实施要求及北京市 PPP 工作实际，为更好发挥奖补资金效果，后又对原资金管理办法进行了修订完善，印发了《关于修订北京市推广政府和社会资本合作（PPP）模式奖补资金管理办法的通知》，强化资金统筹灵活使用，突出增量项目奖励，建立完善各区 PPP 工作考核体系，拓宽奖补资金使用范围，突出 PPP 规范实施要求。

二是明确资金保障要求。在部门预算编报中，明确 PPP 项目的资金保障渠道，并将政府负担资金足额纳入财政预算，确保政府资金落实到位。

三是积极提供融资支持。协调北京市 PPP 项目与中央 PPP 融资支持基金对接，探索开展资产证券化等方式，拓宽融资渠道，为 PPP 项目提供融资便利。

3. 抓创新，着力推进重点领域

一是优化投资环境。落实“放管服”改革要求，助推简化 PPP 项目审批手续，探索“一会三函”制度在 PPP 项目推广运用的可行性。

二是推进重点行业领域和项目。深入项目一线跟踪管理，积极协调支持大兴国际机场北线高速公路等重点 PPP 项目顺利推进，做好相关评价论证及技术支持。

4. 强基础，着力提升能力环境

一是完善机构建设，加强人员培训。北京市财政局成立了 PPP 促进中心，部分区财政也设立了专门机构，不断强化人员配置，提升人员水平。多次举办市区 PPP 政策、实务培训班，对市区相关人员开展全面培训，编印 PPP 文件汇编、北京市 PPP 工作手册等，做好政策解读。

二是利用智力资源，加强宣传引导。北京市财政局征集组建、并不断完善北京市 PPP 专家库，利用 PPP 咨询机构及首都专家资源，研究解决项目推进中的具体问题，提升项目质量水平。积极利用传统媒体、网络平台、新闻发布会、项目推介会等多种方式，对北京市 PPP 政策加强解读，对北京市 PPP 项目加强宣传推介，回应社会关切，增进各方共识，助推项目实施。

图 5-1-2 为大兴国际机场北线高速公路顺利开通。

图 5-1-2　大兴国际机场北线高速公路顺利开通

第二章 PPP 项目前期管理

一、项目公司建立

（一）签订《联合体协议书》，投标，中标

2017 年 10 月 9 日，中国铁建股份有限公司与中铁十六局集团有限公司、中国铁建大桥工程局集团有限公司自愿组成联合体签订《联合体协议书》（图 5–2–1），共同参加大兴国际机场北线高速公路政府与社会资本合作（PPP）项目投标。联合体于 2017 年 11 月 15 日中标，取得北京市交通委员会《新机场北线高速公路（北京段）政府与社会资本合作（PPP）项目中标通知书》（图 5–2–2）。

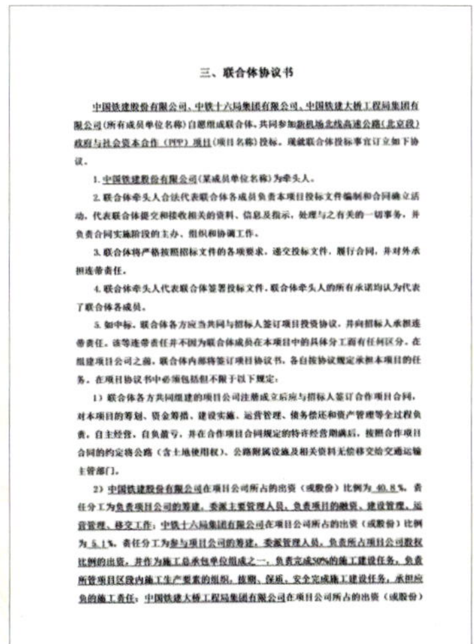

三、联合体协议书

中国铁建股份有限公司、中铁十六局集团有限公司、中国铁建大桥工程局集团有限公司（所有成员单位名称）自愿组成联合体，共同参加新机场北线高速公路（北京段）政府与社会资本合作（PPP）项目（项目名称）投标。现就联合体投标事宜订立如下协议。

1. 中国铁建股份有限公司（某成员单位名称）为牵头人。

2. 联合体牵头人合法代表联合体各成员负责本项目投标文件编制和合同确立活动，代表联合体提交和接收相关的资料、信息及指示，处理与之有关的一切事务，并负责合同实施阶段的主办、组织和协调工作。

3. 联合体将严格按照招标文件的各项要求，递交投标文件，履行合同，并对外承担连带责任。

4. 联合体牵头人代表联合体签署投标文件，联合体牵头人的所有承诺均认为代表了联合体各成员。

5. 如中标，联合体各方应当共同与招标人签订项目投资协议，并向招标人承担连带责任。该等连带责任并不因为联合体成员在本项目中的具体分工而有任何区分。在组建项目公司之前，联合体内部将签订项目协议书，各自按协议规定承担本项目的任务。在项目协议书中必须包括但不限于以下规定：

1）联合体各方共同组建的项目公司注册成立后应与招标人签订合作项目合同，对本项目的筹划、资金筹措、建设实施、运营管理、债务偿还和资产管理等全过程负责，自主经营，自负盈亏，并在合作项目合同规定的特许经营期满后，按照合作项目合同的约定将公路（含土地使用权）、公路附属设施及相关资料无偿移交给交通运输主管部门。

2）中国铁建股份有限公司在项目公司所占的出资（或股份）比例为 40.8%，责任分工为负责项目公司的筹建、委派主要管理人员、负责项目的融资、建设管理、运营管理、移交工作；中铁十六局集团有限公司在项目公司所占的出资（或股份）比例为 5.1%，责任分工为参与项目公司的筹建，委派管理人员，负责所占项目公司股权比例的出资，并作为施工总承包单位组成之一，负责完成50%的施工建设任务，负责所管项目区段内施工生产要素的组织，按期、保质、安全完成施工建设任务，承担应负的施工责任；中国铁建大桥工程局集团有限公司在项目公司所占的出资（或股份）

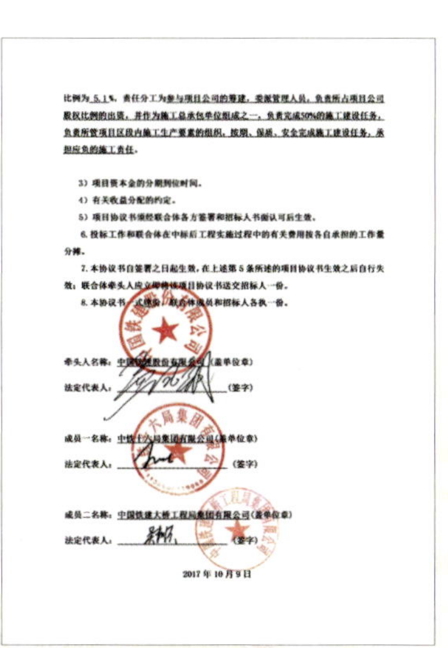

比例为 5.1%，责任分工为参与项目公司的筹建，委派管理人员，负责所占项目公司股权比例的出资，并作为施工总承包单位组成之一，负责完成50%的施工建设任务，负责所管项目区段内施工生产要素的组织，按期、保质、安全完成施工建设任务，承担应负的施工责任。

3）项目资本金的分期到位时间。

4）有关收益分配的约定。

5）项目协议书须经联合体各方签署和招标人书面认可后生效。

6. 投标工作和联合体在中标后工程实施过程中的有关费用按各自承担的工作量分摊。

7. 本协议书自签署之日起生效，在上述第 5 条所述的项目协议书生效之后自行失效；联合体牵头人应立即将[illegible]项目协议书送交招标人一份。

8. 本协议书一式[illegible]份，联合体成员和招标人各执一份。

牵头人名称：中国铁建股份有限公司（盖单位章）

法定代表人：______（签字）

成员一名称：中铁十六局集团有限公司（盖单位章）

法定代表人：______（签字）

成员二名称：中国铁建大桥工程局集团有限公司（盖单位章）

法定代表人：______（签字）

2017 年 10 月 9 日

图 5–2–1　联合体协议书

（二）签订《投资协议》

2017 年 12 月 11 日，中铁建联合体三家单位与北京市交通委员会根据招标文件约定签订了《投资协议》（图 5–2–3），明确了各方投资人的权利和义务。并由社会投资人和首发集团共同成立项目筹备组，在组建项目公司的同时，同步开展各项目前期手续办理工作。

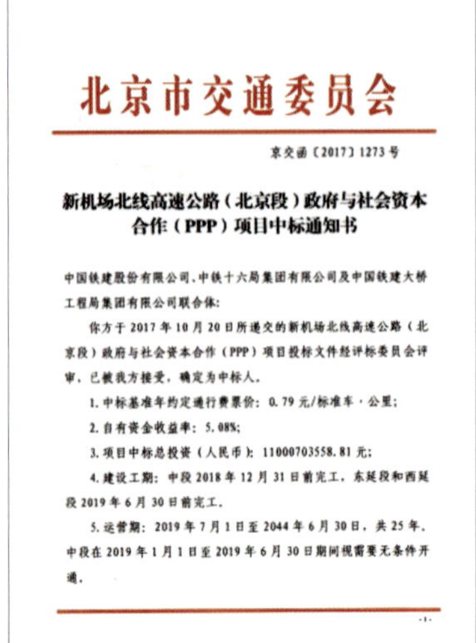

北京市交通委员会

京交函〔2017〕1273号

新机场北线高速公路（北京段）政府与社会资本合作（PPP）项目中标通知书

中国铁建股份有限公司、中铁十六局集团有限公司及中国铁建大桥工程局集团有限公司联合体：

你方于2017年10月20日所递交的新机场北线高速公路（北京段）政府与社会资本合作（PPP）项目投标文件经评标委员会评审，已被我方接受，确定为中标人。

1. 中标基准年约定通行费票价：0.79元/标准车·公里；

2. 自有资金收益率：5.08%；

3. 项目中标总投资（人民币）：11000703558.81元；

4. 建设工期：中段2018年12月31日前完工，东延段和西延段2019年6月30日前完工。

5. 运营期：2019年7月1日至2044年6月30日，共25年，中段在2019年1月1日至2019年6月30日期间视需要无条件开通。

-1-

特此通知。

北京市交通委员会

2017年11月15日

（联系人：王晓磊；联系电话：57078407）

抄送：市发展改革委、市财政局、首发集团，委内相关部门。

-2-

图5-2-2　项目中标通知书

正本

新机场北线高速公路（北京段）

政府与社会资本合作（PPP）项目

投资协议

北京市交通委员会

中国铁建股份有限公司

中铁十六局集团有限公司

中国铁建大桥工程局集团有限公司

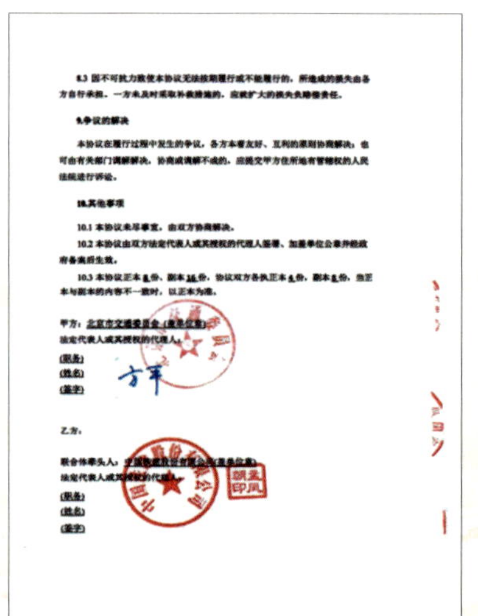

8.3 因不可抗力致使本协议无法按期履行或不能履行的，所造成的损失由各方自行承担。一方未及时采取补救措施的，应就扩大的损失负赔偿责任。

9.争议的解决

本协议在履行过程中发生的争议，各方本着友好、互利的原则协商解决，也可由有关部门调解解决，协商或调解不成的，应提交甲方住所地有管辖权的人民法院进行诉讼。

10.其他事项

10.1 本协议未尽事宜，由双方协商解决。

10.2 本协议由双方法定代表人或其授权的代理人签署、加盖单位公章并经政府备案后生效。

10.3 本协议正本8份、副本16份，协议双方各执正本4份，副本8份，当正本与副本的内容不一致时，以正本为准。

甲方：北京市交通委员会（盖单位章）

法定代表人或其授权的代理人：

(职务)

(姓名)

(签字)

乙方：

联合体牵头人：中国铁建股份有限公司（盖单位章）

法定代表人或其授权的代理人：

(职务)

(姓名)

(签字)

图5-2-3　项目投资协议

（三）召开股东会和董事会，确定《出资协议》及公司章程

2017年12月25日项目召开第一次股东大会和第一次董事会，由首发集团与中铁建联合体三家单位参加，确定了《出资协议》（图5-2-4）及公司章程（图5-2-5）具体内容，并于2017年12月27日正式签订。协议约定，首发集团出资27.5亿元，占项目公司注册资本的49%；中铁建联合体出资28.6亿元，占注册资本的51%。其中中国铁建股份公司出资28亿元，占注册资本的50%，中铁十六局出资0.28亿元，占注册资本的0.5%，中国铁建大桥工程局出资0.28亿元，占注册资本的0.5%。经股东各方协商，一致同意由中国铁建股份公司具体负责办理设立公司的有关手续和起草有

关文件，办理营业执照、纸质证书以及其他相关证照，并负责公司设立过程中的其他事务。

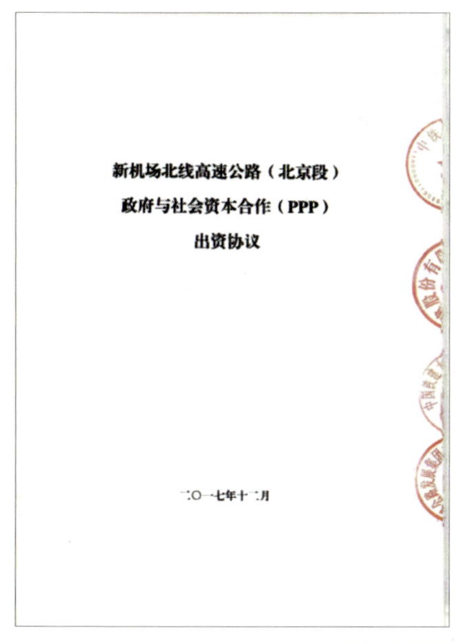

新机场北线高速公路（北京段）
政府与社会资本合作（PPP）
出资协议

二〇一七年十二月

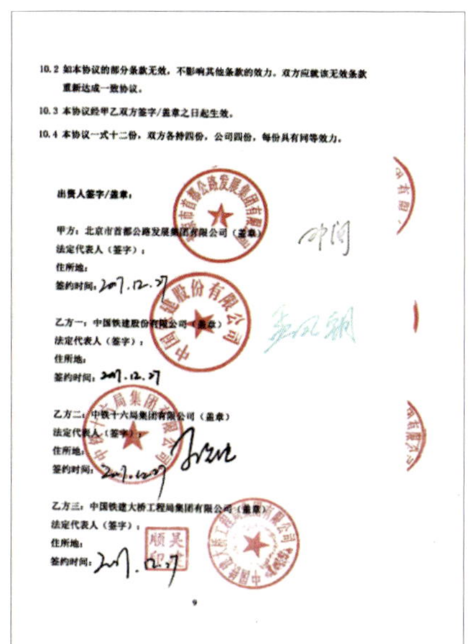

10.2 如本协议的部分条款无效，不影响其他条款的效力。双方应就该无效条款重新达成一致协议。

10.3 本协议经甲乙双方签字/盖章之日起生效。

10.4 本协议一式十二份，双方各持四份，公司四份，每份具有同等效力。

出资人签字/盖章：

甲方：北京市首都公路发展集团有限公司（盖章）
法定代表人（签字）：
住所地：
签约时间：2017.12.27

乙方一：中国铁建股份有限公司（盖章）
法定代表人（签字）：
住所地：
签约时间：2017.12.27

乙方二：中铁十六局集团有限公司（盖章）
法定代表人（签字）：
住所地：
签约时间：2017.12.27

乙方三：中国铁建大桥工程局集团有限公司（盖章）
法定代表人（签字）：
住所地：
签约时间：2017.12.27

9

图 5-2-4　出资协议

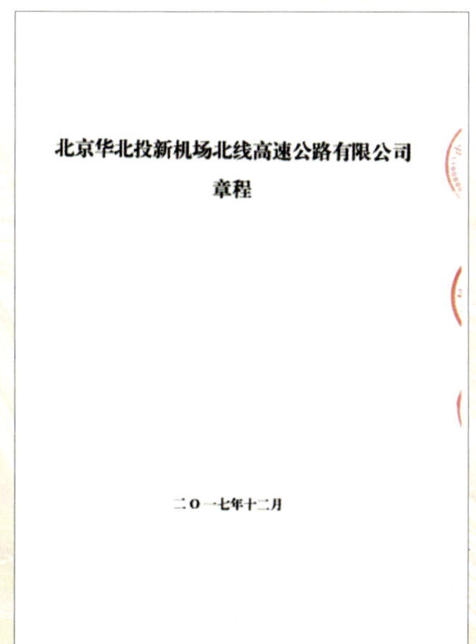

北京华北投新机场北线高速公路有限公司
章程

二〇一七年十二月

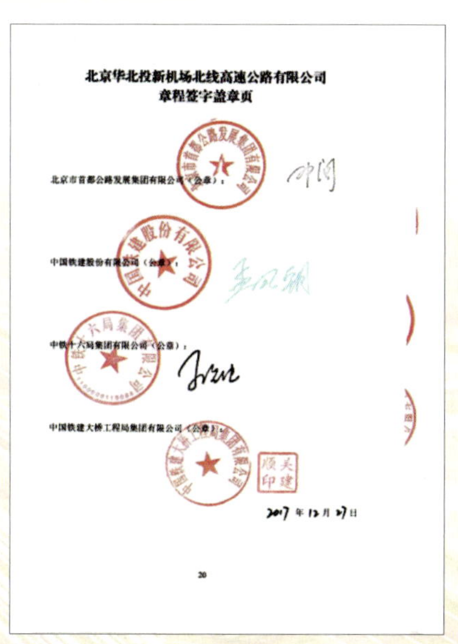

北京华北投新机场北线高速公路有限公司
章程签字盖章页

北京市首都公路发展集团有限公司（公章）：

中国铁建股份有限公司（公章）：

中铁十六局集团有限公司（公章）：

中国铁建大桥工程局集团有限公司（公章）：

2017 年 12 月 27 日

20

图 5-2-5　公司章程

（四）完成项目公司注册

2017 年 12 月 27 日，中国铁建发出《关于成立北京华北投新机场北线高速公路有限公司（项目公司）的通知》（图 5-2-6）。2018 年 1 月 2 日，公司筹备组正式完成在北京市大兴区工商局的注册工作并取得营业执照（图 5-2-7），公司命名为“北京华北投新机场北线高速公路有限公司”。2 月 2 日完成了国税、地税的税务登记、法人一证通的办理，2 月 5 日与银行、国税、地税三方签订完成了《实施缴税协议》。从组建筹备组到公司正式成立仅用了一个多月的时间，并在短时间内以高标准完成了驻地建设工作。

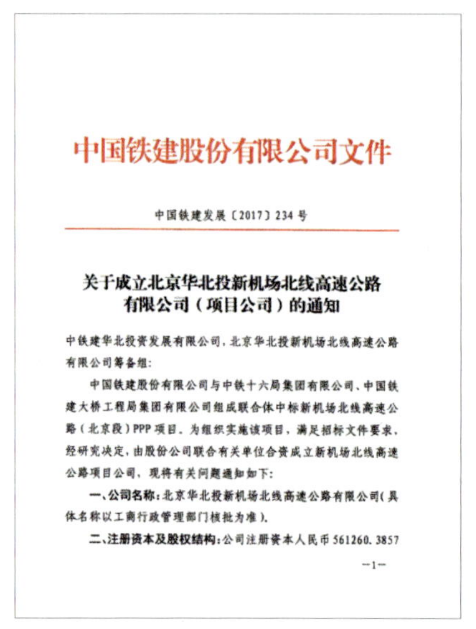

中国铁建股份有限公司文件

中国铁建发展〔2017〕234 号

关于成立北京华北投新机场北线高速公路有限公司（项目公司）的通知

中铁建华北投资发展有限公司，北京华北投新机场北线高速公路有限公司筹备组：

中国铁建股份有限公司与中铁十六局集团有限公司、中国铁建大桥工程局集团有限公司组成联合体中标新机场北线高速公路（北京段）PPP 项目。为组织实施该项目，满足招标文件要求，经研究决定，由股份公司联合有关单位合资成立新机场北线高速公路项目公司，现将有关问题通知如下：

一、公司名称：北京华北投新机场北线高速公路有限公司（具体名称以工商行政管理部门核批为准）。

二、注册资本及股权结构：公司注册资本人民币 561260.3857

—1—

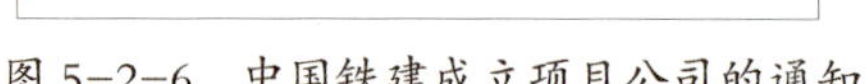

图 5-2-6　中国铁建成立项目公司的通知

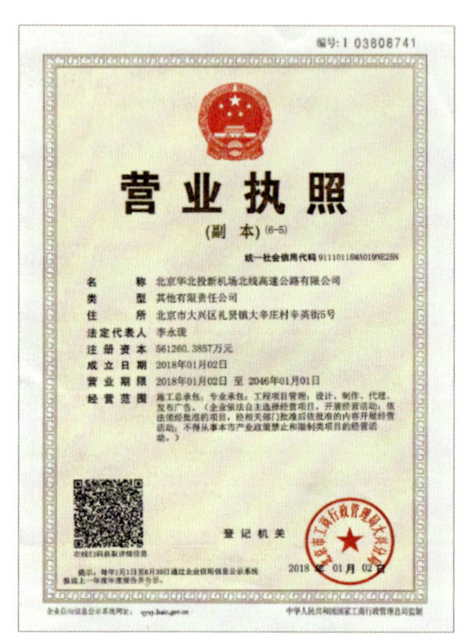

图 5-2-7　项目公司营业执照

（五）项目法人单位变更

项目公司成立后，为使公司成为项目建设主体单位，加快推进项目建设进度，公司积极与北京市发改委等相关审批部门沟通，加快办理变更项目法人单位相关手续，并于 2018 年 1 月 15 日获得《北京市发展和改革委员会关于新机场北线高速公路（北京段）变更项目法人单位的批复（京发改〔2018〕97 号）》（图 5-2-8），将该项目法人单位由前期的北京市首都公路发展集团有限公司变更为北京华北投新机场北线高速公路有限公司，正式成为项目法人责任主体单位，全面负责项目投资、建设、运营、维护等相关工作。

（六）前期工作交接

项目法人单位变更成功后，项目公司与首发集团开展前期工作的交接，陆续将由首发集团已取得或正在进行的部分前期行政审批和招标采购等手续文件转移到项目公司，包括全线设计方案、中段选址规划意见书、环评、水保、稳评、用地预审、压矿、地灾、项目建议书（代可研）、初步设计批复等。项目公司与首发集团及合同未执行完毕第三方公司签订了《合同主体变更三方协议》。同时对首发集团与第三方单位签订合同的履约情况进行审计，委派双方均认可的咨询公司对合同的实施情况及成果文件的提交情况进行审核并出具报告。根据已签订主体变更协议的合同内容，聘请双方共同认可的会计师事务所，对前期首发集团支付的相关费用进行审核，并出具相关审核报告，项目公司根据审核报告将前期首发集团支付费用及利息进行资金归垫。

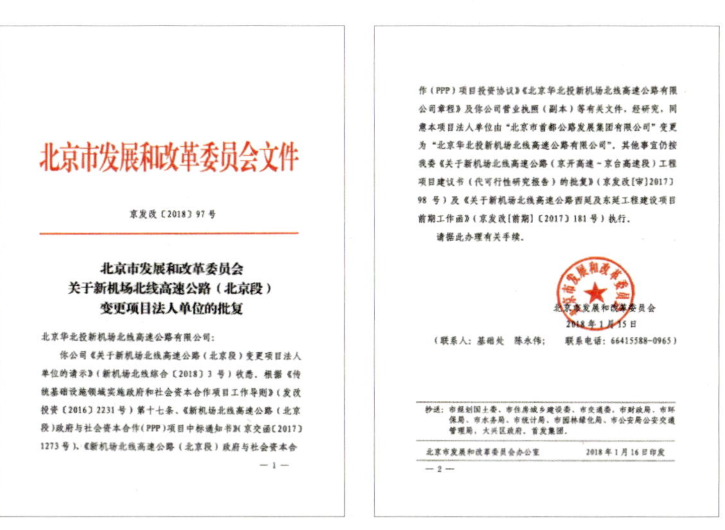

北京市发展和改革委员会文件

京发改〔2018〕97 号

北京市发展和改革委员会
关于新机场北线高速公路（北京段）
变更项目法人单位的批复

北京华北投新机场北线高速公路有限公司：

你公司《关于新机场北线高速公路（北京段）变更项目法人单位的请示》（新机场北线综合〔2018〕3 号）收悉。根据《传统基础设施领域实施政府和社会资本合作项目工作导则》（发改投资〔2016〕2231 号）第十七条、《新机场北线高速公路（北京段）政府与社会资本合作（PPP）项目中标通知书》（京交函〔2017〕1273 号）、《新机场北线高速公路（北京段）政府与社会资本合

— 1 —

作（PPP）项目投资协议》《北京华北投新机场北线高速公路有限公司章程》及你公司营业执照（副本）等有关文件，经研究，同意本项目法人单位由“北京市首都公路发展集团有限公司”变更为“北京华北投新机场北线高速公路有限公司”，其他事宜仍按我委《关于新机场北线高速公路（京开高速－京台高速段）工程项目建议书（代可行性研究报告）的批复》（京发改[审]2017〕98 号）及《关于新机场北线高速公路西延及东延工程建设项目前期工作函》（京发改[前期]〔2017〕181 号）执行。

请据此办理有关手续。

北京市发展和改革委员会
2018 年 1 月 15 日

（联系人：基础处 陈永伟； 联系电话：66415588-0965）

抄送：市规划国土委、市住房城乡建设委、市交通委、市财政局、市环保局、市水务局、市统计局、市园林绿化局、市公安局公安交通管理局，大兴区政府，首发集团。

北京市发展和改革委员会办公室 2018 年 1 月 16 日印发

— 2 —

图 5-2-8 发改委变更项目法人单位的批复

（七）项目公司法人机构设置

根据招标文件规定，项目公司按照现代企业制度要求成立公司法人治理机构，包括股东会、董事会、监事会和经营管理机构，其中经营管理机构按建设期和运营期两个阶段设置，确保项目公司对项目的筹划、资金筹措、建设实施、运营管理、养护维修、债务偿还和资产管理、项目移交等各项工作的顺利开展。

根据招标文件对项目公司建设期机构设置的要求，设置标准需要按照《北京市公路项目建设单位资格标准（试行）》京交路建发〔2012〕22 号文的要求进行，同时根据以往对类似项目的管理经验，建设期项目公司设置的主要部门为：建设管理部、计划合同部、安全环保部、融资财务部、对外协调部和综合管理部（党群工作部）。

（八）开展项目管理

项目公司成立后，立即开展了招标代理机构、法律咨询顾问等机构的选定工作。同时为使大兴国际机场北线高速公路项目工程建设有章可循，进一步提高规范化、程序化管理水平，根据国家、北京市有关法律、法规及交通运输部、北京市交通委员会的有关规定，项目公司结合该项目的特点组织编制各种管理制度和办法，包括《工程质量管理办法》《总包单位考评办法》《安全生产责任制》《招标与采购管理办法》《工程分包管理办法》《计量支付管理办法》等。同时对《施工总承包合同》《PPP 合同》进行修订与整理，力求突出实用性和可操作性，为工程建设管理起到重要的指导作用，以便更好地控制工程质量、进度、费用，规范合同管理，顺利完成建设任务。针对设计院所提供的造价资料，项目公司对其中的造价构成、定额套用、主材价格调查与调整，对总投资进行一定的把控。

（九）项目 PPP 合同签订

项目中标后，筹备组根据 PPP 合同文本内容进行了讨论分析，并对其中无法落地实施条款或尚未明确条款进行优化处理，并将优化意见上报华北投资公司和中国铁建，通过中国铁建以发函形式至北京市交通委，请求与其进行谈判。在谈判过程中，双方针对 PPP 合同均提出了多项优化条款和意见。最终，项目公司将相关谈判结果向华北投资公司汇报后，于 2018 年 6 月 6 日与北京市交通委正式签订《新机场北线高速公路（北京段）政府与社会资本合作（PPP）项目合同》（图 5-2-9）。

正本

新机场北线高速公路（北京段）
政府与社会资本合作（PPP）
项目合同

北京市交通委员会

北京华北投新机场北线高速公路有限公司

中国·北京

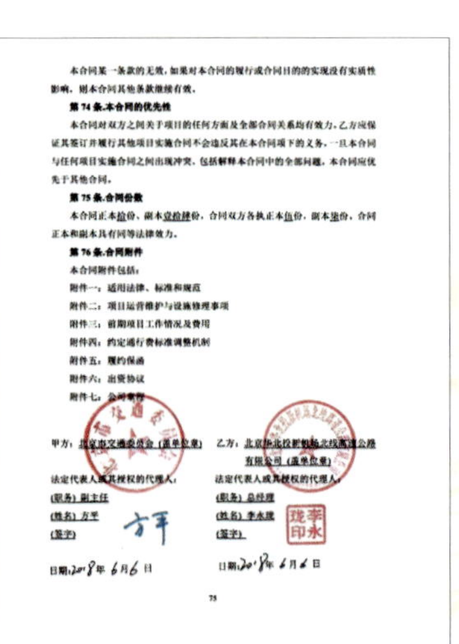

本合同某一条款的无效，如果对本合同的履行或合同目的的实现没有实质性影响，则本合同其他条款继续有效。

第 74 条.本合同的优先性

本合同对双方之间关于项目的任何方面及全部合同关系均有效力。乙方应保证其签订并履行其他项目实施合同不会违反其在本合同项下的义务。一旦本合同与任何项目实施合同之间出现冲突，包括解释本合同中的全部问题，本合同应优先于其他合同。

第 75 条.合同份数

本合同正本拾份、副本壹拾肆份，合同双方各执正本伍份，副本柒份，合同正本和副本具有同等法律效力。

第 76 条.合同附件

本合同附件包括：

附件一：适用法律、标准和规范

附件二：项目运营维护与设施修理事项

附件三：前期项目工作情况及费用

附件四：约定通行费标准调整机制

附件五：履约保函

附件六：出资协议

附件七：公司章程

甲方：北京市交通委员会（盖单位章）

法定代表人或其授权的代理人：

（职务）副主任

（姓名）方平

（签字）方平

日期：2018 年 6 月 6 日

乙方：北京华北投新机场北线高速公路有限公司（盖单位章）

法定代表人或其授权的代理人：

（职务）总经理

（姓名）李永珑

（签字）

日期：2018 年 6 月 6 日

75

图 5-2-9　PPP 项目合同

二、开工手续办理

（一）“一会三函”手续办理

大兴国际机场北线高速公路被纳入北京市“一会三函”项目。

“一会三函”模式是北京市政府为了推进公共基础设施建设而发起的一种简政放

权方式。通过“一会三函”政策，可以规范解决建设单位开工前手续合规性，为实现市政府及主管部门下达的年度计划开工目标提供保障。

纳入“一会三函”政策流程办理的交通基础设施建设项目，在通过市政府会议集中审议、取得发展和改革部门出具前期工作函和规划国土部门办理建设项目设计方案审查意见、路政局（住建委）办理施工登记后（取得消防审核意见、施工现场具备施工条件），项目即可开工建设，各项法定审批手续在竣工验收前办理完成即可（图5-2-10~图5-2-12）。

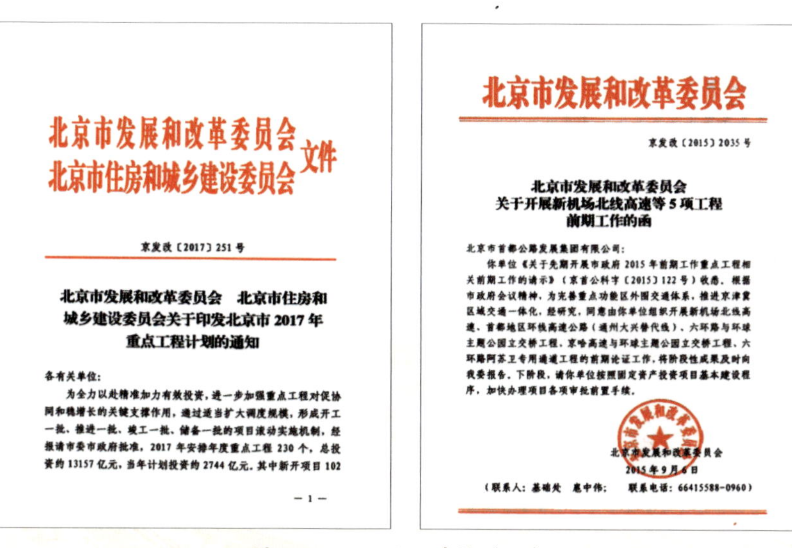

北京市发展和改革委员会
北京市住房和城乡建设委员会
文件

京发改〔2017〕251号

北京市发展和改革委员会　北京市住房和城乡建设委员会关于印发北京市2017年重点工程计划的通知

各有关单位：

为全力以赴精准加力有效投资，进一步加强重点工程对促协同和稳增长的关键支撑作用，通过适当扩大调度规模，形成开工一批、推进一批、竣工一批、储备一批的项目滚动实施机制，经报请市委市政府批准，2017年安排年度重点工程230个，总投资约13157亿元，当年计划投资约2744亿元。其中新开项目102

－1－

北京市发展和改革委员会

京发改〔2015〕2035号

北京市发展和改革委员会
关于开展新机场北线高速等5项工程
前期工作的函

北京市首都公路发展集团有限公司：

你单位《关于先期开展市政府2015年前期工作重点工程相关前期工作的请示》（京首公科字〔2015〕122号）收悉。根据市政府会议精神，为完善重点功能区外围交通体系，推进京津冀区域交通一体化，经研究，同意由你单位组织开展新机场北线高速、首都地区环线高速公路（通州大兴替代线）、六环路与环球主题公园立交桥工程、京哈高速与环球主题公园立交桥工程、六环路阿苏卫专用通道工程的前期论证工作，将阶段性成果及时向我委报告。下阶段，请你单位按照固定资产投资项目基本建设程序，加快办理项目各项审批前置手续。

北京市发展和改革委员会
2015年9月6日

（联系人：基础处　惠中伟；　联系电话：66415588-0960）

图5-2-10　开工手续（一）

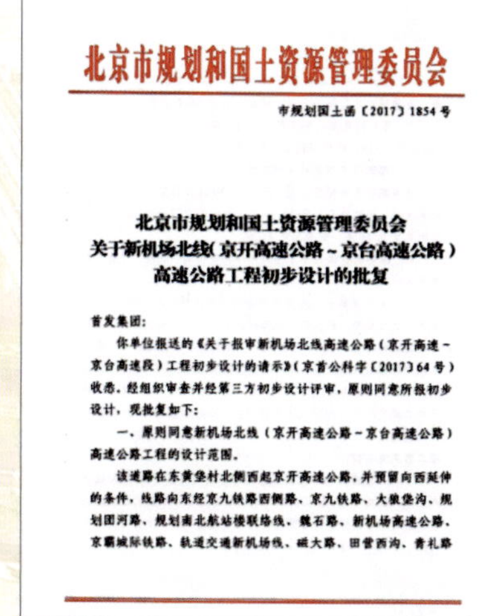

北京市规划和国土资源管理委员会

市规划国土函〔2017〕1854号

北京市规划和国土资源管理委员会
关于新机场北线（京开高速公路～京台高速公路）
高速公路工程初步设计的批复

首发集团：

你单位报送的《关于报审新机场北线高速公路（京开高速－京台高速段）工程初步设计的请示》（京首公科字〔2017〕64号）收悉。经组织审查并经第三方初步设计评审，原则同意所报初步设计，现批复如下：

一、原则同意新机场北线（京开高速公路－京台高速公路）高速公路工程的设计范围。

该道路在东黄垡村北侧西起京开高速公路，并预留向西延伸的条件，线路向东经京九铁路西侧路、京九铁路、大狼垡沟、规划团河路、规划南北航站楼联络线、魏石路、新机场高速公路、京霸城际铁路、轨道交通新机场线、磁大路、田营西沟、青礼路

施工登记意见书

编号：公施意[2017] 9 号

项目法人	中国铁建股份有限公司（牵头[illegible]）		法人代表	鞠小华
联系人	[illegible]	联系人电话	13739709922	
项目名称	新机[illegible]线高速公路（[illegible]开高速-京台高速）工程		项目类别	高速公路
工程起讫点	K1+750-K15+260		建设地点	大兴区
用地批准文号	市规划国土兴预[2016]7号		合同价款	55.7874亿元
规划意见文号	市规函[2015]1710号		计划工期	13个月
建设规模	项目西起京开高速，东至京台高速，全长约14.7公里，设计行车速度120公里/小时，按双向八车道高速公路标准建设；新建互通式立交4座，分离式立交4座，主线桥梁12座。			
施工单位	中铁十六局集团有限公司		负责人	王鸿
	中国铁建大桥工程局集团有限公司			张世平
监理单位	北京京博通工程咨询有限公司		负责人	闫杰
设计单位	北京国道通公路设计研究院股份有限公司		负责人	高进博
施工登记意见	准予施工登记。			
施工登记机关				

备注：
1. 本意见书自登记之日起一年内有效，确需延期的，应在到期日前一个月向登记机关提出申请。
2. 本意见书不能代替施工许可，建设单位应依法依规办理工程各项审批手续，在具体条件后及时办理施工许可。

图5-2-11　开工手续（二）

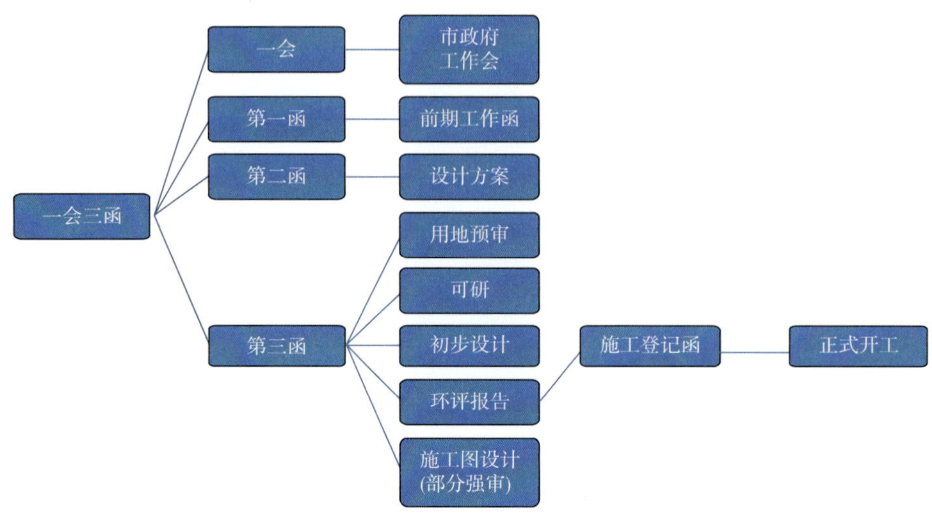

图 5-2-12　一会三函

办理“第三函”施工登记函时，需要同时登记“公路建设从业单位工程质量责任登记表”“公路工程建设法人工程质量责任登记表”，质量监督站 29 项备案等（表 5-2-1），同时还需报备相关人员证件和履历表。

质量监督站 29 项备案内容表　　表 5-2-1

序号	文件材料题名	是否符合要求	完善项目
1	公路工程质量申请书、注册表		
2	基本建设手续——项目建议书		
3	可行性研究报告		
4	工程规划方案批复		
5	工程设计方案批复		
6	初步设计批复		
7	工程环境影响报告书的批复		
8	建设工程规划许可证		
9	建设用地规划许可证		
10	施工图批复		
11	工程质量责任登记表［附单位资质（营业执照、资质证书、安全生产许可证、组织机构代码等）、人员资格证明材料］		
12	施工招标文件		
13	监理招标文件		
14	施工投标文件		
15	监理投标文件		
16	建设单位现场管理机构、人员、质量保证体系		
17	建设、勘察、设计、施工、监理、试验检测等单位对其项目负责人、质量负责人的书面授权委托书、质量保证体系等文件		

续上表

序号	文件材料题名	是否符合要求	完 善 项 目
18	建设、勘察、设计、施工、监理、试验检测等单位对其安全负责人的书面授权委托书、安全生产保证体系等文件		
19	委托建设合同协议书		
20	监理合同协议书		
21	施工合同协议书		
22	设计合同协议书		
23	监理安全合同（含安全目标、安全职责、安全生产条件、专职安全员的数量、专业等文件）		
24	施工安全合同（含安全目标、安全职责、安全生产条件、专职安全员的数量、专业等文件）		
25	施工组织设计审批单		
26	工程划分审批单（含工程划分表）		
27	监理规划及实施细则		
28	见证取样试验计划和送检人备案书		
29	安全生产保障体系和措施的审批文件		

（二）难点与措施

该项目 2017 年 11 月 15 日收到中标通知书后，立即成立项目筹备组，按北京市交通委要求，2017 年 12 月 15 日首件开工，完成年底 10 亿元的投资任务。此时，公司面临的问题只有“两函”取得，最关键的施工图纸还在初步设计阶段，未完成第三方审查，公司立即采取以下措施进行攻克：

1. 施工现场

要开工，首先要有施工场地，通过现场调查，大兴国际机场北线高速公路工程与大兴国际机场高速公路交叉部位，已经由京投公司先行征地。筹备组决定，在此作为开工点，立即成立协调组，与京投公司协商用地问题。

2. 施工图纸

筹备组与首发集团对接时，通过了解，设计图纸的深度仅处在初步设计阶段，对接会召开后，首发将所有业务转交给筹备组，筹备组立即展开与设计单位商谈，立即展开施工图设计，选取机场互通为开工点。

3. 法人登记备案

施工登记之前，需要对项目法人、设计、勘察、监理、施工、检测单位进行备案，流程一般需 30~45 天，因为路政局要对人员进行核查和变更后的审查，通过筹备组领导和各方的沟通，采取先利用中国铁建和原投标文件的人员进行备案，后期进行变更的方法，在2017年12月12日取得“第三函”，顺利实现开工目标，得到了北京市交通委员会等主管部门的一致好评，并由此开启了大兴国际机场北线高速公路项目建设的篇章。

三、施工图纸行政许可

北京市交通委路政局作为政府监督执法机构，对北线工程进行监督，由于机构改革，图纸由原来的批复变为行政许可，虽然流程简化，可作为“一会三函”项目开工，审批力度增加。

四、施工许可证办理

施工许可证属于基建流程的最后一个环节，正常情况下需要在开工前去北京市住建委（路政局）办理。由于该项目属于“一会三函”项目，前期可以用施工登记函代替，竣工前完成施工许可证的办理即可。在施工许可证办理之前，需要取得市交通委路政局出具的施工图文件批复、市交管局出具的施工图文件（交通工程）批复、占地图、拨地钉桩成果、建设用地规划许可证（图5-2-13）、勘测定界成果、建设用地批准书、国有建设用地划拨决定书、林木采伐许可证以及建设工程规划许可证等144项前期手续。

中华人民共和国

建设用地规划许可证

中华人民共和国

建设用地规划许可证

地字第 110000201800029 号

2018规土地市政字0016号

根据《中华人民共和国城乡规划法》第三十七、第三十八条规定，经审核，本用地项目符合城乡规划要求，颁发此证。

发证机关 北京市规划和国土资源管理委员会

日　期 2018年10月26日

图5-2-13　建设用地规划许可证

第三章 PPP项目经验总结

一、项目管理整体思路

该项目前期手续复杂、施工任务重、资金需求多、工期压力大，安全、质量、环保方面要求高。项目公司始终做好项目全过程、全方位的保障工作，使各要素达到最佳组合，从而确保了各项建设投资任务目标的顺利实现。

（一）前期手续方面强化超前意识，突出“早”

早谋划、早准备、早下手。凡事预则立，不预则废，项目公司要强化超前意识，力求走一步，看两步，想三步，科学预测，争取主动。作为项目公司，想问题做决策要始终把握大势，站位全局，要有高度的敏感性和洞察力，对那些关系全局的苗头性、倾向性问题，一定要紧紧抓住不放，及时进行调研，通过作对比、找差距、学经验、寻机遇，提出有效解决方法。

项目前期基建手续按照《北京市道路工程前期工作流程》，共需分5个阶段，22个步骤，126个环节（其中83个必要环节，43个可能环节），从规划方案研究至初步设计批复，共需要435个工日，至开工进场需要822个工日。因此，北京市政府为了推进重点工程建设，采用“一会三函”模式开工，在建设期，逐步完善相关前期流程。

2017年11月15日收到中标通知书，11月23日首发集团与项目公司完成前期工作交接。交接会上，北京市交通委确定12月15日之前开工，年底完成10亿元投资目标。交接时，项目处于初步设计批复阶段，但是部分前期手续还未办理，如洪评、文物勘察等，施工图设计单位、勘察单位、监理单位还未进行招投标。项目筹备组立即安排专人对接，推动各项工作，并在2017年12月13日正式开工之前将“一会三函”所有手续全部办理完毕，满足了开工要求。

对前期设计、咨询单位奖罚分明，制定节点目标要求，充分利用前期咨询单位在政府部门的优势，发挥其主观能动性。同时，印发通知单，明确完成时间，让其有紧迫感，也可作为后续谈判的依据。通过中段工程前期手续的了解及其他相邻工程的经

图 5-3-1　中铁建华北投资公司党委书记、董事长杜水波到公司调研指导工作

验借鉴，理清思路，抓重点，哪些是制约性质的手续，哪些是可以后续办理的，区别对待。

图 5-3-1 为上级领导指导项目公司工作。

（二）管理模式方面理清内部关系，突出“顺”

理顺内部关系，特别是经济关系，按流程、讲规矩、高效率做事至关重要。

大兴国际机场北线高速公路 PPP 项目是中国铁建继兴延高速公路后中标的第二个北京高速公路 PPP 项目，是中国铁建联合内部两成员单位全权负责施工的项目，中铁十六局、中铁建大桥局既是股东方又是施工总承包方，将原本发包人与承包人的对立合同关系，转化为目的统一的共同体，参建各单位从投资、建设、施工等多方面达成一致目标，以项目建成通车为最终使命，舍小利、顾大局，全面调动施工总承包单位的积极性，将建设单位与施工单位的利益相结合，双方的工作方向由对立转化为统一，达成真正意义上的互相配合、互相协助、互利共存的管理模式。

（三）节点工期方面化被动为主动，突出“快”

围绕“公转”抓“自转”，在被动中寻求、争取、创造主动。开工之初，面对地区环境复杂、征拆进度缓慢、现场工作面无法展开的局面，项目公司采取分布切块、化整为零的做法，力争为后续大面积推进创造条件。施工中见缝插针，利用每一种资源、调动每一份力量，紧抓每一分时间，采取以空间换时间的策略，实现多点开花。为完成中段完工目标，项目公司对工程仔细梳理，结合单位工程施工工期，倒排计划，列出倒排开工时间；针对制约因素，列出预计开工时间，进行对比。中段控制性工程为 6 个，其中京开立交、跨京九铁路受高压拆改、平原造林、林地等因素影响，根据工期节点倒排计划，合理统筹、科学规划、压缩施工周期，采取各种方式加大协调外部关系，争取早日展开全面施工；其他控制性工程采取分批措施，分块进地，分批出图，段落施工，确保总进度满足要求。图 5-3-2 为项目公司建设动员会现场。

（四）管理方法方面多借鉴善总结，突出“新”

为了规范管理、防范风险、确保收益，作为 PPP 项目实施的执行机构，项目公司

图 5-3-2 2018 年 7 月 15 日，项目公司召开工程建设动员会，全面部署总体目标和工作安排，为开创项目施工大干局面奠定基础

需要明确管理模式，加强团队建设，提升决策流程，并充分调动总包单位的主动性和积极性，发挥监理单位在安全、质量、进度及投资控制方面的主导作用，设计单位在设计优化和预算方面的控制作用。

由于 PPP 项目运作具有参与合作者众多，资金结构复杂、项目开发期较长、风险因素不稳定等特征。因此，在项目全过程都需要咨询机构的参与，指导项目的运作，并充分发挥其在提升项目管理水平方面的支撑作用以及在规范运作方面的监督作用。

在项目推进过程当中，项目公司利用多种渠道、多种资源，从多方面了解周边兄弟单位在项目建设开展过程中解决类似问题的各种经验做法，结合自身实际，取长补短，举一反三，开拓工作思路，为快速合规解决各类问题，提升管理水平提供了借鉴。

（五）投资控制方面依法合规全过程，突出“严”

投资控制的目标是把工程投资严格控制在批准的投资额以内，并争取节约；建设资金合理分配、科学利用，力争达到投资最省、成本最低、效益最大。公司建立健全设计、施工和监理单位全方位成本控制责任制。以公司为主，通过设计、施工和监理单位的配合协作，发挥监理单位及审计部门的监督职能，将投资控制贯穿于工程实施的全过程。公司成立投资控制领导小组，明确项目成本控制的组织机构及监理单位成本控制的任务与权限，合理划分管理职能。并严格执行项目建设程序，抓好工程投资的过程控制。树立依法建设、规范管理的观念，在工程建设各个阶段，凡涉及投资的问题，都必须严格依法合规办理，认真履行相关程序。同时加强各项管理制度建设，不断完善投资控制各项机制，为全过程、全方位成本投资提供有力的制度保证。

公司通过优化设计方案，进行技术、经济比较，选择可行的最优方案，降低工程造价。严格按照批准的建设规模、技术标准、总投资组织建设。加强财务管理，健全财务内部管理制度，重视资金风险的防范，有效保证资金安全，认真执行全面预算管理，大力压减非生产性开支。从建设项目全过程做好投资控制工作，创建一流品质工程的同时，确保项目收益的最大化。

（六）内控建设方面改进适应提升，突出“全”

项目公司在企业内控和投资把控等方面不断提升管理能力水平，制定一系列规章制度，着重在合同管理、财务管理、计量支付、物资管理等方面狠抓落实。通过规范公司合同评审、合同签订流程，强化采购与招标审查制度的执行，做到严审合同内容、把控签订环节、堵住合同漏洞、防范合同风险；建立健全项目公司财务制度、会计核算制度、资金管理制度、分析统计制度和工作程序，确保项目公司规范运行；通过不断调整总包部门月度产值计划，针对计量支付模式建设了计量平台，全面推进计量支付的信息化管理，严格把关计量支付相关工作，保障了工程正常有序施工；严格执行物资设备管理办法，密切关注各工区物资设备的招标与采购，通过供应商审查，物资招标及合同资料备案，确保进场前物资设备质量合格。

面对项目公司成立时间短、人员磨合程度低、PPP 项目管理经验欠缺等不足，项目公司聘请了专业的内控咨询公司开展内控调研、访谈和分析工作，在咨询公司协助下通过全面自查，主动揭示风险，结合风险暴露特征制定相应的管理措施，对可能引发风险的环节重点关注和分析，夯实内控管理，提升风险管控水平。图 5-3-3 为内控基础理论与手册试运行培训会现场。

（七）对外协调方面主动争取关系，突出“诚”

面对严峻的形势、繁重的任务、紧迫的时间，只有协调各方关系、密切协作配合，调动各方力量、形成强大合力，众志成城打好这场攻坚战，全力推进工程建设，才能确保这一任务的圆满完成。北京市政府、首发集团、中国铁建、华北投资公司等各级政府单位对该项目高度重视，中国铁建、华北投资公司等领导亲力亲为，多次与市有关委、办、局等单位领导进行高层对接和深入交流，为该项目的顺利实施和推进打下了坚实基础。同时，项目公司各级管理人员与北京市各相关单位负责人、工作人

图 5-3-3 内控基础理论与手册试运行培训会

员关系融洽、沟通顺畅，信息准确、资料及时，通过以上工作的配合尽可能多地得到政府及有关单位部门的理解、支持与帮助，为该项目前期手续办理、对外协调、征地拆迁、施工过程等方面工作的推进起到了积极和关键作用。

（八）团队建设与企业文化方面凝心聚力，突出“融”

“工欲善其事，必先利其器”，一支好的管理团队，高效合理的组织管理框架至关重要。项目公司前期手续办理种类繁多，业务部门人员的综合素质和对经办业务的熟悉程度尤其重要。公司领导层、业务部门要明确分工与职责定位，加强上下联动，互相配合，形成上下合力。业务人员要理清各项行政审批手续的流程，各项证照取得的前置条件等，这样工作起来才能做到有条不紊，有的放矢。同时公司也要及时解决员工个人的各种后顾之忧，诸如薪酬待遇、人事社保等个人关切的问题，从而提升其工作的积极性，同时增强公司管理团队的归属感与凝聚力。

企业文化建设是公司成长发展中不可缺少的一部分，优秀的企业文化能够营造良好的生产经营环境。项目公司定期组织召开周例会，月度工程例会，征拆协调专题会，安全环保月度例会，季度、半年总结会等，这些会议的召开不仅有效保障、推进了项目建设，同时也逐渐成为公司企业文化的一部分。项目公司利用公司宣传栏对国家行业、中国铁建和华北投资公司等上级主管单位的方针政策、思想文化进行及时宣传。定期进行各项先进集体和优秀个人的评比，树先进典型，激发员工的工作积极性。项目公司还多次组织公司员工至国家博物馆、铁道兵纪念馆等爱国场所参观学习，以此提高员工的文化素养和道德水准，把员工紧紧地团结在一起，增强凝聚力、向心力和约束力，对企业产生推动作用。

二、财务管理

（一）融资落地提质增效

大兴国际机场北线高速公路项目投资额相对较大，建设期资金需求量较大。同时，受工期限制，资金周转速度极快，征拆资金、建安资金都是短时间快速投入，资金快进快出，资金量又巨大，因此也考验了项目公司融资的时效性和充足性。大兴国际机场北线高速公路项目关乎民生大计，政治目的性较强，一旦融资迟迟不能落地，资金不能及时投放至征拆或建安，造成的影响远不止工期的影响，有可能还会涉及社会影响，同时一旦影响到企业的信用，也会提升企业的信用成本。因此融资的时效性也非常关键。

项目建设期的资金来源主要有股权融资和债务融资。在 PPP 模式下，股权融资一般指资本金注资，债务融资一般是银行（团）贷款，少数项目还会引入各类基金、永续债等。股权融资所获得的资金，企业无须还本付息，但是资金投入者（股东）会分享企业的盈利与增长，股权融资应用广泛，需要 PPP 项目公司建立较为完善的公司法人治理结构，包括股东会、董事会、监事会和经理层，相互间形成多重风险约束和权力制衡机制，降低企业经营风险，股权融资投入快，能够迅速充盈企业资金，企业可以快速投入建设生产。债务融资主要手段是银行（团）贷款，利用特许权质押，取得银行贷款资金，项目公司作为出质人与银行订立质押合同，并且在合同中明确质押期限、质权实现的方式、取得有关部门批准等条件。银行对贷款资金的用途和使用管控得非常严格，故银行贷款需要的手续比较多，例如项目的立项审批、环评、初步设计方案、土地预审、建设用地预审等，还有公司成立的相关手续，提款时还需要与供应商之间的合同、发票、审批等，虽手续复杂，但是也是项目建设期的主要资金来源，有时贷款资金的比重会远高于项目资本金。

公司财务部门全力做好项目融资落地工作。2018 年项目上场初期，在北京市信贷规模极为紧张且融资利率居高不下的外部形势下，公司财务部门积极寻低利率融资手段，最终在北京工商银行翠微路支行争取到了前期流动资产贷款，利率低于当时市场长期基准利率，后国内信贷形势有所缓解，融资成本下浮，项目公司果断与工行签订了低利率的长期贷款合同，在短期贷款到期时实现与长期贷款无缝对接。项目公司采用长短期贷款结合的手段，一方面保证了项目的融资资金到位，另一方面节约了融资成本。

在银行贷款融资下，现金 + 承兑汇票支付模式也成为降低融资成本的一大利器，对建设期资金进行高效管控，大大提升项目整体效益。图 5-3-4 为建设资金专项检查会现场。

（二）全面筹划税负成本

PPP 项目在实际实施过程中的承载主体为项目公司，主要负责项目的建设、投资、运营及维护等，税务筹划在 PPP 项目模式中占据着重要的位置。项目公司从事的行业及业务的不同，税负也不尽相同。根据相关的法律法规，PPP 项目模式涉及融资方、政府、社会资本方、承包及分包商等，项目公司通过更加精确地对税收成本进行预算，有效降低税务成本。一是 PPP 项目建设期形成的增值税进项税可以在运营期抵扣；二是项目公司在销售合同、采购合同中明确税款的承担方，积极争取税收的优惠；三是合理利用大兴国际机场北线高速公路项目符合由省级以上政府投资主管部门核准的一级以上公路建设项目的程序政策，取得企业所得税“三免三减半”税收优惠政策。

图 5-3-4 项目公司副总经理、财务总监聂勇对参建单位进行建设资金专项检查

三、计划合同管理

（一）达成统一目标，提升合同执行力

因为中铁十六局、中铁建大桥局作为中铁建联合体成员既承担项目施工任务，又参与项目投资，所以项目公司和两个施工单位的最终目标一致，即节约投资，加快速度，实现最终工期目标。参建各方在项目建设过程中对于整体的成本控制意见统一，极大减少了沟通成本。同时，对于中国铁建联合体来说，各联合体成员可以充分发动自有资源，包括设计院、施工单位以及咨询单位等，而且各单位之间可以充分贴合和信任，在合同的条款制定和谈判上，双方以共同建设目标为契机，整合意见，有效地防止了合同实施过程中各种纠纷的同时，也提升了项目整体的履约能力，从而在项目建设控制上提供了强有力的保障，体现更大的中国铁建团队优势。

（二）优化计量流程，保障建设需求

由于项目公司股东和施工承包单位均为中国铁建联合体成员，项目建设管理文化与制度契合度极高，在计量支付管理方面能达到良好对接，为工程计量计价支付工作的开展提供了良好开端。项目公司聘请了造价咨询单位进行工程量清单的审查，采用0号清单为基础的限额计量模式，已暂估价格在项目建设初期率先开展计量支付，同时运用计量支付软件进行过程信息化计量支付控制，制定相应的月度计量支付计划，不仅做到了严格控制计量计价的准确性与合法合规，同样也极大缩短了从工程计量到工程款支付的时间，为全过程建设施工提供了有力的资金保障。图 5-3-5 为招投标管理文件宣贯会现场。

四、施工建设管理

（一）建设程序办理提速

机场北线的建设程序大概需要 250 余项，全部办理完毕需要时间相对较长，很难保证在既定时间顺利完工。但是 PPP 模式下，机场北线纳入一会三函项目，通过政府相关政策，使项目可以提前达到开工条件，边施工边同步完善施工手续。同时，在 PPP 模式下，中国铁建相较以往的乙方身份发生了变化，在机场北线，变成既是乙方，也是甲方，同时还是投资方，集三方于一身，这样的身份，使得中国铁建在办理建设程序上变得更为主动，效率的提升成为必然。

图 5-3-5 项目公司召开招投标管理文件宣贯会

（二）提前介入，优化方案

从投资角度来说，作为 PPP 项目，中国铁建作为投资方，必然会对施工进度、施工质量进行综合考虑，不断优化施工方案和设计方案。在以往公招项目中，施工单位进场时已进入施工图阶段，仅靠一些小的变更很难对项目本身产生太多的影响。但在 PPP 项目中，由于介入时间早，又有相对多的话语权，中国铁建可以在早期融入自己的思想和理念，提出合理的要求，使方案更易落地，成本控制更为合理有效。

（三）现场管理效率提升

在以往的项目施工中，现场如果出现任何问题，都要经过施工方意见 - 监理 - 甲方 - 设计方等若干环节才能得以反应和处理，这样造成的结果就是时间成本居高不下，效率难以保证，影响施工进度。而在 PPP 模式下，随着身份的切换，从管理来说，项目公司虽然依旧承担建设单位的责任，但快速处理、节约时间的目的与施工方完全一致，这使得管理可以直接到基层和一线，效率由此得到极大提升。同时，在 PPP 项目中，由于都是中国铁建下属公司，因此管理力度、管理方式以及部门之间的配合均能够得到保障，对于工程品质控制也有很大的帮助。图 5-3-6 项目公司召开建设工作推进会。

图 5-3-6　项目公司召开建设工作推进会

五、对外协调管理

（一）形成合力，共破难题

在以往的公招项目中，施工单位进场施工即可，拆迁这个老大难的问题往往会甩给业主单位处理，所谓“事不关己，高高挂起”的心态成为一种常态。但是在 PPP 项目中，拆迁成为关系到甲乙双方共同利益的问题。正因如此，在大兴国际机场北线高速公路项目中，项目公司与施工单位做到了上下思想统一、众志成城，目标明确、责任落实，合力推进，本着“先易、后难”“先重点、后一般”“先线内、后线外”的拆迁工作基本程序，最终通过共同努力，提前实现了征拆目标，为项目施工创造了必要条件。

（二）转换身份，协调关系

拆迁工作进展的速度快慢，与地方政府的支持是分不开的。在以往的项目中，项目公司更多是依靠地方政府，自己很难有所作为。但是在 PPP 项目中，公司充分运用股份公司具备政府出资人代表这一现实情况，自觉转换身份，项目公司领导和对外协调部的人员，对大兴区政府以及涉及的四个乡镇和各个行政单位主动进行对接沟通，建立联系方式，为下一步征拆工作奠定了基础。

六、安全环保管理

安全无小事。项目公司始终贯彻“安全第一、以防为主、综合治理”的安全生产方针，认真贯彻落实并及时传达行业主管部门及上级单位有关安全环保的文件、会议精神和要求。遵循“横向到边、纵向到底、责任到人、不留死角”的工作原则，狠抓现场管理，突出重点环节，超前防范，求真务实，扎实工作，严格落实检查、会议等各项制度。积极开展“平安工地”示范项目创建工作，并已取得北京市公路建设“平安工程”冠名。

不同于以往的安全环保管理，在 PPP 模式下，首先大兴国际机场北线高速公路甲乙双方虽然有管理者和被管理者的关系，但是由于同样出自中国铁建集团，因此无论是安全理念还是制度规范，都有同样的认知，因此磨合期非常短暂且顺畅，节约了很多沟通上的时间成本。其次，由于同属中国铁建，因此在管理中的默契程度非常高，管理目标完全一致，协调配合可以达到无缝衔接，从而提升了效率，保证了安全管理的质量。图 5-3-7 是召开质量安全监督会。

七、运营筹备管理

北京华北投新机场北线高速公路有限公司本着“科学管理、创新发展，以人为本、以信致远，回馈股东、造福人民”的经营理念，华北投资集团与中铁建投资集团达成共识，采取由公路运营公司派遣有运营经验的 3 名人员与北京华北投新机场北线高速公路有限公司 10 余人组成运营筹备工作小组，对通车运营的 13.51km 高速公路进行前期运营筹备。

（一）发挥政企强强协作优势，提前做好运营服务相关准备

结合 PPP 项目合作的资源优势，运营筹备组充分调动资源，紧紧围绕保“7.1”开通的共同目标，相互沟通协作，顺利地将北京市人民政府、北京市交通委员会、北京市发展和改革委员会印发的收费批文办理完毕，同时与大兴区税务局、电力公

图 5-3-7 召开质量安全监督会

司、移动公司、首发集团等单位交流合作，顺利完成了收费发票、供电系统、通信保障，路面养护，机电设备维护等合作相关工作，为高速公路正式开通奠定了必要基础（图 5-3-8~ 图 5-3-11）。

（二）充分利用政策要求，控制整体运营成本

按照 PPP 项目可享受北京市政府关于“可行性缺口补助”相关政策，本着控制运营成本的原则，最大限度控制运营成本支出，公司与政府相关部门达成协议，当公司年通行费收费额低于 75% 时，政府按照相关政策给予补助，以此减轻公司运营期间因不可控因素造成的通行费额度不达标的压力。

（三）发挥企业带动经济优势，缓解公司驻地就业压力

本着“央企担当，到一方土地，造福一方群众”的原则，公司采取与驻地政府达成互利共赢的共识，即缓解当地失地农民就业压力和降低企业员工薪酬成本，委托大兴区人力资源公共服务中心向社会发布招聘信息解决当地失地农民就业问题，同时争取到 2 年政府对企业的员工薪酬补助。

图 5-3-8　项目公司运营筹备组与北京通达京承高速公司交流运营维管经验

图 5-3-9　项目公司组织运营一线员工进行岗前业务培训

图 5-3-10　北京大兴国际机场北线高速公路中段正式开通运营

图 5-3-11　项目公司副总经理聂勇检查收费站运营值班情况

（四）积极协调业务培训资源，提升员工业务技能水平

在开通时间紧、培训任务重的实际困难下，为确保新员工能尽快熟悉、掌握高速公路运营各岗位业务技能，公司再次发挥 PPP 优势，积极与政府委托管理方北京首发集团公司所辖的高速公路收费窦店培训中心和京台高速公路分公司，结合北京地区高速公路运营相关标准，完成了新员工为期 20 天的理论知识培训和 7 天的业务岗位实习，为正式开通运营奠定了良好的业务基础。

（五）积极协调争取。完善后勤保障

为解决正式运营后员工的办公、住宿、用餐、交通等后勤保障工作，确保运营工作有序开展，公司积极协调相关部门划拨资金、筛选场地、比对厂家等工作，逐一落实了运营管理部的临时驻点、食堂、车辆、办公耗材、工装等后勤保障工作，满足了运营期间员工的吃、穿、住、行等日常需求。

（六）综合分析区域管理差异，制定完善规章制度

为规范运营管理，结合北京地区高速公路管理相关政策、法规，参照中铁建运营公司、兴延高速、首发集团的运营相关制度办法，完成了大兴国际机场北线高速公路岗位职责、业务操作流程、日常管理相关制度、办法的编制，逐步将运营管理各项工作达到“有文件支撑、有制度规范、有力度执行”的良好效果。

（七）强化岗前安全教育，完善安全管理体系

为建立健全安全生产管理，强化员工的安全责任意识，确保运营工作安全有序地进行，公司组织员工开展了三级安全教育、岗位安全技术交底，参观安全示范基地等安全教育培训工作，同时成立安全生产小组，建立起日常安全监管和风险防控体系，确保安全有序地开展运营工作。图 5-3-12 为公司领导在施工现场与工人交谈。

图 5-3-12 公司董事长娄德兰、总经理李永珑在施工现场与工人交谈

（八）掌握现有设备情况，积极协调配合更新

按照国家关于取消省界收费站

相关政策文件的要求，结合取消省界收费站后可能会在运营管理工作上带来的一系列工作，运营管理人员积极参加北京市交通委、北京市首发集团组织召开的关于取消省界收费站、电子不停车收费（ETC）全覆盖、CPC 卡采购及设备安装等讨论会议 10 余次，并及时向公司反馈最新政策文件要求，加强与建设施工相关部门、机电外包单位、网络信息共享中心的沟通，积极配合更新、采购、安装相关设备，掌握现有设备的情况，了解设备的不足，制订出相应的应急方案，全力保障各业务板块的正常开展。

（九）协调周边关系，建立联勤联动机制

为保障运营期间突发事件的高效处理、掌握北京地区相邻高速公路公司的运营情况，提高大兴国际机场北线高速公路在北京地区的知名度，为长远发展奠定基础，运营筹备人员积极协调相关企事业单位，与当地交委应急管理处、交通警察管理局、交通路政管理所等行政单位建立联勤联动机制并签订《路警联动协议》；同时与京投机场高速公路、京开高速公路、京台高速公路等同行业公司建立业务交流。

（十）积极宣传企业文化，提升社会影响力

为树立公司的良好社会形象，提高社会知名度，运营筹备人员积极协调北京市交通广播，北京市电视台等单位到收费站、办公驻地进行采访，积极响应市委市政府、市交委保障好“北京南大门区域安全畅通”以及“配合大兴国际机场 2019 年 10 月 1 日顺利营运相关准备工作”的号召，与首发集团各公司、大兴国际机场、京投机场高速等单位建立联动关系，配合“大兴国际机场综合应急演练”的保障等工作，赢得了良好的社会反响和大兴机场的感谢。

第六篇
施工管理篇

概 述

施工建设是施工企业经营管理的一个重要组成部分。企业为了完成建筑产品的施工任务，从接受施工任务起到工程验收止的全过程中，围绕施工对象和施工现场，都要进行各项生产事务的组织管理工作。首先要全面了解工程概况，有备而战；其次要实行目标组织，面面俱到；然后要强化管理，建立良好人际关系。

该项目由国内建筑业资质优良、经验丰富的行业领军企业承建。中铁建大桥局、中铁十六局集团隶属于世界500强企业——中国铁建股份有限公司，参建过国内外许多重大建设项目，以其精湛的建筑工艺、一流的建筑质量享誉海内外。在建设过程中，要克服地理地位重要、社会关注度高；施工制约因素多、实际施工期短、工期紧张；征地拆迁涉及村镇多、范围广、难度大、对外协调难等诸多困难。

为此，该项目在明确施工目标的同时，强化施工管理力度。注意理顺施工生产活动中人与人之间的协作配合关系，落实责、权、利一致的原则。使施工人员在施工中心情舒畅，精神饱满，依靠集体的力量，建立质量管理体系和制度，保证各工区都能在时间节点以内保质保量完成任务，为实现正式投运作出了巨大的贡献。

第一章　中铁十六局总承包部

一、单位简介

中标单位：中铁十六局集团有限公司

单位简介：中铁十六局集团隶属于世界500强企业——中国铁建股份有限公司，是具有“四特四甲”“铁路运输许可证”资质的国有特大型现代建筑产业集团。拥有市政、水利水电、机电安装总承包一级资质，城市轨道交通、公路路面、桥梁、隧道、装饰装修工程专业承包一级资质；获得了对外承包工程经营权和对外劳务合作经营权，取得了质量、环境和职业健康安全管理体系认证证书；先后通过北京市和国家级企业技术中心认证，成为国家高新技术企业。经营范围涉及资本运营、科技研发、海外工程、轨道交通、铁路运营、基础设施建设、规划设计、房屋建设及房地产开发、“四电”工程、物资贸易、机械制造和工程监理等领域，企业年营业收入600亿元以上，在全国100家铁路、公路、隧道、桥梁最大建筑业企业排序中名列前茅。

参建的青藏铁路、上海磁悬浮商业运营线、西气东输黄河顶管、南水北调盾构穿黄、首都国际机场、武广客专、郑西客专、福厦客专、石太客专、甬台温客专、京沪高速铁路、青岛海底隧道、京福高等级公路和京、津、沪、穗、宁、苏、杭、深等城市地铁、麦加轻轨铁路工程阿拉法特1站和穆兹塔里法赫3站等一大批重点工程，享誉国内外。

中铁十六局集团设备精良、种类齐全、实力雄厚。拥有各类主要施工机械和检测设备17300台（套），综合机械化施工水平达到92%以上，路基、桥梁、隧道、土石方、高等级公路路面施工实现了机械化一条龙作业。拥有用于高速铁路客运专线建设的全套提、运、架设备45台（套），拥有国际一流的先进盾构设备、隧道掘进机（TBM）60余台，是国内拥有高速铁路建设设备最多和目前国内拥有最大直径盾构设备的施工企业之一。

集团现有正式职工21000余人，拥有教授级高工100余人，具有高级职称以上的专家型人才1716人；享受国务院“政府特殊津贴”10人，获“詹天佑铁道科学技术奖”及“茅以升科学技术奖”19人次，全国优秀科技工作者1人、“百千万”人才1人、“国家有突出贡献中青年专家”1人，多人入选国家级和北京市专家库，1人入选院士候选人，成立院士专家工作站、博士后科研工作站，马栋、黄昌富、邵成猛创新工作室获北京市命名。始终坚持“支部建在连上”，精心打造了500支专业施工队，牢牢掌握了施工生产的主动权。高新技术企业已达12家，已建成的工程有290多项荣获国家和省部级优质工程，17次创国家优质工程，18次捧鲁班奖，19次夺詹天佑奖，获省部级以上科技进步奖63项，获国家级工法22项、国家专利365项、软件著作权38项，成为同行中的金牌大户，誉满建筑界。

先后被评为“全国先进施工企业”“全国技术进步先进企业”“全国工程建设质量管理优秀企业”“全国行业质量和质量服务诚信示范企业”“国家高新技术企业”“全国思想政治工作优秀企业”“中国企业文化建设先进单位”“全国文明单位”“中国优秀诚信企业”“全国‘安康杯’竞赛优胜企业”“北京市优秀建筑企业”“北京市重合同、守信誉单位”和“AAA信用企业”。

二、工程概况

中铁十六局大兴国际机场北线高速公路（中段）位于北京市大兴区，途经庞各庄、榆垡、礼贤三个乡镇。起点里程中段K0+060，终点里程中段K6+437.44（魏石路分离式立交桥0号台）。管段主线全长6.377km。含主线桥4座，设置1座分离式立交，主线桥梁占比33.9%。主要工程内容有路基挖方17.2万m^3，路基填筑131.3万m^3；桥梁3683.89m/11座(京九铁路分离式立交桥、大狼垡沟大桥、梨东路通道桥、钥匙头村东路通道桥、匝道B桥、匝道C桥、匝道D桥、匝道H桥、黄垡分离式立交桥、西黄垡人行天桥、西黄垡人行天桥)，钢筋混凝土管倒虹吸3道，管涵4道。

该管段内有三个工区由中铁十六局集团公司负责施工：

一工区（中铁十六局集团第二工程有限公司）负责K2+200—K6+437范围内土建工程施工；

二工区（中铁十六局集团第一工程有限公司）负责K0+060—K2+200范围内土建工程施工；

四工区（中铁十六局集团路桥工程有限公司）负责管段内路面工程施工、交安工程及绿化工程施工管理。

参见图 6-1-1 和图 6-1-2。

图 6-1-1　中铁十六局首梁架设

图 6-1-2　上跨京九铁路刚构转体

第二章 中铁十六局所辖一工区

一、单位简介

施工单位：中铁十六局集团大兴国际机场北线高速公路施工总承包部一工区（中铁十六局集团第二工程有限公司）

单位简介：中铁十六局集团第二工程有限公司前身为中国人民解放军铁道兵第11师52团，组建于1952年。1984年1月奉国务院、中央军委命令，集体转业并入铁道部，改称为铁道部第十六工程局第二工程处。为适应市场经济发展要求，企业进行改制，全面建立现代企业制度，于2001年4月1日在天津登记注册为中铁十六局集团第二工程有限公司。

公司现拥有市政、公路、房建、铁路施工总承包一级资质，并具备隧道、桥梁、土石方、公路路基、钢结构等5个专业承包一级资质，实力雄厚，年施工能力50亿元以上。多次被评为“天津市先进施工企业”“天津市企业100强”，连续三次获得“全国设备管理优秀单位”称号，被综合评定为“AAA”信用等级，并获得“全国优秀施工企业”荣誉称号；2015年顺利通过“国家高新技术企业”认证；2016年9月，公司顺利通过天津市工商局及国家工商总局2014—2015年度国家级“守合同、重信用”企业的评审，并连续十年保持着这一荣誉；公司连续多年获得“中国企业文化建设优秀单位”称号。

二、工区概况

一工区施工管段位于北京市大兴区庞各庄镇和礼贤镇地界，施工里程从中段K2+200（接京开高速互通立交区）至K6+437（魏石路分离式立交桥0号台），全长4.237km，其中路基2.65km/5段，桥梁1.58km/4座，桥梁分别为京九铁路分离式立交桥1198.08m、梨东路通道桥28.66m、钥匙头村东路桥28.94m、大狼垡沟桥332.36m。

三、工区特点、重难点

（一）工程特点

1. 项目地理地位重要，社会关注度高

大兴国际机场北线高速公路是国家高速公路路网中重要的地区线路，该项目作为大兴国际机场与外界联络的重要交通要道，受社会关注度高，建设意义重大。

2. 施工制约因素多，实际施工期短，工期紧张

（1）该工程土方填筑 87 万 m^3，因北京地区对耕地保护非常重视，所以该项目所需回填土方采取外购方式解决。由于该项目接近北京市界，土方主要来自河北省，土方体量大，运距远。

（2）该工程主线桥梁长度 1.59km，占总里程长度的 37.5%，对混凝土需求量巨大，但因环保等因素，无法自建混凝土拌和站，混凝土必须采用商品混凝土，混凝土运距较远，势必对工程施工进展造成很大的影响。

（3）北京作为中国政治、经济、文化中心，重大会议和政治活动较多，且此类重大活动会对工程施工提出更高的要求，导致工期受到影响。

（4）征地拆迁涉及村镇多，范围广，难度大，征地拆迁进度对工程施工工期也提出了较大的挑战。

（5）沿线跨京九铁路、跨大狼垡沟、穿高压线，施工风险高，对外协调难度大。

（二）工程重难点

1. 京九铁路分离式立交桥转体刚构施工（图 6-2-1）

京九铁路分离式立交桥采用 2×45m 刚构形式跨越京九铁路。刚构施工范围涉及铁路四电迁改，大部分施工内容为邻近营业线和营业线施工，施工审批程序复杂，审批周期长。

京九铁路为国家一级繁忙干线，邻近营业线施工和营业线施工安全防护要求高。转体刚构距京九铁路线路中心约 12m，下部结构施工是邻近营

图 6-2-1　转体系统安装

业线施工，刚构转体是营业线施工，邻近营业线施工时间受限制，无法全天施工，有恶劣天气和特殊情况时还要按调度命令停工。

2. 高压线路迁改是控制工期项目

两条 500kV 高压线路在 K5+651、K5+744 处跨越大狼垡沟桥，一条 110kV 高压线路在 K5+820 处跨越大狼垡沟桥台后路基。高压线路迁改难度大、停电计划制约严重，是该工程控制工期项目。

3. 北京地区环保高标准是制约施工进度的难点

需要加强在施工过程中环保措施的落实，必然制约了土石方施工的施工速度。

4. 该工程工期紧、任务重

2018 年 4 月征拆陆续进地，2018 年 9 月基本具备全面施工条件，2019 年 1 月全线主体贯通，2019 年 7 月 1 日正式通车。

四、节点工程

节点工程为上跨京九铁路转体刚构工程，参见图 6–2–2。

（一）工程简介

新建上跨京九铁路立交桥在 K3+504.571 处跨越既有京九铁路，既有京九下行线

图 6–2–2　上跨京九铁路立交桥转体刚构支架搭设预压

里程为 K40+306.8，交叉角度 85° ，跨越形式为 2×45m 预应力混凝土 T 构。

施工时为了不影响铁路线的正常运营，采用平面转体的方法施工。左右幅 T 构分别在平行于铁路线的两侧就地制作，然后分别绕主墩旋转就位，单个主墩转体长度 2×40m，转体重量约 5145t，转体支座采用 ZTQZ-55MN 型，左右幅 T 构同时逆时针旋转 95° 就位。

转体刚构平面示意图见图 6-2-3。

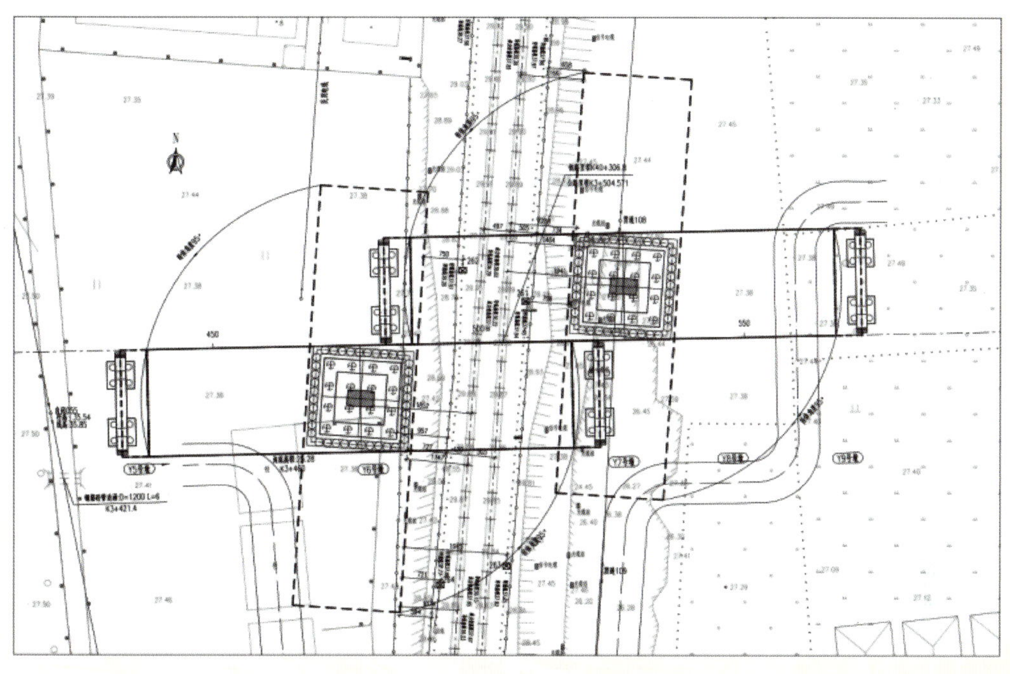

图 6-2-3 转体刚构平面示意图

主墩采用矩形板式桥墩，采用墩梁固结，顺桥向墩宽 3.0m，横桥向墩宽 5~7m。下承台采用 14.5m×14.5m 矩形截面，厚度 3.5m，上承台采用 9.5m×9.5m 矩形截面，厚度 2.5m。基础采用 16 根直径 1.5m 桩长 54m 的钻孔灌注桩群桩基础。

主梁采用单箱两室斜腹板箱形截面，梁高 2.5~5.0m，箱梁顶板宽 20.24m，底板宽 10.659~12.932m。分为转体施工段（A0 节段）、边跨墩旁支架现浇段（A1 节段），其中转体施工段长 79.9m，支架现浇施工完毕后转体，转体完成后进行边墩墩旁支架现浇段施工，边跨墩旁支架现浇段长 5m。

（二）施工重难点及解决措施

（1）邻近营业线施工和营业线施工安全防护要求高，确保既有线运营安全是该工程重点。

解决措施：施工前严格按照铁路总公司及北京铁路局有关规定，申报施工方案、施工计划；施工过程中严格按照批准的施工方案进行施工，科学合理组织，采取有效的防护措施，确保在规定的时间内完成施工任务，确保施工安全，将施工对既有线正常运营的影响降至最低。

转体刚构立面图（横桥向）见图 6–2–4。

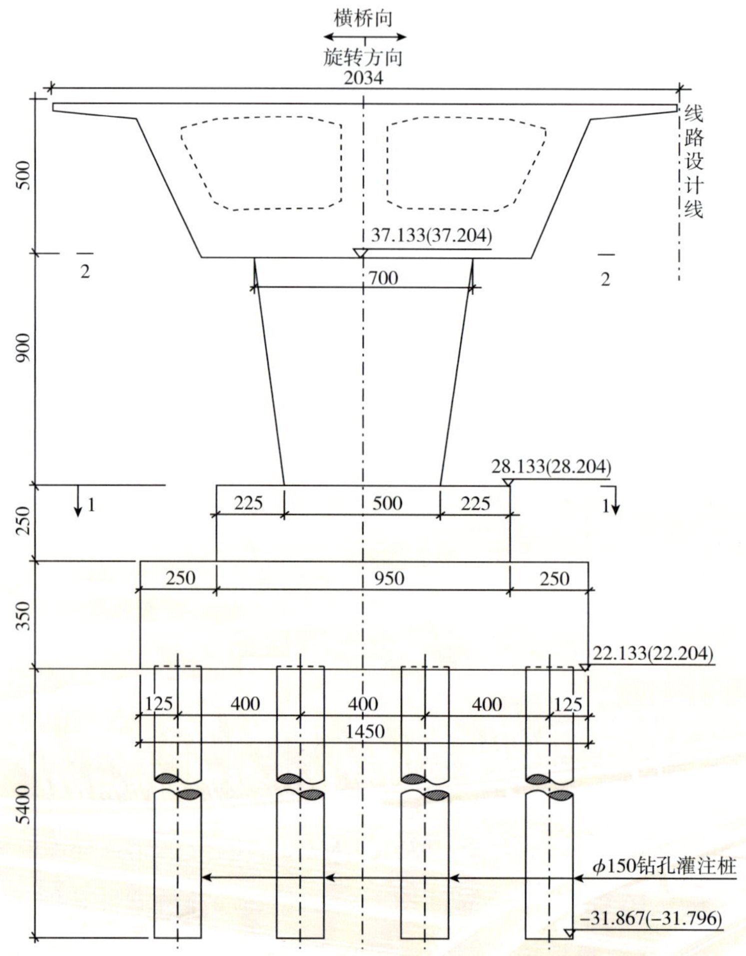

图 6–2–4　转体刚构立面图（横桥向）（尺寸单位：cm；高程单位：m）

（2）T 构梁施工周期长，控制着后续架梁、桥面的施工，工期紧、任务重。确保在节点工期内完成施工任务是该工程的重难点。

解决措施：项目部精心组织，制定详细的施工计划。根据总体进度计划和施工条件，倒排工期，明确节点目标。将每一道工序按节点目标完成需要解决的问题，需要配置的资料梳理明确，定措施、定责任人、定期限进行落实。根据施工安排和进度计

图 6-2-5　路基填筑施工分区标识

划，编制详细的物资需求计划、劳动力需求计划、机械设备需求计划，提前到位，并根据施工进度及时进行调整，见图 6-2-5。

受前期征拆进地和施工手续影响，2018 年 8 月 18 日全面开展桩基施工，2019 年 1 月 11 日顺利完成转体施工，在不足五个月的时间内完成转体施工。

（3）T 构现浇及转体施工，施工工艺复杂，质量控制难度大，也是该工程控制的重点。

解决措施：项目部选择有经验的施工队伍和技术管理人员（图 6-2-6、图 6-2-7），做好进场培训和技术交底，同时选择专业施工队伍实施转体支座安装、应力监测、称配重和转体施工。严格按照图纸和规范要求施工。

图 6-2-6　现场防护员

图 6-2-7　驻站联络员

五、施工管理

（一）质量管理

1. 质量保证体系

建立健全质量保证体系，从思想、组织、技术、施工、制度五方面保证质量目标的实现，质量保证体系见图 6-2-8。

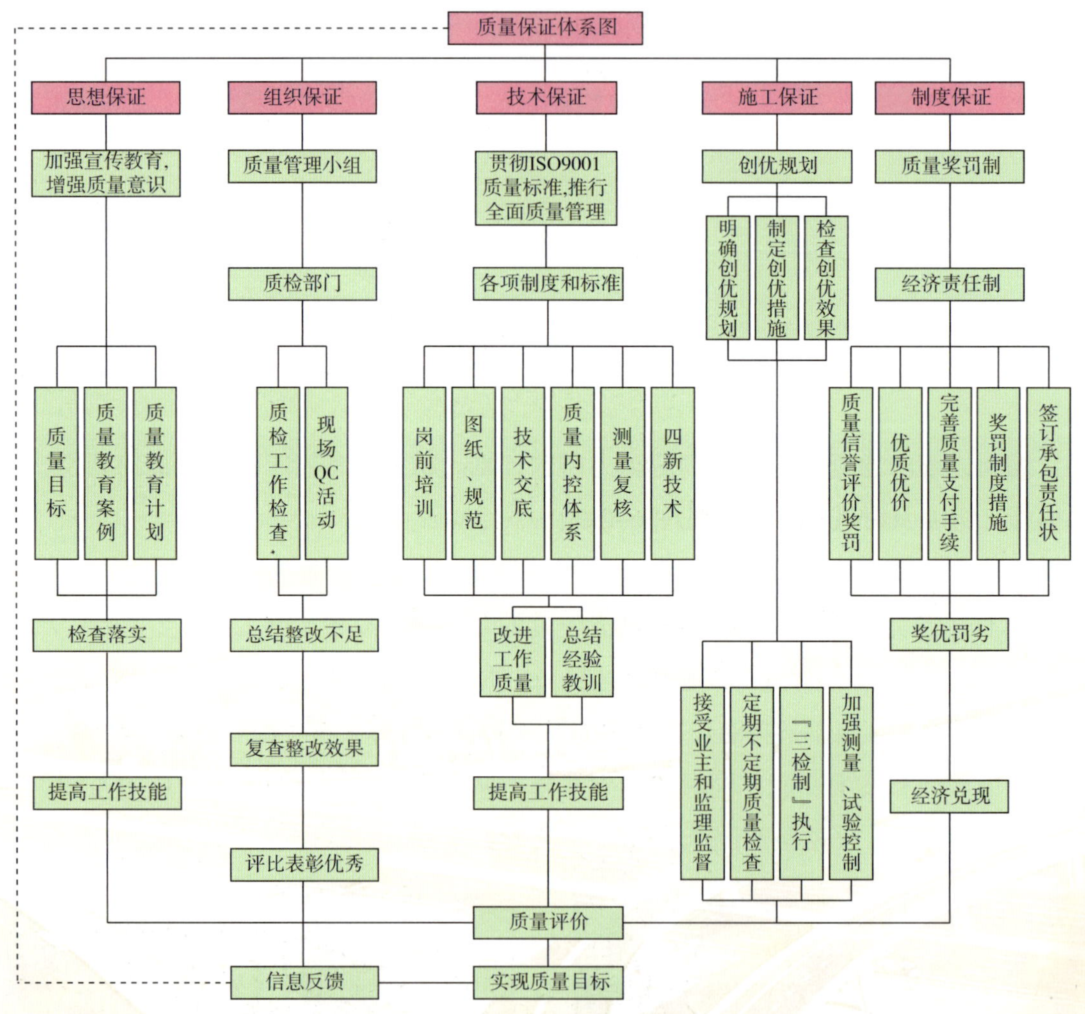

图 6-2-8　质量保证体系框图

2. 质量管理机构

建立完善的质量管理组织机构，确保质量管理工作落实到实处，质量管理组织机构见图 6-2-9。

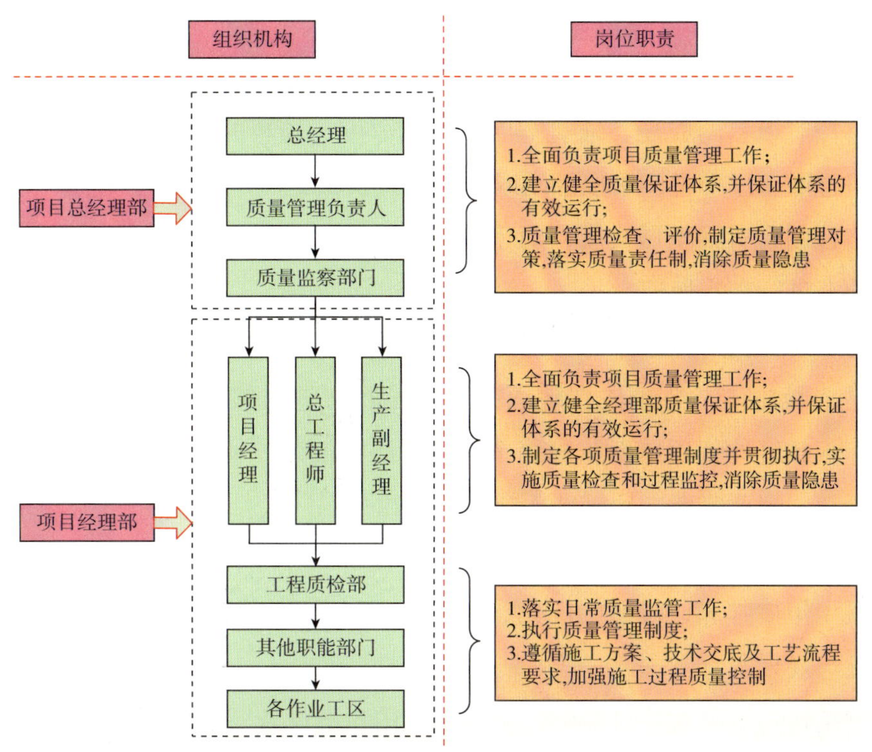

图 6-2-9 质量管理组织机构框图

3. 质量保证措施（表 6-2-1）

质量保证措施 表 6-2-1

序号	保障内容	保证措施
1	组织保证	严格执行“政府监督、施工监理、企业自检”的项目管理体制
2	制度保证	推行全面质量管理（TQC），设置质量管理点，成立质量管理（QC）小组，运用 PDCA 原理对工程质量进行调查分析和改进提高
3	资源保证	（1）人力资源：配备经验丰富的质检工程师、质检员，落实质量管理措施。 （2）物资资源：按照《产品控制程序》和《物资管理规定》对材料的采购、检验、仓储、领用等进行严格管理，确保用于该项目的所有原材料均符合设计及规范要求。 （3）设备资源：根据工程需要配备足够的检测仪器设备，保证工程检测和测量数据的准确性
4	过程控制	（1）编制工序质量检验表，严格工序检验、报验制度，做好施工质量过程控制。 （2）认真做好施工原始记录和质量评定资料的签认整理、归档工作，完善质量责任追踪档案。 （3）加强质量检查和监控，实施质量奖罚，消除质量隐患。 （4）实施“质量分析会制度”，分析质量问题发生的原因并制定整改措施，做好质量通病的预防治理工作
5	首件制	实行“首件工程认可制度”，对首件工程的各项工艺、技术和质量指标进行综合评价，确定最佳工艺、建立样板工程，以指导后续工程施工，预防和纠正后续生产中可能产生的质量问题
6	质量创优	根据质量创优策划目标，做好“样板引路”工作，把创优工作分解到施工过程中，加强过程资料收集，为工程创优申报做好基础工作

4. 质量控制关键点控制措施

（1）路基工程施工质量保证措施：

①严格控制填料的粒径、铺筑宽度、松铺厚度、填料的含水量，确保碾压密实及均匀。填料过湿、过干时，采取翻晒或洒水或改良措施。

②严格控制台背回填压实度，对于台阶、台背边角等压路机碾压不到的地方，使用小型振动夯进行夯实处理。

（2）桥梁工程施工质量保证措施：

①墩柱模板施工，要预先在地面拼装，检查接缝与接茬错台情况，提前进行修整；所用模板接缝均使用单面胶海绵条堵塞，防止漏浆。桥涵预制件成品或半成品质量必须符合有关规范要求，预制件不合格不准出厂。

②钢筋加工根据进度要求尽量在标准化钢筋加工场内集中加工。

③混凝土集中拌和，按照工厂化、集约化、专业化、规范化的要求对该标段预制场进行选址与规划。

④桥梁结构物拆膜后及时养护，预制梁采用喷淋设备。

⑤钢筋采用数字化钢筋加工工艺，主筋和箍筋使用弯箍机和弯曲中心；钢筋绑扎（安装）采取绝对定位装置，使用模具和卡具。

⑥预应力张拉采用智能张拉（数控张拉系统）、压浆。

⑦桥涵结构物混凝土浇筑完成后，必要时采用混凝土养护剂进行养生，大幅降低水分从混凝土表面蒸发损失，利用混凝土中自身的水分最大限度完成水化作用，减少塑性收缩裂缝。

图 6-2-10 为钢筋笼对中检测，图 6-2-11 为承台施工。

图 6-2-10　钢筋笼对中检测

图 6-2-11　承台施工

（二）安全管理

1. 安全管理体系（图 6-2-12）

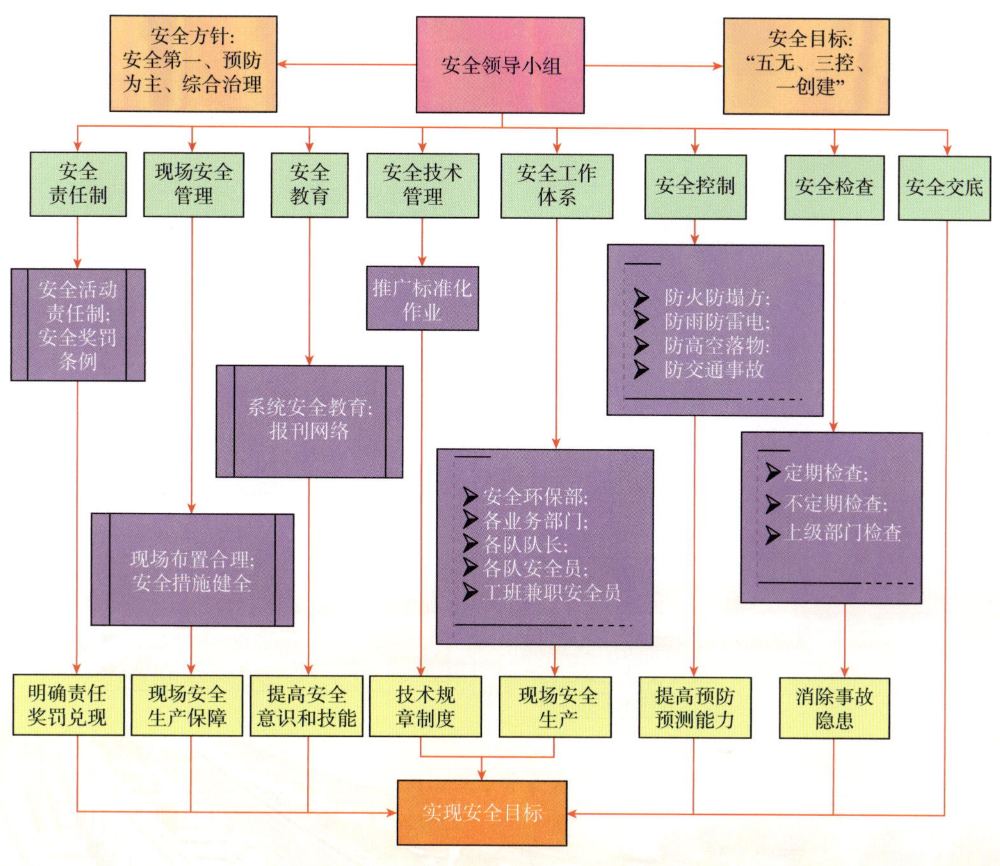

图 6-2-12 安全管理体系框图

图 6-2-13 为墩柱施工。

图 6-2-13 墩柱施工

2. 安全管理机构（图 6-2-14）

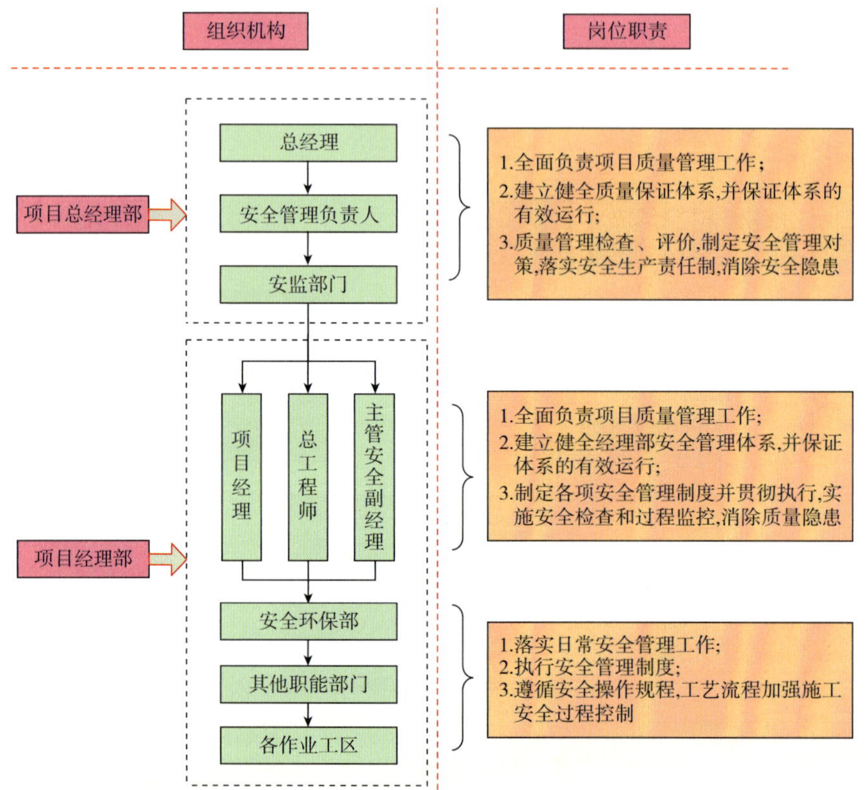

图 6-2-14　安全管理组织机构及职责

3. 安全生产保证措施

（1）建立健全以项目经理为领导的安全管理机构。

（2）项目开工前，编制实施性安全技术措施，安全操作规程、细则、制度；制定安全生产教育培训及考核计划，编制安全技术交底计划；特殊工种及特殊机械设备必须持证上岗；根据施工进度计划制定切实可行的安全生产费用使用计划，以保证投入足够的费用进行安全生产。

（3）项目管理人员与施工作业人员实行三级安全教育制度，并对每次教育做好人员登记及教育试卷等记录的存档，培训包括新进场人员教育、安全体验中心教育培训、特种作业人员教育等。

（4）制定安全生产条例及奖惩措施，严禁违章作业和违章指挥。遵守劳动纪律，坚守劳动岗位。

（5）制定安全检查制度，包括日常巡查、周检查、工区经理带队月巡查，对查出的事故隐患，实行定人、定时间、定措施的整改要求，检查记录与隐患整改实行闭合管理。

（6）建立突发事件处置预案，成立应急救援小组，组织事故应急救援演练。

（7）施工现场重大危险区域设安全警示标识标牌，标牌清晰醒目，材料存放分类码放，并设标志。在进入施工现场前，人员须佩戴好安全帽，危险作业、高空作业人员按规定佩戴劳动保护用品和安全带等安全用具。

（三）环保管理

严格遵守国家《环境保护法》《水土保持法》等有关规定，积极响应北京市地方环境保护要求，在当地环保水利部门和业主审批的范围内施工，贯彻“预防为主、保护优先、防治结合、强化管理”的方针，坚持“谁污染谁治理、谁使用谁恢复”的原则，做到预防污染、持续改进，环保水保与工程建设同步进行，营造绿色通道。施工现场要做到六个百分之百：现场封闭管理百分之百，场区道路硬化百分之百，渣土物料覆盖百分之百，洒水清扫保洁百分之百，物料密闭运输百分之百，出入车辆清洗百分之百。

1. 环境保护、水土保持体系（图 6-2-15）

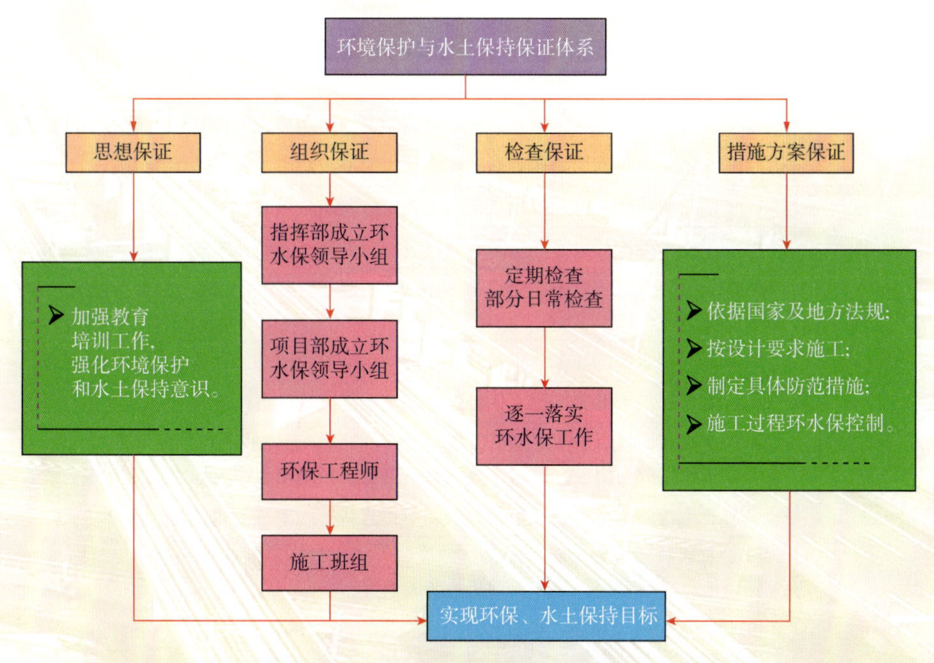

图 6-2-15 环境保护、水土保持保证体系框图

2. 环境保护、水土保持保证措施（表 6-2-2）

环境保护、水土保持保证措施表 表 6-2-2

序号	保障内容	保证措施
1	生态环境的保护措施	⑴全体职工认真学习生态保护方面的知识，自觉保护、爱护沿线的动植物，保持动植物的生态平衡；
		⑵对合同规定的施工界限内、外的植物尽力维持现状；砍除树木和其他经济作物时，事先征得所有者和业主的批示同意，严禁超范围砍伐；
		⑶临时用地范围内的裸露地表植草或种树进行绿化，防止水土流失；
		⑷对有害物质如燃料、废料、垃圾等通过焚烧或其他措施处理后运至指定地点进行掩埋，防止对动植物造成损害；
		⑸爱护、保护现有水资源，靠近水源的施工应特别注意保护，避免污染水资源；
		⑹工程完工后，及时对现场进行彻底清理，并按设计要求采用植被覆盖或其他处理措施
2	大气环境及粉尘的防治措施	⑴在设备选型时尽可能选择低污染设备，安装空气污染控制系统；
		⑵施工现场和运输道路经常洒水防护，防止尘土飞扬；
		⑶车辆在运料过程中应做好防渗漏措施，对易飞扬的物料用篷布覆盖严密，不得超载；
		⑷超标排放车辆、机械设备要安装净化装置，降低废弃排放量
3	废弃物的处理措施	⑴施工现场废弃物和生活区的生活垃圾集中堆放，并运至指定地点进行处理；
		⑵有害物质选择合适地点集中堆放，并在征得当地环保部门批准后采取掩埋或其他处理措施
4	噪声防护措施	⑴机械车辆途径居住场所时减速慢行，不鸣喇叭；对使用的工程机械和运输车辆加强维修保养，降低噪声；
		⑵合理安排施工作业时间，尽量降低夜间车辆出入频率；夜间施工禁止使用噪声大的机械设备；
		⑶适当控制机械布置密度，条件允许时拉开一定距离，避免机械过于集中形成噪声叠加；
		⑷禁止施工人员在居民区附近和夜间施工时高声喧哗，避免人为噪声
5	水保措施	⑴生活污水按设计分别采用二级生化设施或化粪池处理；
		⑵施工机械的废油废水，采取有效措施加以处理，不超标排放，造成河流和水源污染；
		⑶来自生活区、办公区和施工区的污水，必须严格净化处理，并经检验符合环保标准后排放；
		⑷靠近生活水源的施工，用沟壕或堤坝同生活水源隔开，并避免污染生活用水；
		⑸冲洗骨料的水或施工废水，经过过滤、沉淀或其他方法处理后才允许排入河道；
		⑹施工期间和完工之后，建筑场地、砂石料场应适当地进行处理清洗集料的用水或有沉淀物的水在排放前应进行过滤、沉淀。不得将物料随雨水排入地表及相应的水域造成污染；
		⑺施工人员的生活垃圾应集中处理，不得直接排入附近的水体造成污染；
		⑻对有害物质（如燃料、废料、垃圾等）要通过正确的环保处理手段就地进行处理或运到指定地点进行掩埋，防止对动植物造成损害；
		⑼对于水中施工桥梁，做好围堰和施工后填筑料的清理，防止污染河道，施工前编制专项安全环保方案，审批后方施工
6	施工后期的场地恢复措施	施工完成后及时拆除便道、拌和站、临时房屋、预制场，输电（水）线路等临建设施，按要求恢复原有地貌

第三章 中铁十六局所辖二工区

一、单位简介

施工单位：中铁十六局集团大兴国际机场北线高速公路施工总承包部二工区（中铁十六局集团第一工程有限公司）

单位简介：中铁十六局集团第一工程有限公司，坐落于北京市顺义区，隶属于世界500强——中国铁建股份有限公司。

公司是以建设铁路、公路、桥梁、市政、房建、水利、城市轨道等工程为主的综合性大型施工企业、国家级高新技术企业。具有市政工程施工总承包壹级；建筑工程、铁路工程、水利水电工程施工总承包二级；桥梁、隧道、公路路基工程专业承包一级资质。

先后参与50多项国家重难点工程的建设，为国家重大工程建设做出了突出贡献。其中大秦铁路一期工程荣获国家金质奖章；京九铁路、北京地铁东单站—建国站区间、八通线北苑站荣获鲁班奖；北京奥林匹克铺装工程荣获北京长城杯金奖、市政金杯奖；南京新庄立交桥获国家优质工程银质奖；青海大阪山公路隧道、福建泉三高速荣获詹天佑大奖；由公司承建的世界高海拔地区最长铁路隧道——关角隧道，荣获2016年度国际隧道协会重大工程奖。

先后荣获“全国优秀施工企业”“中国公路建设百家诚信企业”“中国施工企业科技创新先进单位”“北京市优秀管理企业”“首都文明单位”等荣誉。先后有100余人获全国工程建设优秀项目经理、北京市劳动模范、火车头奖章等荣誉称号。

二、工区概况

二工区施工管段位于北京市大兴区庞各庄镇、榆垡镇和礼贤镇地界。起点里程西延K2+181.5，终点里程中段K2+200，管段主线全长2.6315km。京开互通立交中段主线通道桥1座/28.73m，主线路基2段/421.27m，匝道桥及跨线桥6座/2067.12m、匝道及辅路路基9条/7633.98m。

三、工区特点、重难点

（一）工程特点

1. 项目地理地位重要，社会关注度高

大兴国际机场北线高速公路是国家高速公路路网中重要的地区线路，该项目作为大兴国际机场与外界联络的重要交通要道，受社会关注度高，建设意义重大。

2. 施工制约因素多，实际施工期短，工期紧张

（1）该工程土方填筑 60 万 m^3，因北京地区对耕地保护非常重视，所以该项目所需回填土方采取外购方式解决。由于该项目接近北京市界，土方主要来自河北省，土方体量大，运距远。

（2）该工程匝道桥梁长度 2.1m，对混凝土需求量巨大，但因环保等因素，无法自建混凝土拌和站，混凝土必须采用商品混凝土，混凝土运距较远，势必对工程施工进展造成很大的影响。

（3）北京作为中国政治、经济、文化中心，重大会议和政治活动较多，且此类重大活动会对工程施工提出更高的要求，导致工期受到影响。

（4）征地拆迁涉及村镇多，范围广，难度大，征地拆迁进度对工程施工工期也提出了较大的挑战。

3. 预制梁施工难

沿线跨京开高速公路、预制梁制运架施工风险高，对外协调难度大（图 6-3-1）。

图 6-3-1 现浇梁

（二）工程重难点

1. 预制梁制运架

管段承担着564片预制梁制运架任务，制梁周期短、运输距离长、运架梁安全风险较大、存梁场地不足，为全线重难点工程。

2. 跨京开高速钢箱梁施工

管段内共9次上跨京开高速公路施工，其中中段工程6次，西延段工程3次。设计高速公路导改施工共计15次，总计施工时长约9个月，跨高速拆桥、架梁安全风险较大，为全线控制性工程。

3. 东西辅路施工

京开高速东西辅路全长5.4km，线路正下方设计有雨水方沟、电力管沟、燃气管沟、通信管沟，路基填方约10万m^3，工程量较大，局部受人力资源出版社、黄垡苗圃、燃气管道、通信线等拆迁影响，为全线重难点工程。

4. 环保施工

北京地区环保高标准是制约施工进度的难点。需要加强在施工过程中环保措施的落实，必然制约了土石方施工的施工速度。

5. 工程工期紧、任务重

2018年4月征拆陆续进地，2018年9月基本具备全面施工条件，2019年1月全线主体贯通，2019年7月1日正式通车。

四、节点工程

节点工程为上跨京开高速桥梁工程。

(一)工程简介

京开互通B匝道桥、D匝道桥、黄垡分离式立交桥、西黄垡人行天桥上跨京开高速施工，其中西黄垡人行天桥是将旧西黄垡人行天桥拆除后向北平移约24.5m还建新桥，黄垡分离式立交桥是将旧黄垡分离式立交桥拆除后原位还建新桥。为满足施工要求，保障京开高速的交通通行，在施工时需对现状交通进行占路导行。

（二）施工重难点及解决措施

京开高速公路是北京市西南方向重要的对外放射线，行车密度大，在京开互通式立交匝道桥基础及钢箱梁吊装施工过程中需要占路施工，因此施工前需要加强与高速公路管理部门进行协调，办理相关手续。编制切实可行的交通导改方案，合理安全施工顺序，避免因施工造成京开高速公路交通拥堵，是该工程施工的重点。

解决措施：加强施工协调及交通导改。将交通导行方案上报监理单位和相关道路管理单位，批复后方可实施；导行所涉及的交通安全设施及交通标志一律符合中华人民共和国国家标准《道路交通标志和标线》和中华人民共和国公共安全行业标准《道路作业交通安全标志》；交通便线施工完成后，约请交通管理部门对导行路进行标线施划。在导行路前方及沿线按照交通管理部门的要求设置明显的警示及指路标志。在验收合格后将现况交通导入便线。合理安排施工车辆进出，减少施工车辆对社会交通的影响，教育施工车辆驾驶员严格按交管部门指定的路线文明驾驶；夜间施工车辆须背挂双闪箭头灯、顶置黄色警报灯，作业人员按规定穿戴反光服饰。

五、施工管理

（一）质量管理

1. 预制梁质量控制

钢筋加工采用数控弯曲机进行钢筋下料和加工，钢筋在胎具上绑扎成型，使用吊具整体吊装入模；模板安装采用脱模剂脱模，翼缘板梳形模板采用面免凿毛止浆带止浆；混凝土浇筑每层按 30cm 进行分层浇筑，附着式振捣器与振捣棒配合振捣，浇筑完成后采用自制铁刷进行拉毛，采用自动喷淋进行洒水养护。

2. 桥梁施工质量控制

严格控制商品混凝土配合比，拌和站派驻试验人员，混凝土浇筑时现场试验人员、质检人员全程跟踪混凝土浇筑，确保混凝土和易性、坍落度、含气量等质量合格，发现问题、及时沟通解决。通过试验人员派驻拌和站、现场试验检测、全程旁站等措施，确保浇筑混凝土合格。

实行两级自检制度，经班组长验收合格后报质检员验收，质检员验收合格后报专业监理工程师。通过两级自检，提高验收合格率。

桩基桩头破除采用环切工艺进行施工，破除之前首先进行桩顶标高测量划线，然后进行环切破除，这样保证了桩顶混凝土的完整性。墩柱钢筋绑扎采用限位器进行钢筋定位，确保主筋间距符合设计。为确保浇筑后的墩柱质量达到内实外美的效果，项目部在墩柱定型模板外侧安装附着式振捣器，拉杆采用对角拉杆，确保混凝土浇筑质量。现浇箱梁钢筋绑扎时，在模具上用油漆标出位置，这样既保证质量，又方便施工。为确保混凝土外观质量，模板选用优质脱模剂刷涂，防止出现麻面、表面颜色差

图 6-3-2 钢筋笼起吊

异；确保充分的混凝土搅拌时间，控制好混凝土的坍落度、和易性等状态；浇筑时混凝土按 30cm 分层，振捣充分，使混凝土内气泡全部逸出上浮确保外观无气泡、砂线、水线等。

3. 钢筋加工质量控制

钢筋在钢筋加工场集中加工成半成品钢筋，按工程部位、钢筋编号进行打捆、标识，经钢筋加工场管理人员确认合格后出场并通知现场收料员，现场收料员与施工班组负责人按工程部位存放到指定位置，共同在材料交付单签字确认。

通过进行钢筋编号、打捆，出场自检、进场材料交付等措施，避免了钢筋错拉、漏拉的现象，提高了钢筋运输效率，见图 6-3-2。

（二）安全管理

一年多以来，中铁十六局集团大兴国际机场北线高速公路施工总承包部二工区始终贯彻“安全第一，预防为主，综合治理”的安全生产方针。认真贯彻落实上级单位下发的有关安全生产及质量管理文件精神和要求。严格防范安全生产事故和质量事故的发生，全面落实安全质量责任制，严格落实“一岗双责制”，层层签订包保责任书。至今未发生安全质量事故，为项目部全面完成生产目标打下坚实的基础。在施工过程中安全、质量工作坚持向标准化、规范化提升，并在全年安全生产实践中取得了显著的成绩，参见图 6-3-3。

参照上级公司的标准化汇编，建立了安全质量保证体系，结合项目部施工特点编制了“安全质量管理制度”；完善了安全操作规程，安全管理规定，安全措施、方案等，并正式下发实施。

成立安全质量领导小组，明确了各级组织机构的职责，细化了工作分工；严格落实“一岗双责”要求和“谁主管，谁负责”“管生产必须管安全”的原则，强化了安全生产的监管责任和企业安全生产主体责任落实。项目部与各级管理人员及现场各工班层层签订“安全包保责任状”“质量包保责任书”，把安全质量工作目标任务层层分解，形成了“横到边、纵到底”的安全质量工作格局。

通过悬挂安全质量标语条幅、制作安全质量宣传牌及安全月活动、开展质量月活

图 6-3-3　中铁十六局二工区首件盖梁混凝土浇筑

动、消防月活动等一系列宣传教育手段，加强了安全生产法律法规和安全生产知识的宣传，使安全生产深入人心。并组织观看“生命至上、安全发展”宣传片，组织现场人员观看“事故的代价”“事故只在一念间”等案例警示教育电影。对项目部全体人员进行动员，强化安全生产意识。

使用多媒体安全工具箱对进场作业人员进行进场安全教育共计 82 次，共计 1359 人次，合格率为百分百，其中架子工专项安全教育 1 次、起重作业专项教育 1 次、消防安全教育 1 次、冬季施工安全教育 1 次，工前安全教育共计 1890 次左右。

制定了包括《消防安全应急预案》《坍塌事故应急预案》《高空坠落事故应急预案》《防汛应急预案》《触电事故应急预案》《机械伤害应急预案》《食物中毒事故应急预案》等 15 项安全生产专项应急预案，并建立了应急救援队伍，构建起安全生产应急救援工作体系，在施工现场设立应急物资仓库及必备应急物资等。同时项目部有针对性地对《消防安全应急预案》《触电事故应急预案》《机械伤害应急预案》及《防汛应急预案》等进行了应急演练。通过演练加强了员工对事故灾害的防范意识，提高了员工应急逃生能力及自救互救能力。

依据项目部《安全检查制度》及公司、局指及上级单位相关文件要求，项目部统一部署，精心组织，认真执行日常巡查、周检查、月检查、安全隐患排查及施工用电、消防、特种设备、持证上岗、冬季施工、脚手架等各项检查，做到有计划、有检查、有整改、有总结，对查出的各类安全隐患和不符合安全规范的事项都按规定进行了整改及落实。

（三）环保管理

自开工建设以来，大兴国际机场北线高速公路高速项目部，认真做好环保工作。在施工区域实行封闭式管理施工，使用高度2.5m的彩光瓦，对红线范围内用地进行全封闭，现场露天易扬尘土采用绿网全覆盖，现场作业区设置值班室，全天候派人轮流值守，同时为作业工人设置厕所、吸烟室、应急仓库，配置洒水车、一个零工班人员每天对村道、便道洒水清扫，采取的安全、环保措施及办法，在施工过程中取得了良好的效果。

环保采取措施：

（1）便道硬化：针对项目施工现场的主要出入的便道使用混凝土进行硬化处理，并安排环保人员对现场便道、既有道路每天进行清扫，减少扬尘。

（2）洒水降尘：在施工现场设有水车，安排专人对洒水车进行管理和记录，确保了每天不间断对施工便道、临时便道及施工区域等进行洒水处理。现场全员参与监督，存在扬尘情况及时反馈，协调洒水设备进行降尘处理。

（3）封闭围挡：施工现场采用围挡进行了全面封闭，并结合公司文化、业主要求及周边环境采用多种形式美化、亮化。

（4）车辆冲洗：在施工现场各出入口设置洗轮机等洗车设备，对驶出工地的车辆进行冲洗，防止带泥上路，对道路造成污染（图6-3-4）。

（5）裸土覆盖：安排环保人员随时保证施工现场裸露地面、土方百分之百覆盖，确保无扬尘产生。

（6）建筑材料堆放及与运输：施工现场的建筑材料、构件应按平面布置图分类、分规格存放，设置标识牌，建筑材料、构件的存放、位置和高度应符合规定要求，做到整齐有序、稳定牢固，对易产生扬尘的物料和构件，应采取有效措施，按时洒水，加以覆盖。在运输易飞扬的散料时，装料适中并用篷布覆盖。储料场松散易飞扬的材料用彩条布遮盖，避免运输、装卸过程中和刮风时扬尘。

（7）施工营地住宿产生的生活污水不在附近形成新的积水洼地，生活污水不排入

图 6-3-4　车辆冲洗

河流和渠道，设污水收集池，生活污水、废水及垃圾与保洁公司签订抽排清运协议，保证随时抽排清运。

（8）控制粉尘污染：施工现场道路、作业区、生活区必须按规定进行地面硬化。进一步强化混凝土的使用，严格控制砂、石、水泥的使用，最大限度地减少粉尘污染。风速四级以上的天气应停止易产生扬尘的作业，禁止从建筑物内向外抛扬垃圾。对施工现场的裸露地面采取防尘网进行覆盖，有效防止扬尘。购置雾炮机及租赁洒水车对场地及周边道路全天候喷雾洒水降尘，并安排专人对道路进行清扫，以防止扬尘，污染环境。工地主要的出入口设置洗车设备，保证车辆出入不带土扬尘。

（9）对施工机械和运输车辆安装消声器并加强维修保养，降低噪声。车辆途经施工生活营地或居住场所时应减速慢行，不鸣喇叭。适当控制机械布置密度，条件允许时拉开一定距离，避免机械过于集中形成噪声叠加。

（10）合理安排施工作业时间，尽量降低夜间车辆出入频率，在靠近村庄和居住区较近的地方，夜间施工尽量不安排噪声很大的机械施工，减少对居民的干扰。

（11）对临时用地范围内的裸露地表植草或种树进行绿化。及早施作防护工程、排水工程和裸露地表的植被覆盖，防止水土流失。

（12）加强施工机械管理，注重日常保养，按照要求进行操作。防止油品存放和机械在使用、维修、停放时油料泄漏、渗漏，污染水体。

第四章 中铁十六局所辖四工区

一、单位简介

中标单位：中铁十六局集团路桥工程有限公司

单位简介：中铁十六局集团路桥工程有限公司隶属于世界500强企业——中国铁建股份有限公司，坐落于北京市密云区。公司为综合性大型施工企业，具有市政公用工程施工总承包一级资质，公路路面工程、桥梁工程、隧道工程专业一级资质，公路工程总承包三级资质，公路路基工程专业承包三级资质，持有营业性爆破作业单位许可证，通过质量、环境和职业健康体系认证，为国家高新技术企业。经营范围涉及市政、公路、铁路、房建、隧道、机场、综合管廊、海绵城市等领域，企业注册资本金5.508亿元，年施工能力30亿元左右。

参建的青藏铁路、京九铁路、武广客专、京沪高铁、长沙磁浮快线、兰渝铁路、赣深客专、石安转体桥、哈萨克斯坦公路改造等一大批重点工程享誉国内外。其中路桥公司承建的京港澳高速石安转体桥作为国内最长公路跨铁路双幅转体桥，2014年9月11日“华丽转身”，中央电视台新闻频道全程现场直播；2013年8月18日李克强总理视察路桥公司承建的兰渝铁路漳县车站，称赞“铁道兵这支队伍是有战斗力的”；2014年7月3日李克强总理视察路桥公司承建的长沙磁浮高铁南站枢纽工程，对承建者们竖起大拇指。

公司先后荣获中国建筑工程“鲁班奖”、国家优质工程奖、中华全国铁路总工会“火车头”奖杯、国家高新技术企业、“全国安康杯竞赛优胜单优”、首都文明单位标兵、云南省文明单位、全国文明单位，成为同行业中的金牌大户，誉满建筑界。

二、工程概况

四工区负责K1 + 750~K6+437.44(含京开互通B、C、D、H、G、K、L、匝道和东西辅路)的路面工程及附属设工程施工。

图 6-4-1 主线路面面层沥青混凝土施工

三、标段特点

主线加宽渐变段较多，面层沥青混凝土施工中普通配置摊铺设备无法达到摊铺预期。加设临时组合摊铺设备，更好地控制沥青混凝土施工中的接缝问题。施工见图 6-4-1。

京开互通处匝道繁多，分为京开互通 B、C、D、H、G、K、L 匝道，新老路面的连接部繁多，施工中严格控制接缝。

东西辅路沿线村落频繁，施工中严格围挡，现场做好标识标志，做好洒水降尘工作，为居民的出行生活提供一定的便利，严禁出现扰民等现象。

四、标段重难点

该工程路面上面层采用 SBS 改性沥青玛蹄脂碎石混合料（SMA-13）沥青，在以往已投入使用的沥青路面中，沥青上面层的平整度一直很难控制，根据该项目的实际施工情况，项目部将 SBS 改性沥青玛蹄脂碎石混合料（SMA-13）沥青上面层的施工作为施工控制的重中之重，将沥青混凝土上面层施工作为该项目的重点工程，施工过程中严格控制材料配比，严格每一道施工工序。

五、节点工程

节点工程：主线（含京开互通）基层面层及附属工程、东西辅路（含黄垡互通）基层面层附属工程。

六、创新工艺

四工区施工段主线路肩为硬路肩，施工中运用路肩土摊铺机。

路肩土摊铺机采用的是摊铺机搅笼改装布料，运土车直接将土导入摊铺机，再由摊铺机摊铺硬路肩，夯板采用液压式震动夯板，压实度远高于平板夯。

在施工过程中，路肩土摊铺机配备的人员及其他设备更少，施工速度更快，安全性能更高，摊铺机每日可摊铺 3km 相对于人工机械培土（按 10 名工人、2 台装载机）每日 1km，效率是其 3 倍。培土完成质量及整齐度明显提高，现场污染也明显降低。

七、施工管理

（一）质量管理

1. 工程质量管理体系

公司建立了 ISO9001:2000 质量管理体系，在推行全面质量管理的过程中积累了一定的经验，为实现该工程的目标，公司进一步完善了企业的质量管理体系，提高质量管理水平。该工程实行三级质量管理体系，严格按照跟踪检测、复检、抽检三个等级对每个施工环节进行行之有效的质量监控。质量管理体系见图 6-4-2。

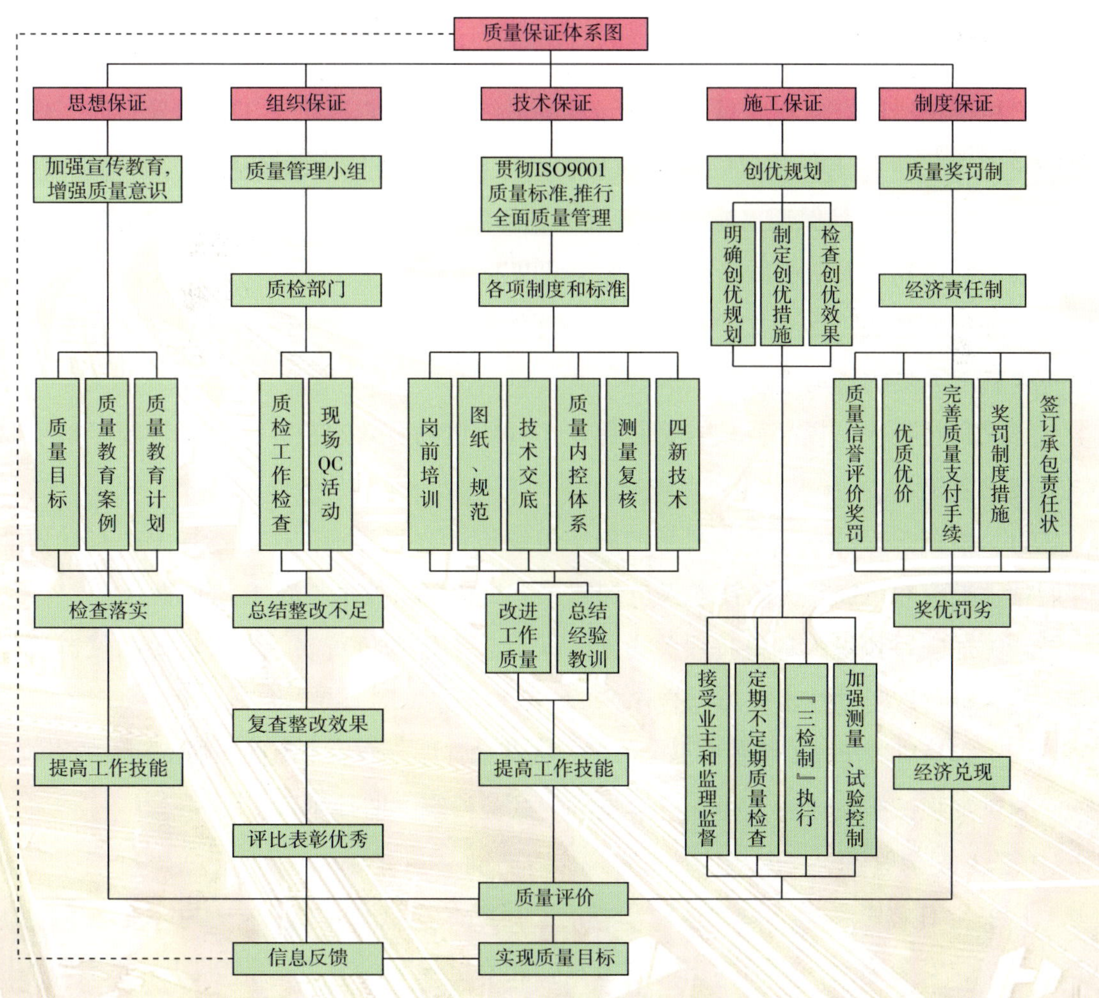

图 6-4-2 质量管理体系框图

按照“坚持质量核心，依法科学管理；严格质量标准，强化过程控制；发扬天佑爱国主义精神，树立创新管理理念，以公路建设‘四个标准化’为抓手”，以建设世界一流高速公路为目标，全面落实“安全、质量、工期、投资、环保水保、稳定六位一体”的管理要求，建立与工程相适应的、包括责任体系、内控体系、检查考核体系等在内质量管理体系文件，建立和完善各项标准化管理制度，落实质量管理责任，实现对工程质量的有效管理。团结各参建单位，标准引领，创新驱动，攻坚克难，建造精品，确保为国民经济发展、人民的便利出行提供一流的基础服务设施保障。

2. 工程质量保证措施

按《公路工程竣（交）工验收办法》相关规定，交工验收时达到合格，竣工验收时达到优良。

组织保证措施：成立以项目经理为组长的质量管理机构，副组长由常务副经理、项目总工、项目副经理负责人担任，同时架子队内成立现场质量管理小组。

思想保证措施：工程质量是施工活动的最终成果，它取决于工序质量，而工作质量则是工序质量和工程质量的保证和基础。工程质量是一个系统工程，领导是关键，制度是手段，技术是保证。施工组织队伍进场后，将分项目、分工序实施质量教育，有的放矢，做到人人明白质量要求，个个清楚质量标准。

实施领导把关，做到文明施工，将“百年大计，质量第一”的思想贯彻到参建的每一个施工人员的行动中。

加大科技投入，提高科技含量是保证工程质量的有效途径，该合同段施工拟采取以下技术措施：

（1）根据工程特点，编制科学的施工组织设计，制订施工作业指导书，有计划地开展技术教育和培训，提高技术人员和施工人员掌握新技术、新工艺的能力。

（2）加强科技投入和科技攻关力度。实行总工程师负责制，配备充足的仪器设备和人员，进行广泛的技术交流与合作。

（3）提高机械化施工装备水平，降低工人劳动强度，减少手工操作随意性大的影响。

（4）加强试验室建设，建立科学先进的试验检测、监控手段。

（二）安全管理

1. 安全目标

坚持“安全第一，预防为主”的方针，建立健全安全管理组织机构，完善安全生产保证体系，按合同约定履行安全职责，加强施工作业安全管理；杜绝生产安全特别重大事故和重大事故，遏制较大生产安全事故。

2. 安全生产管理体系

在该工程施工过程中，成立强有力的领导班子，建立健全安全生产管理体系，领导挂帅，全员参加，组织实施对该项目的安全管理，根据工程特点，建立安全岗位责任制。安全生产管理体系见图 6-4-3。

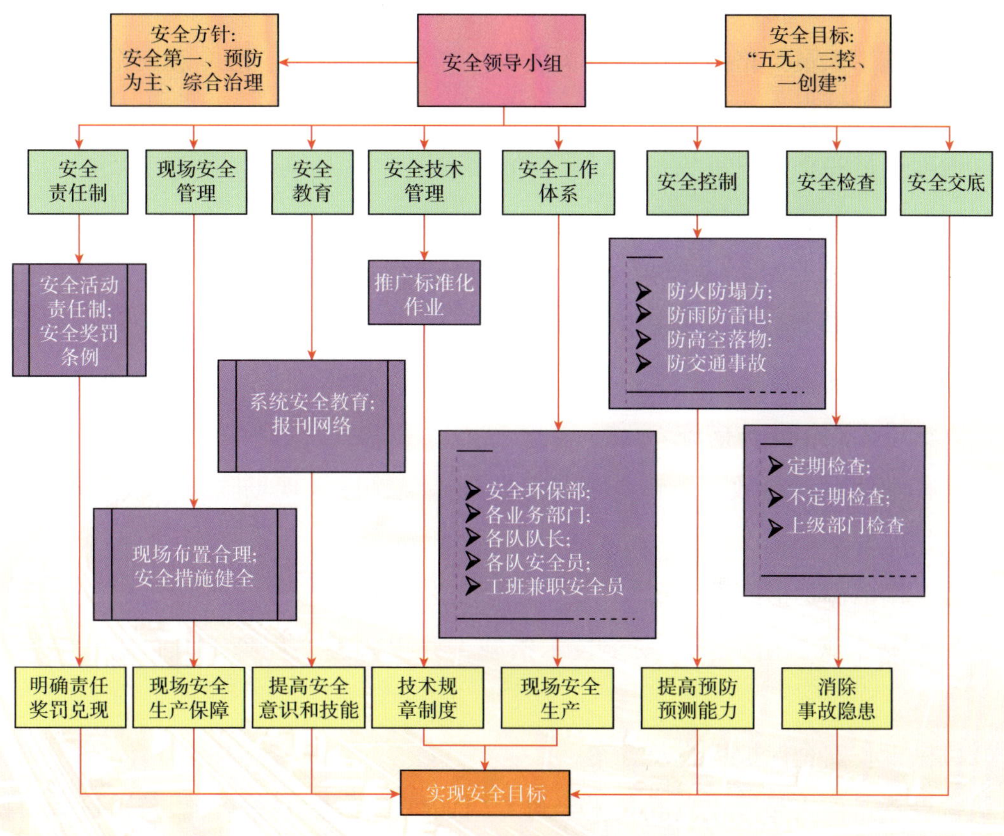

图 6-4-3 安全生产管理体系框图

3. 安全生产保证措施

（1）组织保证措施：

①项目部成立以项目经理为第一责任人的安全生产领导小组，下辖各业务口负责人，安全环保部配专职安全工程师。

②各分部亦成立相应的安全生产管理部门，配齐安全管理人员，工地作业班组配兼职安全员建立各级网络，做到"专管成线、群管成片"。

（2）制度保证措施：

①严格按照交通部有关保证安全生产的文件和规定执行。

②为加强施工中管理、保障施工人员和国家财产的安全，根据“谁主管谁负责”的原则，建立以项目经理为第一责任人的各级安全生产责任制，做到“纵向到底、横向到边”。

③建立安全生产定期和不定期检查制度。每月召开一次安全生产例会，把可能存在的安全隐患消灭在萌芽状态。

（3）思想保证措施：

①全体施工人员严格执行国家有关安全生产方针、政策、法令和安全生产技术规程，自觉遵守交通部及项目公司的有关安全生产的管理规定。

②增强全员安全意识。

③抓好安全岗位培训。

④随时接受项目公司及监理单位对安全生产的督促、检查、评比，对提出的问题，马上确定方案组织实施，确保安全生产。

（4）技术保证措施：

①人员进入现场防护措施。

所有作业人员、行政、参观、测量、监理人员，进入现场除正确戴好安全帽外，登高者必须系好安全带。

②施工用电保护措施及方案。

上场后制定施工用电专项安全技术措施，并报监理工程师审批，施工中将严格执行。

③机械设备安全保护措施及方案。

机械设备操作人员（或驾驶员）经过专门训练，熟悉机械性能，经考试取得操作证或驾驶执照后方可驾驶。

④物资材料安全保证措施及方案。

a. 工地设物资配件仓库，统一对物资进行管理，按照材料的储存要求，修建具备相应功能的仓库，做到分门别类储放，门前标志牌清楚，消防器材齐全。

b. 仓库设专业人负责保管、看护，值班室内设报警系统，随时与派出所和消防部门取得联系。

（5）分项工程的安全措施：

①路面施工过程中的安全管理措施（图 6-4-4）。

施工现场的安全管理，是施工安全监管流程的主体环节，所以公司特别强调施工作业现场监管。在施工时，严格划分施工区域，设置好安全标志，严格按警告区、上游过渡区、缓冲区、作业区、下游过渡区、终止区。这六个区域内保证给道路使用者和施工人员提供最大的安全保护，具体操作如下：

a. 警告区：即提示行车者注意前方道路施工的交通变化情况。警告区长度不得小于 1500m。在该区间内，要设置统一的道路标记，如“前方施工”标志、“前方车道变窄”标志、“禁止通行”标志、“禁止超车”标志及“限制速度”标志等，两个警告标志的距离不得超过 300m，同时，施工预告标志应设在醒目的地方，这样才能容易被来往的车辆看到。

图 6-4-4 主线路面面层沥青混凝土施工

b. 上游过渡区：即起导流作用，引导车辆及时变换车道，改变行驶方向。当车辆行驶至上游过渡区时，行车速度应小于 40km/h。该区长度为 65~100m。在上游过渡区前应设置禁止驶入标志。

c. 缓冲区：即引导车流有序行进的区域，缓冲区的长度应为 80m。其与上游过渡区之间应设置路障。

d. 作业区：就是施工人员作业、施工物资堆放和施工车辆停靠的地方。作业区内施工物资必须整齐堆放，不能过高和占用过往车辆行驶车道，施工机械须按标准涂上橘黄颜色，作业区内应为工程车辆提供安全的进出口车道，作业区之间必须设置隔离装置。

e. 下游过渡区：起导流作用，引导车辆改变行驶方向，变换车道，进入正常的行驶车道，下游过渡区的长度应大于 30m。

f. 终止区：即表示施工区的结束和施工限制的解除。终止区的长度不应小于 30m，在终止区的末端一定要设置解除标志。

②施工现场的交通安全管理。

施工现场的交通安全管理是安全施工的关键环节，施工现场安全与否很大程度上与施工现场的交通安全与否有着直接的关联，在复杂多变的路面施工现场中，要维持好来往车辆的秩序，保护好现场施工工作人员的人身安全，就要实施有效的交通安全管理措施，注重发挥人力资源因素：

a. 施工现场所有施工人员统一穿橘黄色的安全服，还应设专职的交通协管员和专职安全员。交通协管员主要负责有效地指挥交通，应付突发的交通情况；而专职安全员就要负责监督现场的安全管理、及时维护设置的交通安全管理设施。负责维护现场交通秩序的安全员不少于 3 名，同样要身穿橘黄色反光标志服，而且安全员分班实行 24 h 施工路段安全巡查。

b. 在高速公路路面进行施工时，要时刻提醒全体施工人员注意安全作业，不要在作业区外，特别是越过交通安全设施外的未封闭道路上走动，避免因路障和车多的原因造成的人员伤亡。

c. 施工车辆必须配置黄色闪光标志灯，停放在施工区内规定的地点，要摆放整齐。特别在进出施工场地时，要绝对服从专职交通协管员的指挥，不得擅自进出。还要在施工区域两端设置彩旗、安全警示灯、闪光方向标，给施工车辆起提示作用，避免施工车辆跨越安全设施进入未封闭道路造成危险。

③加强路面施工本身的安全管理（图 6-4-5）。

由于路面施工场地狭小，施工人员的作业面积也变得很小，再加上沥青路面施工毒性大，施工人员容易发生中毒事故；施工机械，例如运送混合料的载重汽车、铣刨路面的铣刨机械、路面压实的压路机、沥青混合料摊铺机等移动困难，容易产生碰撞事故。所以，施工单位应该认真按照《安全生产法》《公路法》《道路交通管理条例》、交通运输部颁发的《公路工程施工安全技术规程》和地方制定的各项法律法规等关于公路施工中安全生产的规定，做好施工中的安全工作和现场管理工作，努力杜绝事故的发生。此外，在施工过程中，还要增派外业巡逻人员，每天不少于 4 次对现场进行巡查，做好每日巡查记录，及时发现排除安全隐患，并对现场不规范、影响交通安全的施工人员进行整改，保证道路施工的安全和人员的安全。

图 6-4-5　新型技术——路肩土摊铺机施工

（6）沥青路面施工安全保护

①劳动保护。

a. 认真学习并掌握沥青工程的安全知识，参加沥青工程的施工人员必须进行体检。

b. 沥青操作人员凡患有结膜炎、皮肤病及对沥青过敏反应者，不宜从事沥青作业。

c. 从事沥青作业人员，皮肤外露部分均须涂抹防护药膏。

d. 沥青操作工的工作服及防护用品，应集中存放，严禁穿戴回家和进入集体宿舍。

e. 骨料仓附近从事骨料供应的工作人员需佩戴防尘面具和防护眼镜。

图 6-4-6 为安全爬梯。

图 6-4-6　安全爬梯

②沥青面层施工注意事项。

a. 在启动电机前，先拉响警报器提醒巡检人员离开机械的各转动部位并准备观察各个电机的启动情况，在启动几个较大电机的过程中，必须等一个电机完全调动之后才能启动下一个。

b. 拌成品料前，先拌两锅白料预热拌锅，以免拌锅被粘。

c. 等仪表指示温度降到 50℃时再停主要的电机，以免温度突变而引起干燥筒变形。各螺旋输送器的电机应多转一会儿，把多余的粉尘排到粉仓。

（7）防火灾措施

建立完善的消防体系，成立专门的消防小组，设专职消防人员。配备足够的消防器材。一旦发生火情超越自身的消防能力，及时与地方消防系统保持联系，以免贻误灭火时机。

（8）机械事故防范措施

各种机械操作人员和车辆驾驶人员均持证上岗，机械设备专人操作、专人负责。

操作人员按照机械说明规定，严格执行工前检查制度和工作中注意观察、工后检查保养的制度。

定期组织机电设备、机械车辆安全大检查，制定防范措施，防止机械事故的发生。

（9）用电安全措施

施工现场的临时用电应严格按照《施工现场临时用电安全技术规范》的规定执行。

为保证用电安全，对凡可能漏电伤人或易受雷击的电器设备建筑物设置接地或避雷装置，并制定检查维修制度，定期、定时对用电设备进行检查。

（三）环境保护

1. 环境保护和水土保持目标

全面控制施工污染，减少污水、空气粉尘及噪声污染，严格控制水土流失，维护生态平衡，全面达到国家、当地政府的环境保护、水土保持标准。

2. 环境保护、水土保持保证体系

环境保护、水土保持保证体系见图 6–4–7。

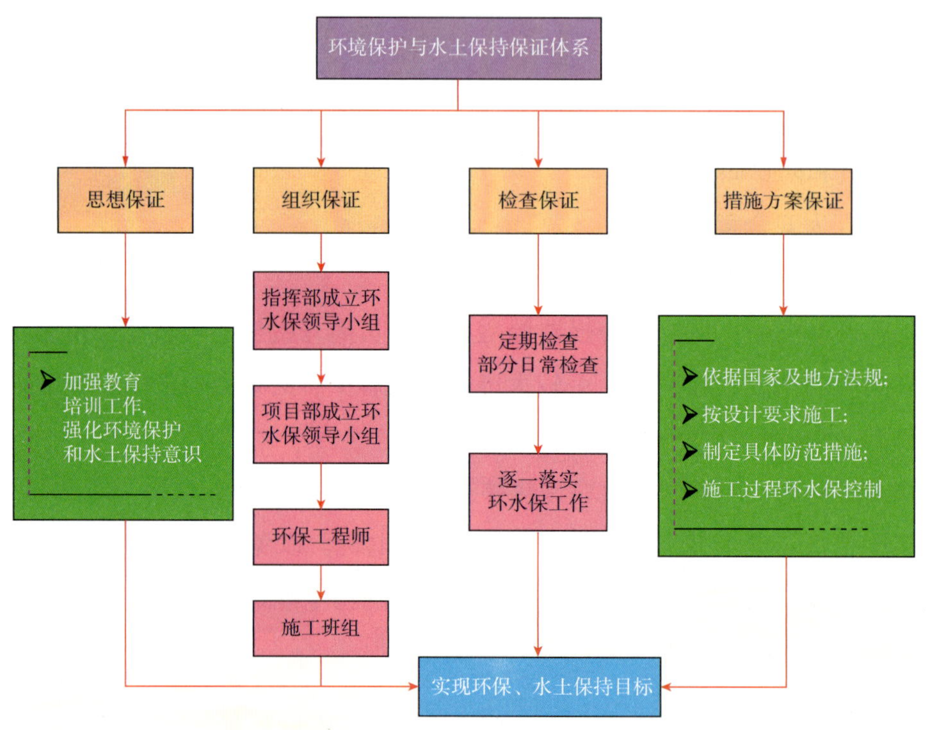

图 6–4–7　环境保护、水土保持保证体系框图

3. 环境保护、水土保持保证措施

（1）认真学习环境保护法，执行当地环保部门的有关规定，并充分发挥经理部环保组的作用，会同有关部门组织环境监测，调查和掌握环境状态，督促全体职工自觉做好环境保护工作，虚心接受建设单位和环保部门的监督指导。

（2）按照 ISO14001：2004 标准要求对环保各要素进行分解量化，从源头抓起，并贯穿整个施工过程。

（3）临时场地布置时，按现场现有条件，尽量合理布置，少占农田林地，以减小破坏环境为原则布置施工场地。

（4）加强施工管理，实行文明施工，排放对环境有污染的废弃物时，必须经过处理，并经有关部门同意后送到指定地点掩埋或销毁，见图 6–4–8。

（5）按规定的进场道路进行作业，夏季天气干燥，注重道路洒水养护，降低粉尘对环境的污染，雨季做好沟渠疏通，防止造成污染。

图 6-4-8 密闭运输

（6）沥青拌和站设粉尘回收装置及矿粉棚，防止粉尘对大气及周围环境的污染。

（7）“零污染”施工保障措施。

①在水稳层施工前完成隔离栅、铁丝网的围堵。

②级配碎石施工前完成封闭路口，各进出口派专人负责值守，并设置轮胎冲洗设施，四周设置排水沟和沉淀池，污水集中排放。

③ AC-20C 层施工前完成护栏和硬路肩施工。

4. 土地复垦管理

为贯彻落实耕地保护制度，实现土地可持续利用，公司严格执行交通运输部《关于在公路建设中实行最严格的耕地保护制度的若干意见》，合理设置场地，尽可能利用荒坡、废弃地，施工过程中采取有效措施防止污染农田，项目完工后临时用地按合同条款认真恢复，并取得有关管理部门的批准。

第五章　中国铁建大桥局总承包部

一、单位简介

中标单位：中国铁建大桥工程局集团有限公司

中国铁建大桥工程局集团有限公司是世界 500 强中国铁建所属的中央企业，具有在江、河、湖、海等各种地质、水文条件下修建各类桥梁的能力集团拥有 4 个行业、50 个类别的 132 项资质。其中，特级资质 6 项、一级资质 52 项，集团公司本级拥有铁路、公路、市政、建筑施工总承包“四特四甲”资质，所属一、四公司共拥有 2 项公路施工总承包特级和公路行业设计甲级资质。

集团是国内桥梁建设领域的一支劲旅，技术实力雄厚，管理经验丰富，为中国桥梁事业发展做出了卓越贡献。承建了世界在建施工难度最大、我国首座公铁两用跨海大桥——福平铁路平潭海峡公铁两用大桥，世界最大跨度自锚式悬索桥——重庆鹅公岩跨长江轨道专用桥，世界顶推距离最长、顶推重量最重的连续钢桁梁桥——浩吉铁路（原蒙华铁路）三门峡黄河公铁两用大桥，世界最大跨度的三主桁钢桁拱桥——广州明珠湾大桥，棋盘洲、石首、武穴及油溪四座长江公路大桥，其跨度在我国位居前列。

先后参建了京九、青藏、内昆、兰渝等 80 多条铁路及哈大、兰新、沪昆、京沈等 20 多条高铁；沈大、沪蓉西、京福、京沪、同三等近 200 条高速公路；北京、上海、广州、深圳、天津等 30 多个城市的轨道交通工程；南水北调、雅砻江锦屏二级水电站、引江济淮等 80 多项水利水电工程；开辟新兴领域，建设了吉林延吉、四平、梅河口及天津等城市地下综合管廊工程，萍乡、珠海等地区的海绵城市建设项目，正在建设建筑产业化研发生产基地。集团已进入尼日利亚、安哥拉、埃塞俄比亚、马来西亚、新加坡等近 20 个亚非国家的基建市场。

集团获鲁班奖 12 项（含境外 1 项），詹天佑奖 13 项，国家优质工程奖 24 项，国家科技进步奖 7 项，国家技术发明二等奖 1 项（为中国铁建首次获得），国家级工法 23 项，国家专利授权近 600 件，其中发明专利近 100 件，并获全国优秀施工企业、全国用户满意企业、全国模范职工之家、全国诚信等级“AAA”企业、全国守合同重信用企业等多项荣誉。

二、工程概况

大兴国际机场北线高速公路工程中铁建大桥局所辖起止里程为 K6+437—K15+260，线路全长 8.823km。施工区域位于北京市大兴区礼贤镇和安定镇，线路与魏石路、在建大兴国际机场高速、磁大路、青礼路旧线、京台高速公路、田营西沟、田营沟等道路及河流相交。主要包含互通立交 3 座（含大桥 13 座、中桥 8 座、小桥 9 座）、大桥 5 座、小桥 2 座、主线路基长度 6.3km，匝道路基长 10.9km，图 6-5-1 是京台互通立交桥。

图 6-5-1　京台互通立交桥

该管段内划分二个工区进行施工：

一工区（中铁建大桥工程局集团第三工程有限公司）负责 K6+437—K15+260 范围内田营西沟桥、田营沟桥、青礼路 1#、2#、3# 桥、河北头村中路桥、京台互通立交的下部结构、现浇梁工程，全线路基、路面工程，全线预制梁制架工程；

二工区（中铁建大桥工程局集团第五工程有限公司）负责 K6+437—K10+782 范围内魏石路分离式立交桥、大兴国际机场高速互通立交（BCGH 四条匝道）、西段家务村西路通道桥、西段家务村东路通道桥、磁大路 1#、2# 桥的下部结构及现浇梁工程。

三、工程重难点

（一）工程体量大，物资施工组织难度大

混凝土需求量巨大，但因环保等因素，自建混凝土拌和站难度极大，使用商品混凝土运距较远，势必对工程施工进展及施工成本造成很大影响。土方填筑 300 万 m^3，体量大，因北京地区对耕地保护非常重视，土方主要来自河北省，运距远。

（二）有效施工工期短，工期非常紧张

项目实际施工时间短，其中大兴国际机场北线（京开高速公路—京台高速公路段）高速公路（中段）要求 2018 年 12 月底具备运营条件，期间包括冬雨季施工，实际施

图 6-5-2　西段家务东通道桥桩基施工

工时间有限。而且北京重大会议和政治活动较多，对工程施工提出更高的要求，也导致工期受到影响。征地拆迁涉及范围广，难度大，征地拆迁进度对工期提出了较大挑战。

（三）沿线跨河、跨路、穿越高速公路施工风险高

该项目穿越在建大兴国际机场高速、在建大兴国际机场轨道交通、现状高压走廊，上跨魏石路、磁大路、青礼路旧线，以及李营沟、田营沟、田营西沟等河流。在施工过程中要确保公路的正常运行，而且不能造成水源污染，安全风险高，参见图 6-5-2。

（四）施工过程中交通安全要求高

京台互通四跨京台高速公路为施工难点。在进行跨京台高速公路施工时，施工车辆要占用高速公路行车道及应急车道施工，需将京台高速公路上的车辆进行导行分流，而京台高速公路上行驶车流量较大，因此方案的选择、跨京台桥梁的施工一直是该项目施工中的难点。跨越京台高速上部结构采用钢混叠合梁的方式，吊装过程中需封闭半幅道路，对交通影响大，协调难度大。

京台互通匝道与京台高速相交处设有加宽段，在施工时，为了保证每一层填土同原路基的充分接合，每一层都需要挖台阶，每一层都要保证填料及压实度合格，避免和杜绝加宽段的后期不均匀沉降。而且施工过程中不能对京台高速交通产生较大影响，这些都是施工难点。

第六章 中国铁建大桥局所辖一工区

一、单位简介

施工单位：中铁建大桥局集团大兴国际机场北线高速公路施工总承包部一工区（中铁建大桥局集团第三工程有限公司）

单位简介：中铁建大桥工程局集团第三工程有限公司隶属于上市公司中国铁建股份有限公司。中国铁建股份有限公司为世界500强企业，是中国最大的工程承包商，也是中国最大的海外工程承包商。中铁建大桥工程局集团第三工程有限公司前身为中国人民解放军铁道兵三师十三团，组建于1948年8月。1984年1月兵改工为铁道部第十三工程局第三工程处，2002年12月改制为中铁十三局集团第三工程有限公司，2014年7月更名为中铁建大桥工程局集团第三工程有限公司，见图6-6-1。

图6-6-1 首桩开钻

图 6-6-2　施工建设实景

公司先后参建了青藏铁路、京九铁路、大秦铁路等20余条铁路，以及哈大、厦深、京石、贵广、合福、兰新、沈丹、京沈、蒙华、商合杭、鲁南、怀邵衡、张吉怀、赣深、杭绍台等10余条高速铁路及铁路客专工程；并参建了辽宁沈本、辽宁丹本、四川广南、四川武合、四川云万、四川都汶、重庆沿江、重庆黔恩、重庆城开、湖南汝郴、湖南张花、京秦、京石二通道、北京兴延、陕西合铜、云南宜石、新疆喀叶墨、山东高东等30多条高速公路；乌鲁木齐外环、成都三环、西安绕城、重庆绕城、深圳盐田、南昌胡惠元堤、南昌外环、南昌象湖隧道、赣州快速路、沈阳东一环快速路以及天津外环等30余项市政工程；广州、杭州、沈阳、宁波、青岛、乌鲁木齐等城市轨道交通工程；引额济乌、察汗乌苏水电站、三峡移民、阿拉山口供水与生态建设以及新疆阿希金矿、广西高龙金矿、贵州瓮福磷矿等水利、矿山工程；京九铁路清河城站以及大连、深圳、长春、成都、天津、哈密、盘锦、吉林、沈阳等城市房建工程；中国铁建第一家海绵城市PPP项目——萍乡市西门内涝区海绵城市项目，参见图6-6-2。

近年来，公司发展迅猛，综合实力不断跃升。先后获得全国优秀施工企业、中国市场信誉知名企业、全国用户满意工程、“AAA”级信用企业、守合同重信用企业、设备管理优秀单位和质量安全管理先进单位等荣誉称号。近5年来，公司荣获詹天佑奖三项：哈大铁路客专、兰新铁路客专及湖南邵怀高速公路；荣获天津市科学技术进步奖2项，吉林省科学技术奖2项，新疆科技技术进步奖1项，施工企业管理协会科技创新成果5项，铁道建筑总公司科学技术4项，铁道科技奖1项，建设工程施工技术创新成果奖1项。获各类优质工程奖40余项，其中国家优质工程奖5项，省部级优质工程奖20项。

二、工区概况

该工区主要承担中段东半部分，K6+437—K15+260范围内田营西沟桥、田营沟桥、青礼路1号、2号、3号桥、河北头村中路桥、京台互通立交的下部结构、现浇梁工程，全线路基、路面工程，全线预制梁制架工程。

公司施工区域位于北京市大兴区礼贤镇和礼贤镇，路线与魏石路、在建大兴国际机场高速公路、磁大路、青礼路旧线、京台高速公路、田营西沟、田营沟等道路及河流相交。主要包括桥梁 9 座，其中大桥 5 座，中桥 1 座，小桥 3 座，互通式立交 3 座，桥梁（含匝道）全长 7.112km；主线路基长度 6.243km；主线收费站 1 处，匝道收费站 1 处。

主要工程内容及数量：路基挖土方 24 万 m^3，填方 288 万 m^3。大桥 1011.98m/5 座，中桥 94.16m/1 座，小桥 86.566m/3 座，互通式立交桥 6284.023m/3 座，参见表 6–6–1。

主要工程数量表 表 6–6–1

序号	项目		单位	总重	备注
1	钢筋		吨	35287	
2	混凝土		万方	33.5	
3	钢绞线		吨	3625	
4	锚具		套	15200	
5	波纹管		米	299992	
6	基础	钻孔桩	根	2342	
7	下部构造	承台	座	478	
8		墩柱	个	445	
9		盖梁	座	269	
10	上部构造	预制梁	片	751	
11		现浇梁	联	77	
12		现浇箱梁 / 空心板	跨	11	
13		钢混叠合梁	联	5	
14	CFG 桩基		万延米	43.5	

三、工区特点、重难点

（一）工程特点

1. 项目地位重要，社会关注度高

大兴国际机场北线高速公路是国家高速公路路网中重要的地区线路，该项目作为大兴国际机场与外界联络的重要交通要道，受社会关注度高，建设意义重大。

2. 项目建设运营采取 PPP 模式

该项目采用特许经营的 PPP 模式，项目公司对项目的筹划、资金筹措、建设实施、运营管理、债务偿还和资产管理等全过程负责。项目建设包括设计、施工、运营、移交等全过程，组织管理复杂、时间跨度大。

（二）工程重难点

1. 工程重点

该工程以路基和桥梁为主，路基主要以填方为主，软基处理工程量大；桥梁工程，地基软弱，平均桩长45m，跨路跨河多，桥跨结构形式多变，主要以预制和现浇为主。施工过程中支架体系的安全及桩基施工控制为工程重点，参见图6-6-3。

图6-6-3　3月5日上午9时，北京新机场北线项目磁大路东侧路基底基层进行摊铺施工任务

2. 工程难点

1）环境保护

项目内跨河5处，分别为田营西沟、田营沟等，水务防汛、环保的要求较高，在施工中既要有效地进行作业，又要在水务等管理部门的要求下，满足河道通畅、无污染，施工难度巨大。

2）管线保护

全线高压线路众多、军用光缆、天然气管线横穿施工线路。施工干扰大、产权部门多，施工过程中管线的保护为重中之重。

3. 针对工程重点、难点采取的相应施工对策

本着保证工期、施工快捷、技术成熟、安全可靠的原则，针对以上重点难点工程的分析，提出以下的主要施工对策。

1）组织措施

（1）项目部采取有力措施，强化管理，科学施工，调动优秀、有组织能力的施工管理人员促进项目工作的有序进行。

（2）结合现场及构造物分布情况，设置专业施工队伍，配备各种先进、完好的机械设备。在劳动组织及设备配置上保证工程按期完成。

（3）对于重、难点施工工程，除抽调有关方面的专家、工程技术人员及技师成立QC小组研究攻关外，聘请具有丰富施工经验的专家、学者、工程技术人员组建专家组，指导重、难点工程的施工。

（4）结合工程分布情况、施工难易程度，按照先难后易的原则进行安排。对控制工期的重点工程提前计划，安排先行施工，以保证总工期要求。

2）施工过程中交通导改措施

（1）严格按照公安交通管理局的要求施工，与当地水务、交通管理部门积极配合，协调统一，坚决服从交通部门的指挥和调动，以保证施工期间的交通安全。

（2）施工起点、终点及沿线设置明显的施工标识、标语牌等警示性标志。

（3）沿线必须按照交通管理部门的要求，设置符合国家标准的各种交通标志牌，同时在起点和终点处派出义务交通疏导员，指挥导流行人和车辆的通行。

（4）施工占路前，对导行路方案进行充分论证，在征得交管部门和路政部门对方案的批复后，严格按照方案进行施工，确保施工和行车安全、顺畅。

（5）施工前应与地方单位取得联系，协助做好交通安全工作。

3）征地拆迁方面保证工期的措施

（1）项目部设置专人和车辆配合项目公司拆迁部门进行征地拆迁工作。

（2）严格按照项目公司的要求施工，与拆迁部门积极配合、协调统一、坚决服从指挥和调动，以保证及早进场施工。

（3）进场施工的人员、机械设备按照征地拆迁情况及时进场施工，不等不靠。

（4）与地方政府部门配合解决好施工中的外界干扰因素，确保工程进度。协调好内部各施工单位之间的协作关系，解决好施工中的相互干扰问题；与监理工程师密切配合，及时交验。

四、施工管理

（一）质量管理

1. 质量目标

（1）交工验收的工程质量目标：交工验收质量评定得分93分（含）以上。

（2）竣工验收的工程质量目标：竣工验收质量评定得分90分（含）以上。

（3）确保取得北京市优质工程奖（长城杯），确保取得国家优质工程奖。

2. 质量管理组织机构

1）建立二级质量管理制度

为了确保工程质量，在项目部实行二级质量管理制度。项目经理部设专职质量检查工程师，每个班组设兼职质检员。质量检查工程师直接对项目经理和总工程师负责，行使监督权、检查权和质量检查否决权。质量管理组织机构见图6-6-4。

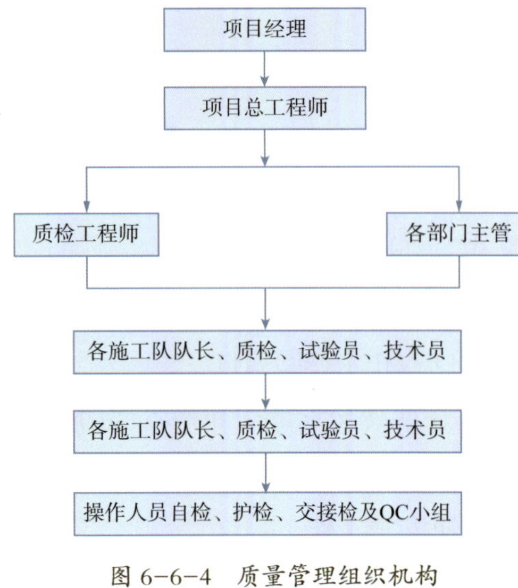

图 6-6-4　质量管理组织机构

2）建立健全自检制度

项目部建立“横向到边、纵向到底、控制有效”的质量自检体系，在施工过程中自下而上按照“跟踪检查、复检、抽检”三个检测等级分别实施检查任务，配齐人员做到职能相符。在严格内部“自检、互检、交接检”的“三检”制度基础上，认真接受建设单位质量监督和监理单位的监理，接受社会质量监督部门的监督，并自始至终密切配合，严格服从。质量检查程序框图见图 6-6-5。

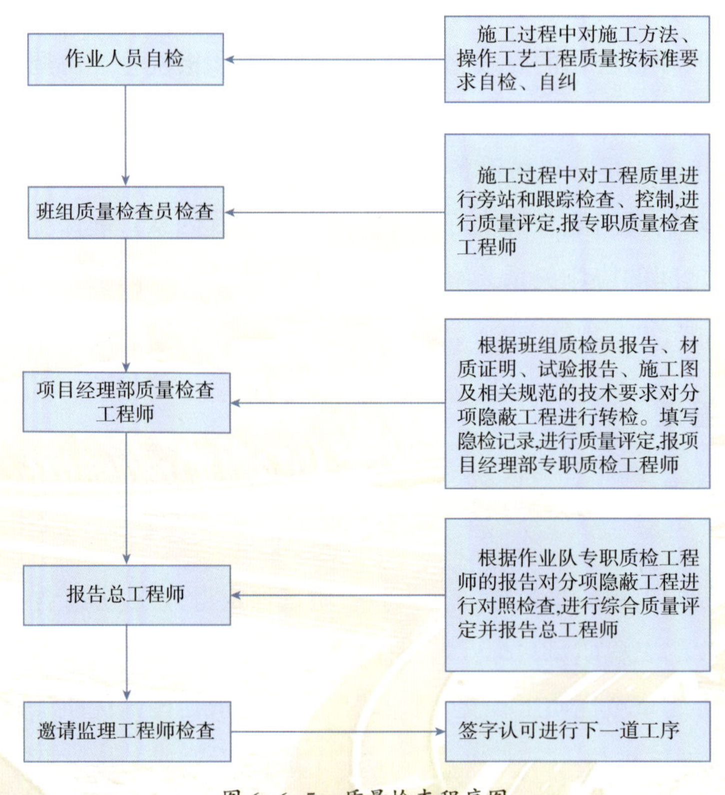

图 6-6-5　质量检查程序图

3. 质量保证管理措施

（1）选派经验丰富、素质精良的项目经理、专业技术人员、管理人员、协调人员和各类熟练工人，形成项目质量管理网络。

（2）按工程需要投入优良品牌机械，以及自动化和精度高的测量试验设备，确保施工机械化和高质量。

（3）建立项目经理负责制的质量保证体系，在项目经理部下，设专职质量检查工程师，每个班组设兼职质检员，形成二级质量管理网络，严把质量关。各施工班组以自检为主，落实自检、互检、交接检的“三检制”。开展一次“三工序”（复查上工序、保证本工序、服务下工序）活动，强化质量意识，教育全体施工人员人人关心质量，人人搞好质量，分项工程质量不合格不交验。

（4）建立一个完善的工地试验室，配备相应的设备仪器对所检验测试的项目按有关规程认真操作，对工程所用的原材料或试件等进行全面检验和质量控制。

（5）物资设备部对订货或采购的材料，按技术规范的有关规定报请监理工程师认可后方可办理，所进的材料必须符合质量标准，有产品合格证或质量检验证明，做到证随物到、材证相符，按有关规定需要进行复试抽验的需认真进行复检，对不合格的材料不用于工程。

（6）把质量责任制横到边、竖到底，项目经理与各主要管理人员和每位技术人员、现场施工人员、关键岗位的操作工签订质量管理目标责任书，做到责任明确，奖罚分明，真正把工程质量终身制落实到每个职工。

（7）抓好全面质量管理工作，开展 QC 活动，成立 QC 小组，对工程施工中的技术难点和比较难避免的质量问题，用全员、全过程努力的办法来解决。

（8）强化规范施工，各级质检人员挂牌上岗，并在各路段和各结构物处立牌明确质量责任人，广泛地发动群众共同参与质量监督，见图 6-6-6。

图 6-6-6 京台互通 B1 匝道现浇梁底腹板浇筑

（9）虚心听取和接受监理工程师指导和监督，坚决执行监理工程师的各项指令，提供满足监理工程师在现场检测需要的人员、仪器设备等，搞好与监理工程师的配合工作，同心协力，创造优良工程。

（10）项目部定期对全线工程进行全面检查，加强过程控制，发现问题限期整改，并开展全线各施工作业组的质量竞赛，奖罚并举。项目部每月组织一次按质量管理目标责任书的要求进行检查和考试，奖罚兑现。

（11）制定创优计划，分阶段按步骤落实，使工程质量切实落到实处。

4. 材料质量的保证措施

1）严把主要材料采购、进场检验关

进入工程施工的材料要严格按照招标文件、设计技术文件和国家有关规定的具体要求，从符合设计要求、具有一定生产规模和市场信誉好的厂家进货。所有材料必须有出厂合格证和质保书，以及必要的检验、化验单据，符合国家规定的技术标准，并且经业主委托的监理单位或具有相应资质的检测机构检测合格后才能使用。否则，不得在工程中使用。

每批进场桥梁支座、伸缩缝、钢材、钢绞线等主要材料，应向监理工程师提供供货附件，明确厂家、材料品种、型号、规格、数量、出厂日期及出厂合格证，检验、化验单据等，并按国家有关标准和材料使用要求，分项进行抽样检查和试验，试验结果报监理工程师审核，作为确定使用与否的依据。

2）物资采购和进货检验的控制

技术部门为物资部门提供主要物资的规格、型号、数量、质量要求及时限要求。

物资部门应根据技术部门提供的主要物资要求，做好下列工作并落实责任：

（1）对主要材料供应商进行调查并评定。根据评定结果确定合格供应商，并造册登记。

（2）对购进的原材料必须有生产合格证、检验试验单，并进行清点验收。物资部门应通知试验部门对购进的主要材料进行复验，经复验合格方能使用。对不合格的物资要按不合格品的规定进行处理，不得发放。

（3）物资部门应对复验合格的主要物资管理并标识。物资发放前要登记物资的流向，如工点、部位、规格、数量、作业班组。领料班组要签字，以便追溯。

（4）对业主提供的产品与材料进行认真验收与记录，使其具有可追溯性。

3）产品标识和可追溯性

用于工程上的原材料（包括钢材、钢绞线）及主要辅助材料在存放地悬挂标牌进行标识，并做好记录；检验、测量、试验及其他施工设备，在仪器设备上贴标签标识，并做好记录。

工程施工过程中的每道工序、每个部位、分项、分部工程及单位工程的标识用质量检查证和质量记录来载明。

产品标识记录和控制由工序技术人员、领工员、材料员、试验员及质检员实施，以确保根据产品标识，实现对工程质量形成过程、状态的追溯，见图6-6-7。

图6-6-7 4月9日晚10时，北京新机场北线项目魏石路桥西侧路面路基摊铺施工

5. 检测、试验手段及措施

对所有购进原材料的出厂合格证和说明书进行验查，并登记记录。对有合格证的原材料进行复验，复验合格的原材料才能使用，经复验不合格的原材料，书面通知物资部门作出标记，并立即清出场地。

钢材供应商要提供质量保证书或试验报告单。钢筋进场要分批抽样做抗拉、冷弯、接头弯折等物理力学试验，使用中若发生脆断、焊接不良或机械性能不良等异常情况，尚应补充做化学成分分析试验。

钢筋必须顺直，调直后表面伤痕及侵蚀不应使钢筋截面积减少。钢筋焊接使用焊条、焊剂的品牌、性能，以及接头中使用的钢板和型钢均须符合设计要求和有关规定，并按规定对焊接钢筋取样进行抗拉试验，及时出具试验报告，并对报告数据负责。

焊接成型时，焊接处不得有水锈、油渍。焊接后焊接处无缺口、裂纹和较大的金属瘤，用小锤敲击时，应发出与钢筋同样的清脆声，钢筋端部扭曲、弯折予以校直和切除。

每次浇筑混凝土前，安排专人进行以下项目的检查，并做好记录。检查项目包括：检查配合比单，检查原材料（水泥、外加剂、粗细骨料粒径及含污量等）是否符合规定要求，如有变化应及时调整混凝土配合比或禁止拌制；检查原材料数量（含外加剂掺量），每班抽查；检查坍落度是否符合要求，随机抽样；检查并监督试件制作的全过程，检查养护条件以及试验设备是否符合要求；测定并记录运送时间和温度。

安排专人负责现场混凝土检测、试件工作，以及混凝土实施全过程监测，工作内容包括：量测入模混凝土坍落度；检查混凝土在运送过程中是否离析，如发生离析现象应重新拌制；记录运送时间，并防止使用超过终凝时间的混凝土；按规定在现场留做试块，试块组数应符合有关技术规定；指导作业班组混凝土作业。

设备必须定期维修和保养，使计量设备干净、防尘、防锈，始终处于良好状态。

6. 保证质量技术措施

（1）建立以总工程师为主的技术系统质量保证体系，从总工程师、工程技术部、工地试验室直到施工班组的各级技术负责人，从施工方案、施工工艺、技术措施上确保达到质量标准，从技术上对质量负责。并积极采用和推广先进的施工工艺和科技成果，提高产品质量和产品优良率。

（2）结构混凝土使用的各种原材料，如水泥、碎石、河砂、外加剂等保证固定的来源，保证各种原材料的技术参数稳定在规范允许的范围内，并在施工中加强检测，对不符合技术标准的原材料禁止入场。

（3）混凝土配合比设计要进行各种组分的室内试验，其选择的标准要充分考虑现场的自然条件和早期强度及早期弹模的发展规律，标准离差值的选择要按照现场控制水平确定。

（4）梁体的钢筋、预留孔道要严格按设计施工，特别是预留孔道的布置必须有可靠的误差检查手段。孔道的定位应结合浇筑方式充分研究定位措施的可靠性，必要时进行现场模拟试验，以确定孔道位置满足设计及规范要求，避免对梁体拱度造成影响。

（5）加强现场混凝土的施工控制，从混凝土的拌制、各种原材料的计量、混凝土运输方式及距离、入模及环境温度等环节入手，进行必要的试验，测定各种技术参数，进行严格的控制。

（6）梁体模型及支架的设计应具有足够的整体刚度及局部刚度，模板的连接及加固应充分考虑振捣方式，防止浇筑过程中出现局部变形，引起梁体线形及质量问题。

（7）箱梁施工过程中由于逐步施加预应力的影响，其自重所引起的各节点将出现较大反力，因此支架应具有必须有的强度，刚度和稳定性，能可靠地承受施工过程中产生的荷载，并应在支架搭设完毕后进行堆载预压，以消除非弹性变形及地基沉陷，预防因过大的支架变形和支点沉降而造成箱梁的开裂，确保现浇箱梁的外观尺寸和浇筑质量。

7. 混凝土施工温控措施

（1）大体积混凝土的浇筑尽量选择在一天温度最低时进行，按照下述方法控制混凝土水化热温度：

①改善骨料级配、降低水灰比、掺加混合料、掺外加剂等方法减少水泥用量；

②采用水化热低的矿渣水泥、粉煤灰水泥；

③减少浇筑层厚度，加快混凝土散热速度。

（2）夏季混凝土在浇筑前混凝土温度不超过 32℃，应采取如下措施：

①集料及其他组成成分的遮阴或围盖或冷却；

②在生产及浇筑时对配料、运送、泵送及其他设备的遮阴或冷却；

③喷水冷却集料；

④用制冷法、埋水箱法或在部分拌和水中加碎冰等方式冷却拌和水，但在拌和完后，冰要全部融化；

⑤与混凝土接触的模板、钢筋在浇筑混凝土前冷却至 32℃以下，其方法有盖以湿麻布或棉絮、喷雾状水，用保护罩覆盖；

⑥箱梁内腔加强通风，加快散热。

图 6-6-8 为首榀钢箱架设圆满完成。

8. 混凝土外观质量控制措施

1）施工模板控制措施

（1）模板的设计加工质量是保证混凝土结构物的关键因素，该项目所有模板均采用新制的单块面积大于 $1.5m^2$ 的定型大块钢模板，选材用大型钢板，板厚 4~6mm。模

图 6-6-8 首榀钢箱梁架设圆满完成

板委托专业厂家按设计图纸加工，其特点是单元面积大，接缝严密平顺，模板多为装配式，装拆方便。

（2）模板加工完成后，应做好试拼验收工作，测量检查模板加工精度，不合格的坚决不能用于工程。

（3）模板的安装和保养应严格按照有关工艺要求进行，安装前先给模板内侧涂撒脱模剂，涂撒要均匀，待脱模剂自然风干后才进行安装操作。

（4）确保模板加固牢靠，同时做到混凝土上料运输的脚手架不得与模板系统发生联系，以免运料和工人操作时引起模板变形，浇筑混凝土时经常观察模板、支架、堵缝等情况。如发现有模板走动，应立即停止浇筑，并在混凝土凝结前修整完好。

（5）每次使用之前，要检查模板变形情况，禁止使用弯曲、凹凸不平或缺棱少角等变形模板。

2）对于混凝土表面产生蜂窝、麻面、气泡的预防措施

（1）严格控制配合比，保证材料计量准确。现场加强砂石材料的含水量检测，根据含水量调整现场配合比，加水时应制作加水曲线，校核搅拌机的加水装置，从而控制好混凝土的水灰比，减少施工配合比与设计配合比的偏差，保证混凝土质量。

（2）混凝土配合比根据不同构造对混凝土强度及施工性能的不同进行配制，在施工过程中对混凝土的和易性、流动性、初凝时间及坍落度进行监控，根据实际情况调整。

（3）混凝土施工采用三配料斗的自动计量拌和站强制搅拌（图 6–6–9）、混凝土输送车运输、泵送入模的机械化作业线，既能保证混凝土质量，又能加快施工进度。混凝土拌和要均匀，搅拌时间不得低于规定的时间，以保证混凝土良好的和易性，从而预防混凝土表面产生蜂窝。

图 6–6–9　搅拌混凝土

（4）混凝土采用分层浇筑，分层捣固，分层厚度一般为 30~50cm, 并掌握好每一层插振的振捣时间，采用振动棒振捣时，振捣时间一般控制在 30~40s。对模板转折处和钢筋密集处加强捣固，振捣棒快进慢出，以减少气泡的残留量。注意掌握振捣间距，使插入式振捣器的插入点间距不超过其作用半径的 1.5 倍（方格形排列）或 1.75 倍（交错形排列）；平板振捣器与模板的距离

不应大于振捣器有效作用半径的1/2，在振捣上层混凝土时，应将振动棒插入下层混凝土5~10cm，以保证混凝土的整体性，防止出现分层产生蜂窝。

（5）浇筑时如果混凝土倾倒高度超过2m，为防止产生离析要采取串筒、溜槽等措施下料。

（6）控制好拆模时间，防止过早拆模。底模拆除时间满足结构受力要求，侧模在夏季混凝土施工不少于24h拆模；当气温低于20℃时，不应小于30h拆模，以免使混凝土粘在模板上产生蜂窝。

（7）板面要清理干净，模板浇筑混凝土前应用清水充分洗净，不留积水，模板缝隙要堵严，模板接缝控制在2mm左右，并采用玻璃胶涂密实、平整以防止漏浆。

9. 混凝土施工防裂措施

1）模板安装

模板安装准确牢固，在浇筑混凝土过程中不得有明显变形和跑模。墩身、防撞栏等结构的钢筋保护层厚度必须切实保证，防止垫块布置过稀、箍筋凸出、扎丝外露而产生混凝土露筋、开裂的现象。

在箱梁底部的低端预留泄水孔。

2）配合比

（1）为防止收缩裂缝和过大的徐变，规定：C40混凝土水泥用量不超过450kg/m^3，C50混凝土的水泥用量不宜超过490kg/m^3。

（2）大体积混凝土时，应对碎石进行洒水降温。

（3）承台、墩身等大体积结构，混凝土中可掺入粉煤灰以降低水化热。

（4）外掺剂的选型、掺量应在试验后采用。外掺剂可在骨料拌和过程中掺入，不宜在拌和前掺入。

3）振捣

梁的转角、预应力锚固区及其他钢筋密集处是振捣的重点，注意混凝土布料厚度与振捣振动深度的配合，防止振捣不足或重复振捣而过度。空间小的部位应使用小型振捣棒。在现浇梁的过程中，对容易开裂的部位可在混凝土浇筑后一定时间内进行二次振捣。

（二）环境保护

1. 组织机构和环保责任制

项目部成立以项目经理为组长的环水保管理领导小组，负责做好施工过程的环境保护、水土保持管理工作。设置专职环保副经理、环保部部长、环保员等专职环保管理人员，各施工队设兼职安全员跟班作业，安全环保部负责领导小组的日常管理工作。

施工过程中严格落实环保责任制度，制定相关处罚措施，现场制作扬尘防治公示牌，标记现场负责人及具体的环保措施要求，分工明确，落实责任到个人。对环保措施不达标的队伍及个人进行处罚。

2.“六个百分百”落实情况

1）工地百分百围挡落实情况

项目部沿着施工线路对工地全部进行围挡，主要使用1.8m高围挡，局部临近重要路段施工区域使用2.5m高围挡，由专业围挡负责围挡的安装以及日常维护。

2）裸土百分百覆盖落实情况

项目在施工过程中及时对各类土堆、钻渣、路基边坡进行覆盖，冬季息工时对全部路基进行覆盖，防尘网投入超过350万元。

3）施工便道硬化情况

为了控制扬尘，减少泥土上路，对主要便道及出入口使用煤矸石或者混凝土进行硬化。

4）车辆冲洗情况

在主要出入口共设置洗车台20处，对所有驶出工地车辆进行冲洗。

5）土方湿法作业情况

土方开挖及填筑过程中均使用雾炮车全程跟踪配合洒水作业，对施工便道不间断进行洒水，确保不扬尘。

6）渣土车密闭运输情况

为减少扬尘及渣土散落，要求所有渣土车辆必须密闭运输。

图6-6-10是沥青面层摊铺现场。

3.环保防治措施

1）水污染防治措施

（1）该工程排放的废水主要有以下几种：基坑降水抽排的地下水、雨水、生活废水、搅拌及各种设车辆清洗废水等。

（2）基坑降水抽排的地下水经三级沉淀后用于项目部绿化植物的灌溉用水。

（3）在工程开工前完成工地排水和废水处理设施，确保设施在整个施工过程中完好、有效，做到现场无积水、排水不外溢、不堵塞、水质达标。

（4）雨季施工时制定有效的排水措施和钻（冲）孔桩施工现场的废浆处理措施，对桩基溢出的泥浆经过沉淀池沉淀后再进入泥浆池循环利用，对沉淀池定期进行清

图 6-6-10 沥青面层摊铺

理，拉运至指定弃渣场丢弃。

（5）排水设施的建立，应考虑当地降雨特征特别是雨季和汛期，避免废水无组织排放、外溢，造成水土污染。

2）大气污染防治措施

（1）大气污染源主要有：运输、开挖、燃油机械等。

（2）对易产生粉尘、扬尘的作业面和装卸、运输过程，制定操作规程并及时洒水，保持湿度。在4级以上风力条件下不进行产生扬尘的施工作业。

（3）施工垃圾采用容器吊运到地面，垃圾要及时清运，清运时要洒水，防止扬尘。本着节能、环保的理念做到垃圾分类堆放，及时清运出现场，现场不得堆积大量垃圾。

（4）合理组织施工、优化工地布局，使产生扬尘的作业、运输尽量避开敏感点和敏感时段。

（5）严禁在施工现场焚烧任何废物和会产生有毒有害气体、烟尘、臭气的物质。

（6）选择合格的运输车辆，做到运输过程不散落。在使用、运输水泥、白灰和其他容易飞扬的细颗粒散体材料时，要做到轻拿轻放、文明施工，防止人为因素造成扬尘污染。

（7）施工现场出口设置车辆冲洗设备，车辆出场冲洗车轮，减少车轮携土，拆除构筑物时要有防尘遮挡，在旱季适量洒水。

（8）清扫施工现场要先将路面、地面进行喷洒湿润后再进行清扫，以免清扫时扬尘。当风力超过三级以上时，每天早、中、晚至少各洒水一次，洒水降尘应尽量使用洒水车并指定专人负责。

（9）沿施工现场围挡易产生扬尘一侧，或在主要路口设置喷淋系统。

（10）在施工前做好施工道路的规划和设置，临时施工道路基层夯实、路面硬化。

（11）施工区内裸露土地、土方用防尘网覆盖。

3）噪声污染防治措施

（1）该工程施工噪声源主要有以下几种：施工机械、施工活动、运输车辆等。

①采取降噪措施，施工过程中向周围环境排放的噪声符合国家和北京市规定的环境噪声施工现场排放标准；

②工程开工15日前向当地政府环保部门提出申请，说明工程项目名称、建筑名称、建筑施工场所及施工工期可能排放到建筑施工场界的环境噪声强度和所采用噪声污染防治措施等。

（2）施工噪声标准。

①对施工噪声的控制，选用噪声和振动符合城市环境噪声标准的施工机械，同时采用低噪声施工工艺和方法；

②按照不同施工阶段施工作业噪声的限制，安排作业时间。

（3）现场施工噪声的监控。

①夜间进行施工产生噪声污染、影响他人休息的建筑施工作业或因生产工艺要求必须连续作业，报请环境保护部门批准；

②采取改善施工工艺等措施，把有噪声污染减少到最小的程度，并与受其污染的组织和有关单位协商，达成协议；

③合理安排作业时间，将混凝土施工等噪音较大的工序放在白天进行，在夜间避免进行噪声较大的工作；

④尽量使用商品混凝土，混凝土构件尽量工厂化，减少现场加工量；

⑤管道型钢搬运轻拿轻放，下垫枕木，并避免夜间施工；减少材料现场制作，如需制作，操作间应设在封闭房间内；

⑥使用手持电动工具（电锤、手电钻、手砂轮等）切割机时，周围设围挡隔音，使用设备性能优良，并合理安排工序，不集中使用；

⑦采用早拆支撑体系，减少因拆装扣件引发的高噪声，监控材料机具的搬运，轻

拿轻放，加强职工素质，严禁大声喧哗。

4）固体废物污染防治措施

（1）固体废物污染环境的防治，应遵循充分合理利用固体废物和无害化处置固体废物的原则。该工程产生的固体废物主要有以下几种：混凝土、砂浆、碎砖等工程垃圾，混凝土的保温覆盖物，各种装饰材料的包装物，生活垃圾及施工结束后临时建筑拆除产生的废弃物等。

（2）减少固体废物产生的措施：混凝土、砂浆等集中搅拌，减少落地灰的产生；钢筋采用加工厂集中加工方式，减少废料的产生；临时建筑采用活动房屋，周转使用，减少工程垃圾。

（3）综合利用资源，对固体废物实行充分回收和合理利用：工程废土集中过筛，重新利用，剩余物用粉碎机粉碎，不能利用的工程垃圾集中处置；水泥袋统一回收；施工现场设立废料区，专人管理，可利用的废料先发先用；装饰材料的包装统一回收。

（4）有利于保护环境的集中处置固体废物措施：施工现场设固定的垃圾存放区域，及时清运、处置建筑施工过程中产生的垃圾，防止污染环境。

（5）加强固体废物污染环境防止的研究、开发工作，推广和宣传先进的固体废物防治技术。

图 6-6-11 是首段路基开工仪式现场。

图 6-6-11　首段路基开工仪式现场

（6）制定泥浆和废渣的处理、利用方案，选择有资质的运输单位，及时清运施工弃土和弃渣，在收集、贮存、运输、利用、处置固体废物的过程中，采取防扬散、防流失、防渗漏或其他防止污染环境的措施。

（7）土方、渣土自卸车、垃圾运输车使用全封闭运输车。运输车辆出场前清洗车身、车轮，避免污染场外路面。

（8）对收集、贮存、运输、处置固体废物的设施、设备和场所，加强管理和维护，保证其正常运行和使用。

（9）教育施工人员要成良好的卫生习惯，不随地乱丢垃圾、杂物，保持工作和生活环境的整洁。

（10）施工中产生的建筑垃圾和生活垃圾，应当分类、定点堆放，并与环卫公司签订合同，由环卫公司进行专业化处理；建筑物内的垃圾必须装袋清运，严禁向外扬弃。

4. 经验及做法

1）加大环保投入，确保设备设施、人员到位

项目部月均投入洒水车辆约 20 台、雾炮车 8 台、道路清扫车 1 台、洗车台 15 处、苫盖网 860 万㎡（350 万元）、道路清扫人员 40 人，项目环保部门对洒水车辆和清扫人员进行专项管理，达到 24h 盯控，确保现场环保达标。

2）施工扬尘控制

（1）便道硬化：施工现场的主要出入便道使用混凝土进行硬化处理，并安排环保人员对现场便道、既有道路每天进行清扫，减少扬尘。

（2）洒水降尘：在施工现场共设 20 台洒水车，安排专人进行管理和记录，每天不间断对施工便道、临时便道及施工区域等进行洒水处理。现场全员参与监督，存在扬尘情况及时反馈，协调洒水设备进行降尘处理。

（3）封闭围挡：施工现场采用围挡进行了全面封闭，并结合公司文化、业主要求及周边环境采用多种形式美化、亮化。

（4）车辆冲洗：在施工现场各出入口设置洗轮机等洗车设备，对驶出工地的车辆进行冲洗，防止带泥上路，对道路造成污染。

（5）裸土覆盖：安排环保队人员随时保证施工现场裸露地面、土方百分之百覆盖，确保无扬尘产生。

（6）建筑材料堆放及与运输：施工现场的建筑材料、构件应按平面布置图分类、分规格存放，设置标识牌，建筑材料、构件的存放、位置和高度应符合规定要求，做

到整齐有序、稳定牢固，对易产生扬尘的物料和构件，应采取有效措施，按时洒水，加以覆盖。在运输易飞扬的散料时，装料适中并用篷布覆盖。储料场松散易飞扬的材料用彩条布遮盖，避免运输、装卸过程中和刮风时扬尘。

3）垃圾废水废渣处理

（1）施工营地住宿产生的生活污水不在附近形成新的积水洼地，不排入河流和渠道，设污水收集池，生活污水、废水及垃圾与保洁公司签订抽排清运协议，保证随时抽排清运。

（2）施工废渣和建筑垃圾按设计和建设单位及当地政府要求堆放和运至指定位置，并采取防护工程措施，杜绝随意排放和倾倒。

4）大气污染防治

（1）控制粉尘污染：施工现场道路、作业区、生活区必须按规定进行地面硬化。进一步强化混凝土的使用，严格控制砂、石、水泥的使用，最大限度减少粉尘污染。风速四级以上天气应停止易产生扬尘的作业，禁止从建筑物内向外抛扬垃圾。对施工现场的裸露地面采取防尘网进行覆盖，有效防止扬尘。购置雾炮机及租赁洒水车对场地及周边道路全天候喷雾洒水降尘，并安排专人对道路进行清扫，以防止扬尘污染环境。工地主要的出入口设置洗车设备，保证车辆出入不带土扬尘。

（2）控制大气污染：施工现场要严格控制对大气的污染，使用油、气、电等洁净燃料，禁止使用散煤等污染性燃料；不得在施工现场焚烧垃圾等有毒有害物质。严格按照“四节环保”的要求，合理布置现场管线，确保现场部分用水能够二次利用，参见图 6-6-12。

5）施工噪声控制

（1）对施工机械和运输车辆安装消声器并加强维修保养，降低噪声。车辆途经施工生活营地或居住场所时应减速慢行，不鸣喇叭。适当控制机械布置密度，条件允许时拉开一定距离，避免机械过于集中形成噪声叠加。

（2）合理安排施工作业时间，尽量降低夜间车辆出入频率，在靠近村庄和居住区较近的地方，夜间施工尽量不安排噪声很大的机械施工，减少对居民的干扰。

图 6-6-12 污染源普查

6）施工水土保持

（1）对临时用地范围内的裸露地表植草或种树进行绿化。及早施作防护工程、排水工程和裸露地表的植被覆盖，防止水土流失。

（2）不允许在临时工程附近形成新的积水洼地或负地形。对施工人员加强保护自然资源的教育，在合同施工期内严禁随意砍伐树木。

（3）加强施工机械管理，注重日常保养，按照要求进行操作。防止油品存放和机械在使用、维修、停放时产生泄漏、渗漏，污染水体。

（4）施工场地和道路硬化处理，周边和两侧设排水沟，防止排水引起水土流失。

7）环境卫生保护

（1）在生活区周围种植花草、树木，为生产人员提供一个干净舒适的生活环境。

（2）办公室和宿舍等室内环境卫生，实行卫生值日制，做到无痰迹、烟头、纸屑等。宿舍内物品集中摆放，保持整洁。

（3）食堂内外保持环境整洁，食物存放配备冰箱和熟食罩，生熟分开，专人管理，保持清洁卫生。高温季节的食品要每天验收，防止食物中毒。炊事人员必须持健康合格证和培训证上岗，并做到“三白”。食堂一切用具，用后洗净，不能有污垢、霉变物。食堂配备加盖垃圾筒，定期开展消毒、防尘、灭蝇、灭鼠活动。

（4）定期使用经批准使用的杀虫剂对生产生活房屋进行喷洒消毒，保护现场所有职工和劳工免受病虫害侵袭。厕所卫生设专人管理，每天清洗，定期检查，保持整洁。

8）开展环保督察及自查自纠

由总包部门安全环保部牵头，各工区环保专员配合，严格按照“六个百分之百”要求对施工现场、生活营区等进行扬尘控制、裸土覆盖、道路清扫、车辆冲洗及围挡封闭情况环保督察，发现问题下发工区进行整改。

安全环保部是环境保护检查监控的主责部门，每周牵头组织环境大检查。发现问题，及时制止，督促整改。

第七章 中国铁建大桥局所辖二工区

一、单位简介

施工单位：中铁建大桥局集团大兴国际机场北线高速公路施工总承包部二工区（中铁建大桥局集团第五工程有限公司）

单位简介：中铁建大桥工程局集团第五工程有限公司是世界500强“中国铁建”旗下中国铁建大桥工程局集团有限公司的全资子公司，是以建筑业为核心业务的国有大型综合建筑施工企业。其公司拥有公路、市政公用、建筑工程施工总承包一级资质；拥有钢结构、建筑机电安装、桥梁、隧道、公路路基工程五项专业承包一级资质；具备铁路、水利水电两项施工总承包二级资质；交安专业承包二级、环保专业承包三级。先后通过了质量管理体系、环境管理体系和职业健康安全管理体系认证。

公司在建的50多个项目，分布在全国14个省市自治区。先后参加了京九、朔黄、内昆、贵广、沪昆、兰渝、兰新二线、金温、宝兰、安六、阳大等多条铁路建设，以及哈大、长吉、京珠、北京大兴国际机场北线高速公路、昆明绕城、昆明机场北、石泸、大永、昭泸、乐百、德简、简蒲、蒲都等公路建设；参建了广州、深圳、南京、西安、昆明、成都等城市地铁、轻轨交通工程建设；参与了世界最大规模引水隧洞雅砻江锦屏电站、世界最高坝双江口水电站泄洪系统以及古城、黔中水利、马岭水利等水利水电系统工程项目；修建了长春市污水处理厂、石家庄铁道学院高层住宅楼、成都天悦国际三期、上海浦东国际机场北通道、犀浦下穿隧道、南宁管网、南宁可利江环境整治、凤凰江和邕江、延吉管廊等大批房建、市政、安装、管网、综合管廊工程等。

公司承建的工程先后获得省部级及以上奖项，其中：京九铁路获国家优质工程鲁班奖和中国土木工程詹天佑大奖；石家庄市棉一立交桥和上海浦东国际机场北通道获国家市政工程金杯奖；多次被地方政府评为AAA级“守合同、重信用”单位，多次被评为“全国优秀施工企业”称号等殊荣。

二、工区概况

中铁建大桥工程局集团总承包部二工区，起讫里程K6+437.44—K10+781.88，位于北京大兴区礼贤镇。该项目采用双向八车道高速公路标准，采用沥青混凝土路面，桥梁标准宽度41m，桥梁设计汽车荷载采用公路Ⅰ级。二工区主要施工任务：魏石路分离式立交桥（双幅）、大兴国际机场北线高速公路互通立交（B、C、G、H匝道）、西段家务村西、东路通道桥（双幅）、磁大路互通立交（跨线1、2桥、A匝道1、2、3桥、D、E、F、G、H匝道桥、DFK0+391.7匝道桥、XFK0+465匝道桥、跨渠桥），上部结构形式为现浇箱梁、现浇空心板、下部结构主要为柱式墩。主要实物量：桩基1074根，承台255座，墩柱200座，桥台46座，盖梁92座，现浇梁23联，空心板11联。

三、施工管理

（一）质量管理

在大兴国际机场北线高速公路的施工中，公司与驻地监理工程师密切配合，抓住以往施工中的薄弱环节，加强现场管理，贯彻落实质量工作责任制，努力实现“质量高、工期短、投资少、见效快”的工作目标。

图6-7-1为磁大路－盖梁。

图6-7-1 磁大路－盖梁

1. 质量控制措施

1）制定质量目标

交工验收的工程质量目标为评定得分93分（含）以上；竣工验收的工程质量目标为评定得分90分（含）以上；确保获公路交通优质工程奖；确保获北京市优质工程奖（长城杯）；确保取得国家优质工程奖。

2）建立健全质量保证体系

公司依据ISO9001-2015质量管理体系建立的公司质量体系，见图6-7-2。

3）开展质量教育，增强员工质量服务意识和服务水平

（1）在全体员工中不断进行“质量第一”的教育，把质量的优劣与企业的生存和发展联系在一起，实行质量与奖金挂钩，认真进行奖惩兑现，增强全体员工的风险意识。各级领导和各职能部门处处重视质量工作，把质量渗透到施工过程的方方面面。做好工程质量交底工作，使工程质量管理工作一开始就引起各施工人员的高度重视。在施工过程中，推广公司在其他公路施工中的成功经验，工区每月召开施工生产分析会上，首先通报各施工队上月工程施工质量情况，使工程质量管理工作做到常抓不懈、警钟长鸣。

（2）由工区总工程师及主管工程师亲自抓技术交底和组织关键和特殊工序的作业人员进行经常性的技术学习，严格贯彻执行制定的施工控制程序和提高职工技术素质。

（3）按科学化、标准化、程序化作业，实行定人、定点、定岗位施工。做到奖优罚劣，确保一次达标。对不按施工程序和设计标准施工的班组和个人追究责任，并予以经济处罚。

4）制定施工技术管理办法及措施

（1）建立以工区总工程师为首的技术管理系统，严格执行《施工技术管理办法》中的有关规定。总结公司公路、桥梁的施工经验和教训，结合设计要求、地质情况及技术要求，制定和执行岗位责任制、编制实施性施工组织设计、制定施工设计文件会审制、技术交底制、开竣工报告制、测量多级复核责任制及竣工文件编制办法。

（2）对关键和特殊工序制定详细的施工过程控制程序和操作细则并落实到人，对技术人员实行专业分工责任制。专业技术人员既是该工序技术质量负责人，又是工序施工负责人，防止因技术人员和施工人员责任不清而导致的质量缺陷。

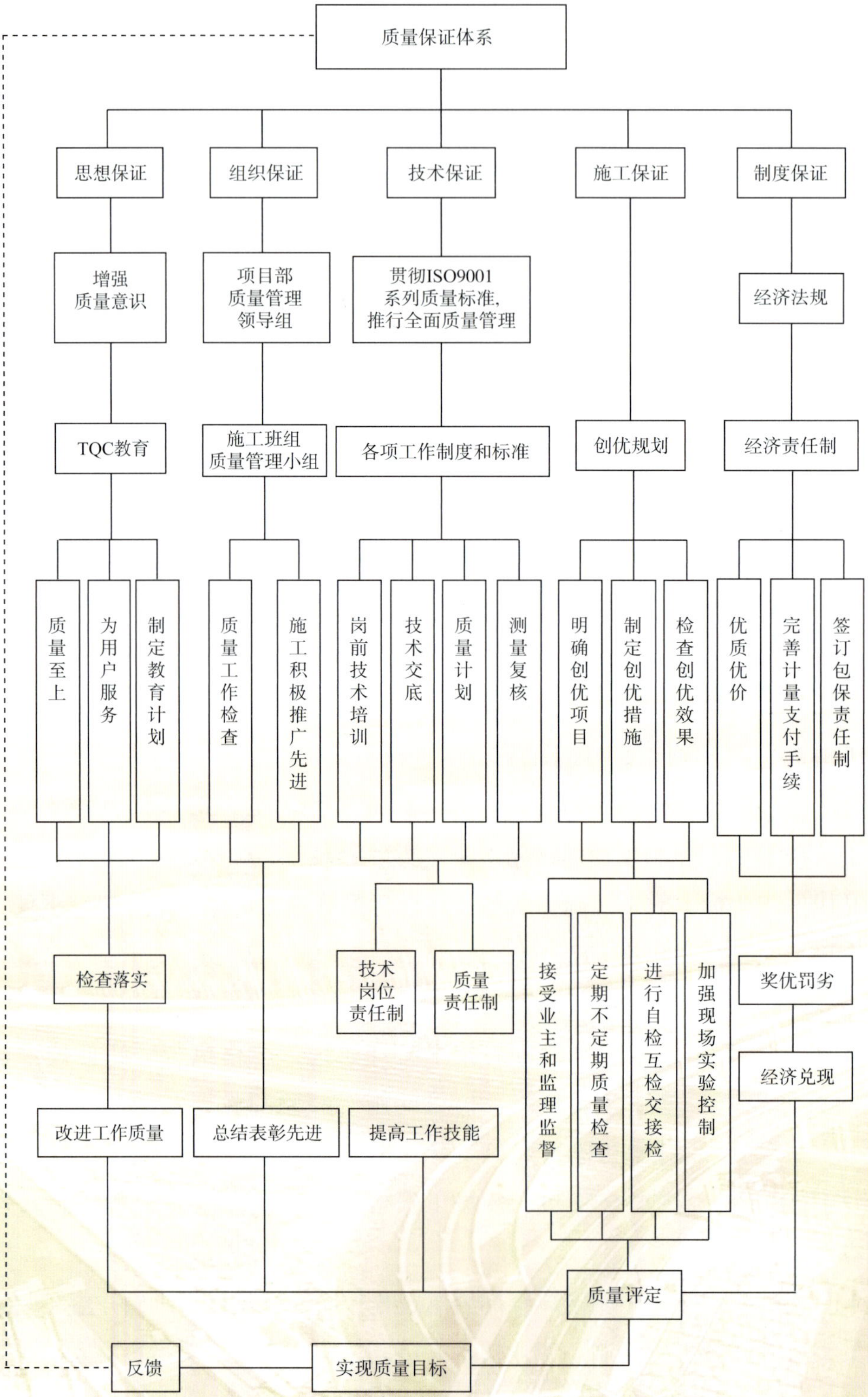

质量保证体系

思想保证
增强质量意识
TQC教育
质量至上
为用户服务
制定教育计划
检查落实
改进工作质量

组织保证
项目部质量管理领导组
施工班组质量管理小组
质量工作检查
施工积极推广先进
总结表彰先进

技术保证
贯彻ISO9001系列质量标准，推行全面质量管理
各项工作制度和标准
岗前技术培训
技术交底
质量计划
测量复核
技术岗位责任制
质量责任制
提高工作技能

施工保证
创优规划
明确创优项目
制定创优措施
检查创优效果
接受业主和监理监督
定期不定期质量检查
进行自检互检交接检
加强现场实验控制

制度保证
经济法规
经济责任制
优质优价
完善计量支付手续
签订包保责任制
奖优罚劣
经济兑现

质量评定
实现质量目标
反馈

图 6-7-2　质量保证体系图

（3）施工过程中严格技术把关，做到“六不施工，三不接交”。“六不施工”是：不进行技术交底不施工；图纸和技术要求不清不施工；测量和资料未经审核不施工；材料无合格证或试验不合格不施工；隐蔽工程未经检查签证不施工；未经监理工程师认可或批准的工序不施工。“三不接交”是：无自检记录不接交；未经监理工程师或值班技术人验收不接交；施工记录不全不接交。

（4）为切实加强施工质量管理，该项目施工技术管理及关键工序技术负责人均为参与过多个公路、桥梁工程项目施工的专业技术人员。

5）建立质量检查机构，加强质量监督检查

由工区质量检验技术人员16人、桥梁技术人员8人和试验人员6人以上组成质量监督机构。施工队设质检小组，质检员在现场进行质量跟踪检查，加强对各道工序特别是关键部位或技术复杂部分的专职检查，严格把关，发现问题及时督促有关人员纠正，对重大问题立即向项目技术责任人报告。

6）施工过程严把“四关”

一是严把图纸关。首先组织技术人员对图纸进行认真复核，让所有技术人员彻底了解设计意图，其次严格按照图纸和规范要求组织实施，并层层组织技术交底。

二是严把测量关。由公司施测队对整个工程的设计控制数据进行复核，工区施工测量组根据复核成果进行测量控制，负责施工测量放线。

三是严把材料质量及试验关。由商混站提供混凝土的配合比，经监理进行验证通过后使用，对每批进入施工现场的材料等按规范要求进行质量检验，杜绝不合格的材料及半成品使用到工程中。

四是严把工序质量关（图6-7-3）。监督和指导施工严格按照技术图纸、规范及技术措施进行。开工之前，根据该项目的工程情况，工区制定了4个工艺控制作业指导书。在施工中要求各施工点严格按照作业指导书进行施工，工程完工后，所有工程的质量都达到预期的效果。

图6-7-3 严把工序质量关

7）加强试验检验工作

（1）对工程中使用的钢筋、混凝土、预应力材料等所有原材料，在进点及使用前，

图 6-7-4　魏石路分离式立交桥 – 检桩

及时按照《公路桥梁施工技术规范》《公路工程水泥混凝土试验规程》《公路路基施工技术规范》以及相应的规程规定进行取样试验，经检验合格方可使用。

（2）对施工中所需要的各种混凝土在施工前均根据各部位混凝土浇筑的施工方法及性能要求，进行混凝土和砂浆配合比设计试验，确定最优配合比。

（3）随时跟踪商品混凝土的生产过程，要求在拌制过程中根据砂石骨料含水率的变化及时调整配合比，并按规范要求进行混凝土及砂浆现场取样检验，确保对混凝土和砂浆拌和质量的有效控制。

图 6-7-4 为魏石路分离式立交桥 – 检桩。

8）采用标准方法，实行规范化和标准化作业

该工程整个施工作业过程，贯穿工前交底、工中检查、工后验收的“一条龙”操作管理方法，推进施工工序作业程序化、标准化、规范化，采用标准方法，实行规范化作业，通过工序控制和工艺控制，杜绝各类质量通病，消除施工中的薄弱环节，把新技术，新工艺、新材料运用到各项施工生产中去，确保工程质量。施工中对以下关键工序的质量保证措施如下：

（1）工程测量。采用已校验的全站仪测距布网及放样测量；采用已校验的水准仪进行全合同段加密水准点测设及工程放样测量。所有测量设备必须检验合格才能使用，测量作业由富有经验的专业人员进行测量放线、复测。各类测量精度均满足有关规范要求。

（2）桩基施工前仔细查阅地勘资料，采用旋挖钻机施工，确保桩基成孔质量，采用专用化学浆液护壁，最大限度控制沉渣厚度，钢筋笼采用滚焊机工厂化批量化生产，采用直螺纹套筒进行钢筋连接，成桩后采用环切法进行桩头切割，全过程保证桩基质量。

（3）承台、墩柱、盖梁、护栏均采用定型钢模板，钢筋预埋均采用定位卡具保证其

保护层厚度，施工前先浇筑试验墩柱，总结混凝土浇筑的环境条件和混凝土的入模参数，严格控制混凝土坍落度及同步振捣，浇筑后采用覆膜滴灌养生，护栏施工后进行切缝处理，保证结构内实外美。

（4）预制混凝土施工中预应力管道布设要准确放样，按设计要求使其均匀顺直，最大限度减少预应力损失。混凝土浇筑时，逐层浇筑振捣密实，避免震坏预应力钢材，保证混凝土强度稳定。预应力张拉时，张拉设备先精确标定，送检测部门质检合格后，按设计要求，实行张拉应力和伸长量双控制，来保证张拉效果。对桥梁每一联梁板的张拉力和伸长值都做了精确计算。张拉后采用真空压浆技术及专用的压浆料进行孔道压浆。

（5）混凝土使用的原材料强度必须满足设计要求。配合比采用监理工程师及业主批准的配合比。混凝土拌和时必须严格控制好水泥用量、水灰比和坍落度。模板应具有足够强度、刚度和稳定性。其表面应光洁平整、接缝严密、不漏浆。混凝土浇筑前，对模板轴线、支架、螺栓进行认真检查、复核，发现问题及时进行处理。混凝土浇筑完毕要及时养生（图 6-7-5）。

9）开展全面质量管理活动

制订层次分明，责、权、利相结合的质量责任制，认真开展全面质量管理，大力推行质量管理标准，把能量化的质量工作目标量化到负责工程项目的各职能部门和具体人员头上，基本做到质量重担人人挑，人人肩上有指标。同时紧紧抓住施工现场，对每个工程项目的施工全过程进行监督管理，打好工程质量主要环节的攻坚战，消灭质量通病。

2. 质量评价

对开工已完成分项工程，工区及驻地监理工程师根据《公路工程质量检验评定标准》中的实测项目，本着严肃认真、实事求是的态度，进行了认真评定。自检评定情况如下：

工区共有 22 个桥梁单位工程。

（1）魏石路分离式立交左幅桥单位工程，包含 4 个分部工程，该分部工程自检评分 98.5，合格率 100%。

（2）魏石路分离式立交右幅桥单位工程，

图 6-7-5 混凝土浇筑墩柱完成

包含 4 个分部工程，该分部工程自检评分 98.7，合格率 100%。

（3）路基工程单位工程中西段家务东路通道桥，该分部工程自检评分 98.5，合格率 100%。

（4）路基工程单位工程中西段家务西路通道桥，该分部工程自检评分 98.5，合格率 100%。

（5）大兴国际机场北线高速公路互通式立交 B 匝道桥单位工程，包含 10 个分部工程，该分部工程自检评分 98.8，合格率 100%。

（6）大兴国际机场北线高速公路互通式立交 C 匝道桥单位工程，包含 10 个分部工程，该分部工程自检评分 98.6，合格率 100%。

（7）大兴国际机场北线高速公路互通式立交 G 匝道桥单位工程，包含 22 个分部工程，该分部工程自检评分 98.4，合格率 100%。

（8）大兴国际机场北线高速公路互通式立交 H 匝道桥单位工程，包含 12 个分部工程，该分部工程自检评分 98.7，合格率 100%。

（9）磁大路跨线 1 号左幅桥单位工程，包含 3 个分部工程，该分部工程自检评分 98.7，合格率 100%。

（10）磁大路跨线 1 号右幅桥单位工程，包含 3 个分部工程，该分部工程自检评分 98.5，合格率 100%。

（11）磁大路跨线 2 号左幅桥单位工程，包含 2 个分部工程，该分部工程自检评分 98.6，合格率 100%。

（12）磁大路跨线 2 号右幅桥单位工程，包含 2 个分部工程，该分部工程自检评分 98.7，合格率 100%。

（13）磁大路互通立交 A 匝道 1 号桥单位工程，包含 2 个分部工程，该分部工程自检评分 98.8，合格率 100%。

（14）磁大路互通式立交 A 匝道 2 号桥单位工程，包含 2 个分部工程，该分部工程自检评分 98.5，合格率 100%。

（15）磁大路互通式立交 D 匝道单位工程，包含 3 个分部工程，该分部工程自检评分 98.9，合格率 100%。

（16）磁大路互通立交 E 匝道桥单位工程，包含 2 个分部工程，该分部工程自检评分 98.7，合格率 100%。

（17）路基工程单位工程中磁大路互通 A 匝道 3 号桥，该分部工程自检评分 98.4，合格率 100%。

（18）路基工程单位工程中磁大路互通 F 匝道桥，该分部工程自检评分 98.6，合格率 100%。

（19）路基工程单位工程中磁大路互通 G 匝道桥，该分部工程自检评分 98.7，合格率 100%。

（20）路基工程单位工程中磁大路互通 H 匝道桥，该分部工程自检评分 98.5，合格率 100%。

（21）路基工程单位工程中磁大路互通 DFK0+391.7 匝道桥，该分部工程自检评分 98.6，合格率 100%。

（22）路基工程单位工程中磁大路互通 XFK0+465 匝道桥，该分部工程自检评分 98.3，合格率 100%。

图 6-7-6 是承台回填夯实现场。

（二）安全管理

1. 安全生产目标

严格遵守各项法律规定，确保工程建设不发生重、特大安全生产责任事故。

（1）不发生因工死亡事故，年重伤率不大于万分之五、工伤率不大于千分之三（不含）。

（2）不发生基坑坍塌、高空坠落等重大险情或事故。

图 6-7-6 承台回填夯实

图 6-7-7　磁大路 2 号桥承台施工

（3）不发生重大设备事故、重大交通事故及火灾事故。

（4）不发生因施工导致的交通中断、电力中断、通信中断、漏水和漏气等重大险情或事故。

2. 施工安全保证体系

1）建立健全安全生产保证体系（图 6-7-7）

（1）工区建立的安全生产保证体系见“安全生产保证体系框图”（图 6-7-8）。成立以工区经理为组长的安全生产领导小组，全面负责并领导工区的安全生产工作。

（2）该项目实行安全生产三级管理，即一级管理由工区经理负责，工区经理是施工项目安全管理第一责任人，二级管理由工区专职安全员负责，三级管理由施工作业队班组长负责。

（3）按照颁布的《安全生产责任制》的要求，落实各级管理人员和操作人员的安全生产负责制，全员承担安全生产责任，做到纵向到底，横向到边，一环不漏，人人做好本岗位的安全工作。

（4）开工前工区组织有关人员编制实施性安全施工组织设计，对混凝土结构施工、机械施工、运输、脚手架、土石方外运等作业项目编制和实施专项安全措施设计，确保施工安全。

（5）实行逐级安全技术交底制，由工区经理组织有关人员进行详细的安全技术交底，凡参加安全技术交底的人员要履行签字手续，并保存资料，工区专职安全员对安全技术措施的执行情况进行监督检查，并做好记录。

（6）加强施工现场安全教育：

针对该工程特点，对所有从事管理和生产的人员，施工前进行全面的安全教育，重点对专职安全员、班组长、从事特殊作业的架子工、起重工、电工、焊接工、机动车辆驾驶员等进行培训教育。

未经安全教育的施工管理人员和生产人员，不准上岗，未进行三级教育的新工人不准上岗，变换工种或采用新技术、新工艺、新设备、新材料而没有进行培训的人员不准上岗。

特种工种的操作人员的安全教育、考核、复验，严格按照《特种作业人员安全技术考核管理规定》考核合格，获取操作证方能持证上岗。对已取得上岗证的特种作业人员要进行登记，按期复审，并要设专人管理。

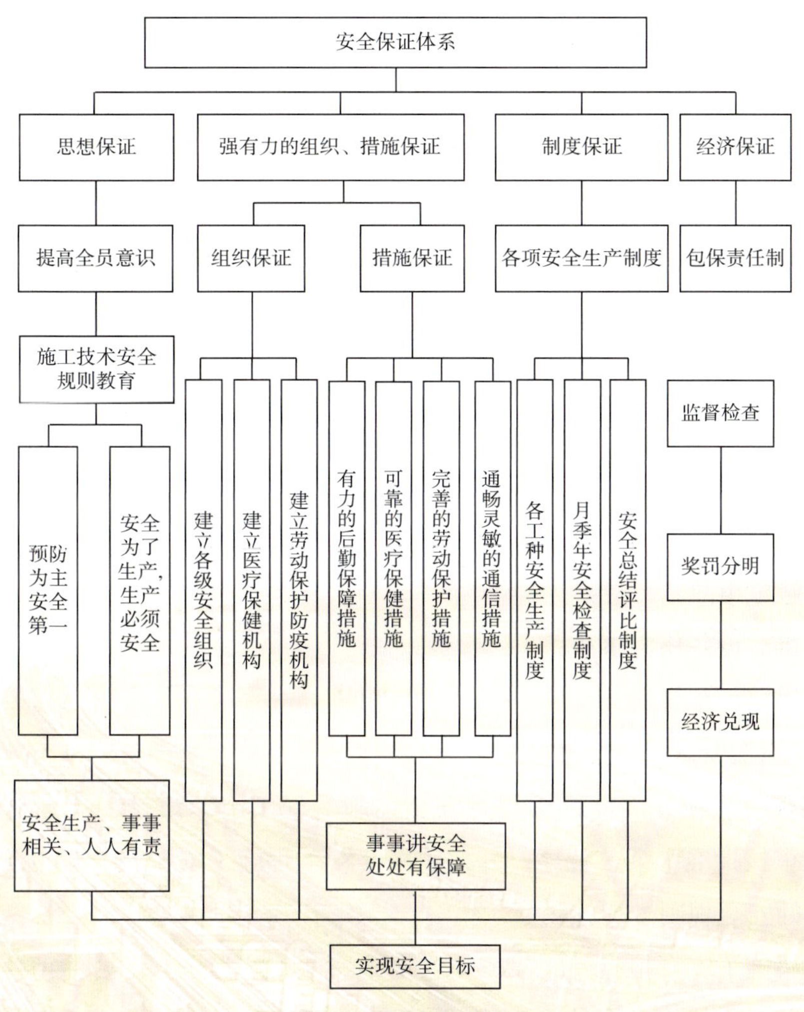

图 6-7-8 安全保证体系

通过安全教育，增强职工安全意识，树立“安全第一，预防为主，综合治理”的方针，并提高职工遵守施工安全纪律的自觉性，认真执行安全检查操作规程，做到：不违章指挥，不违章操作，不伤害自己，不伤害他人，不被他人伤害，达到提高职工整体安全防护意识和自我保护能力。

（7）认真执行安全检查制度。工区保证安全检查制度的落实，规定定期检查日期、参加检查人员，工区每周进行一次，作业班每天进行一次，作定期检查。应视工程情况，如施工准备前、施工危险性大的情况下、采取新工艺时、季节性变化时、节假日前后等要进行检查，并要有工区领导值班。对检查中发现的安全问题，按照“三不放过”的原则立即制定整改措施，定人限期进行整改，保证“管生产必须管安全”的原则落实。

2）确定安全管理目标和安全防范要点

（1）安全管理目标：

①不发生因工死亡事故，年重伤率不大于万分之五、工伤率不大于千分之三（不含）；

②不发生基坑坍塌、高空坠落等重大险情或事故；

③不发生重大设备事故、重大交通事故及火灾事故。

④不发生因施工导致的交通中断、电力中断、通信中断、漏水和漏气等重大险情或事故。

（2）安全防范重点。

根据公司以往施工经验，结合工程特点，该工程施工安全防范重点是以下五个方面：

一是防支架垮塌事故；

二是防高处坠落及物体打击事故；

三是防触电事故；

四是防机械设备伤害事故；

五是防道路行车事故。

3）主要施工项目安全技术措施

（1）所有工程在开工前都编制有安全措施的施工组织设计，技术复杂的专题方案必须严格审核批准手续、程序。并按照《公路工程施工安全技术规范》（JTG F90—2015）规定的安全规则进行施工。

（2）桥梁施工安全检查始终贯彻“安全第一、预防为主、综合治理”的方针，严格遵守《公路工程施工安全技术规范》（JTG F90—2015）的有关规定，制订安全制度和采取安全措施，并负责检查实施情况，切实做到施工安全。

（3）在施工作业中采取各种有效的防护措施，做好防尘、防水、降温等，保护环境卫生，保障施工人员的健康和生产安全。

（4）松软地层开挖边坡时，宜随挖随支护，加强防护，随时监测检查边坡稳定情况，确保施工安全。

（5）施工现场除应设置安全宣传标语牌外，危险地点还应挂符合有关《安全色》和有关《安全标志》规定的标牌，夜间有人经过的施工区等还应设红灯报警。现场道路应符合《工厂企业厂内运输安全规程》的有关规定。

（6）现场的生产、生活区设置足够的消防水源和消防设施网点及消防器材，且经过地方政府消防部门检查认可，并使这些设施经常处于良好状态，随时满足消防要求。

（7）建立消防组织机构，编制消防管理程序、动火规定、防火检查等消防管理制度，并认真贯彻落实。

（8）消防器材应有专人管理，不能乱拿乱动，组成一个由15~20人的义务消防队，所有施工人员和管理人员要熟悉并掌握消防设备的性能和使用方法（图6-7-9）。

（9）各类房屋、库棚、料场等的消防安全距离应符合公安部门的规定，室内不能堆放易燃品；严禁在易燃易爆物品附近吸烟，现场的易燃杂物，及时清除，严禁在有火种的场所或近旁堆放。

（10）施工现场临时用电要有方案设计，按《施工现场临时用电安全技术规范》的要求进行设计、施工、验收和检查。临时用电还有安全技术交底及验收表，健全安全用电管理制度和安全技术档案。

（11）在各施工区、道路及生活区内设置足够的照明系统，在不利于采用电器照明的工作面，采用气灯或碳化灯进行照明。在凡可能漏电伤人或易受雷击的电器设备

图6-7-9 消防演练

及建筑物均设置接地或避雷装置，并定期派专业人员检查这些装置的效果。

（12）施工现场实施机械安全管理及安装验收制度，机械安装按照规定的安全技术标准进行检测。所有操作人员持证上岗。使用期间定机定人，经常维修，保证设备完好率。

（13）各类脚手架的搭设都有图纸和计算，搭设完成验收合格后方才使用。作业中定人定期检查，负责维修并做好记录。

（14）抓好施工现场平面布置和现场设施管理，做到图物相符，井然有序，做好环保、消防、材料、卫生、设备等文明施工管理工作。

（15）施工现场安全设施主要包括安全网、围护、洞口盖板、防护罩、护栏等，各种限制装置齐全、有效，不擅自移动。

（16）编制事故救灾、抢险预案，施工人员具备在紧急情况下应急和组织抢险的能力，在施工过程中遇有特殊情况时能及时正确处理。

（17）外运车辆文明行驶，限制行车时速，不抢道、不违章。

（18）严禁无机械操作证人员操作机械设备；特殊工种操作人员要建立档案，专人管理。

（19）高空作业戴安全帽、系安全绳并设置安全网。

（20）非专职电气人员不操作电气设备。检修、搬迁电气设备时切断电源，并悬挂“有人工作、不准送电”的警告牌，并派专人看护。

（21）操作高压电气设备主回路时，戴绝缘手套，穿电工绝缘靴并站在绝缘板上；手持式电气设备的操作手柄和工作中接触的部分，应有良好绝缘，使用前进行绝缘检查；低压电气设备宜加装触电检查。电气设备外露的传动和传动部分加装遮栏或防护罩。

第七篇

科技创新篇

概　述

北京大兴国际机场被誉为处处彰显科技感的新机场。而大兴国际机场北线高速公路在施工过程中，同样发挥了创新科技的应用，是科技含量极高的项目。使用了智能钢筋加工设备、智能张拉压浆设备、CFG桩新型切割机研制等一批新设备；蒸汽升温养护、路基冲击压实施、路肩土机械摊铺等一批新工艺；上跨京九铁路转体刚构采用了新式转体支座和BIM应用等一批新技术。同时创新工艺工法，使用了墩柱混凝土施工工艺、改装挖斗装置一次开挖成型梯形水沟、可调节式墩柱钢筋保护层控制装置等。

无论是新设备、新工艺、新技术的应用，还是各种工艺工法的创新，都是该项目的重大亮点。

第一章　技术推广应用

一、新设备应用

（一）智能钢筋加工设备

项目部贯彻标准化施工，实现质量可控、资源节约、机械化换人、信息化减人，大力推广智能钢筋数控加工设备，推行工厂化管理。投入 GWXL2-32B 型数控钢筋弯曲中心 3 套、GGJ13-D 行数控钢筋弯箍机 1 台（图 7-1-1）、GQX120 型数控钢筋剪切生产线 1 套（图 7-1-2）、CHJ1500-2 型钢筋笼滚焊机（图 7-1-3）2 台等先进设备，形成一套完整的流水化作业体系。确保钢筋放样加工尺寸准确，以提升保护层厚度控制及工后钢筋间距。

智能钢筋加工设备的使用改进了原始钢筋加工过程中的材料耗损高、劳动强度大、安全隐患多、占地面积大、环境污染大等缺点，而且降低了工程项目的经济成本，提高了作业效率，同时为大兴国际机场北线高速公路项目工程质量提供了有力保障，为打造精品工程奠定了坚实基础。

（二）智能张拉、智能压浆设备

该工程盖梁及现浇梁施工预应力钢筋的张拉和孔道压浆采用了智能张拉和智能压浆设备。投入 YCW250B-200 型智能张拉系统（图 7-1-4）2 套、IGS-600 型数控智能压浆机 2 台。

图 7-1-1　数控钢筋弯箍机

图 7-1-2　数控钢筋剪切生产线

图 7-1-3　钢筋笼滚焊机

通过张拉系统计算机输入相关数据，由智能张拉系统输出液压油量、持续时间等控制信息，通过专用千斤顶液压终端来达到智能控制张拉的目的。设备全自动化，有利于预应力张拉的精确施工，避免人为因素对数据的影响。系统传感器实时采集钢绞线数据，反馈到计算机，自动计算伸长量，及时校核伸长量误差是否在 ±6% 以内，实现应力与伸长量双控。

（三）CFG 桩新型切割机研制

1. 研制过程

2018 年 9 月 1 日召开了小组会议，大家集思广益，对切割机的研制发起讨论，制定方案，分析利弊。最终拟定将切割机改为双锯片四滑轮，一次性切割成型，且稳定性好。9 月 28 日小组成员将组装好的 CFG 桩切割机在施工现场进行切割试验。

图 7-1-4　智能张拉系统

切桩开始前，施工人员用红线沿着桩头弹出切割位置，切割机下垫竹胶板使切桩机行走顺畅，保证切除后的桩头桩顶标高偏差在允许误差范围内。钢架上设有一个小水桶，通过两个 PVC 软管使水流到锯片上，防止锯桩头时温度过高损坏锯片，并起到降温、除尘的作用。

切桩时，一个施工人员对准弹红线位置缓慢

向前推动切割机，另外两名人员适当用力拉两个钢架臂上栓的绳子，使两锯片左右同时切割桩头，剩余中间未切割到部分采用人工锤击脆断，人工推倒后再采用轮式小型挖掘机将桩头直接装车运出。

经现场试验并统计工效，采用新型 CFG 桩切割机，平均工效 2.5min/ 根，超过设定目标。切割过程平稳，不会出现凿伤、迸溅等不安全因素。大兴国际机场北线高速公路项目部小组成员总结出成熟的 CFG 桩切割机制作及施工方法，并在全线推广。

2. 获奖情况

（1）荣获 2018 年度中铁十六局集团优秀质量管理小组一等奖；

（2）荣获 2019 年度中国铁建股份有限公司优秀质量管理小组成果奖；

（3）荣获 2019 年度中国铁道工程建设协会（省部级）优秀“QC”小组成果一等奖；

（4）荣获中国建筑业协会（国家级）全国质量管理小组成果二等奖；

（5）荣获中国施工企业管理协会（国家级）全国质量管理小组成果二等奖；

（6）已于 2019 年 1 月申请实用新型专利，并已受理。

二、新工艺应用

（一）蒸汽升温养护工艺

为保证冬期施工混凝土质量，加快施工进度，冬期施工采用了蒸汽升温养护工艺（图 7-1-5、图 7-1-6）。

墩柱、盖梁、刚构等混凝土冬期施工保温措施均搭设暖棚。暖棚保温材料均采用定制保温篷布，双面阻燃内夹岩棉，厚度约 4cm，保温效果良好。采用 LSS0.08-0.7-Y/Q 型立式燃油蒸汽发生器提供高温蒸汽，暖棚内布设蒸汽管道，保证暖棚内温度达到 15-20℃，C50 混凝土 3 天可达到设计强度 95% 以上。

图 7-1-5 刚构采用蒸汽发生器养护

图 7-1-6 盖梁采用蒸汽发生器养护

图 7-1-7　冲击碾压施工工艺

（二）路基冲击压实施工艺

路基填筑 50cm 后采用冲击碾压补强，对于填方高度大于 3m 的路基，在路床范围以下每填 2m 采用冲击式碾压进行增强补压。

冲击压实技术对土体的力学行为是冲击和碾压综合利用，压实作业中作用于土体的总能量为冲击动能和重力势能之和，介于强夯和振动压路机之间，在路基检测性增强补压作业中相对传统压实机械有明显的优势。通过冲击碾压提高路基整体稳定性、强度、承载力，加速路基下沉，减少路基完工后沉降，见图 7-1-7。

（三）路肩土机械摊铺

路肩土摊铺机采用的是摊铺机搅笼改装布料，运土车直接将土导入摊铺机、再由摊铺机摊铺硬路肩，夯板采用液压式震动夯板，压实度远高于平板夯。

在施工过程中，路肩土摊铺机配备的人员及其他设备更少，施工速度更快，安全性能更高，摊铺机每日可摊铺 3km 相对于人工机械培土（按 10 名工人、2 台装载机）每日 1km，效率是其 3 倍。培土完成质量及整齐度明显提高，现场污染也明显降低。

三、新技术应用

（一）上跨京九铁路转体刚构采用了新式转体支座

随着我国交通事业的发展，诸多新建工程存在需跨越道路、河、深沟及其他各种地形的情况，传统的悬臂拼装、悬臂浇筑、原位现浇等施工工艺并不能顺利进行，甚至根本无法施工。

桥梁转体法施工技术就是基于以上因素得以广泛应用的，尤其是在跨越电气化铁路工程中。铁路总公司已下发通知，具备条件的，优先采用转体施工法。

大兴国际机场北线高速公路工程跨越既有京九铁路，施工时为了不影响铁路线的正常运营，就采用平面转体的方法施工，并采用了新式转体支座。

转动支承（中心支座）是桥梁平转法施工转体结构的主要承力部件。现有转体装置按结构形式不同存在两种转动支承：转体球铰（图 7-1-8）和转体支座（图 7-1-9）。

与传统球铰相比，此转体支座具有以下特点：

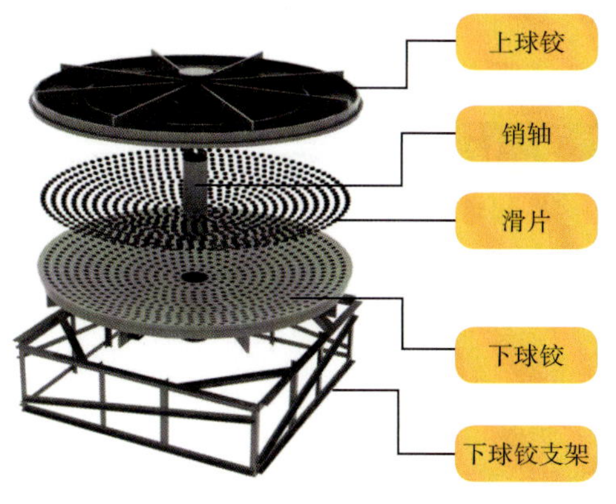

图 7-1-8 转体球铰

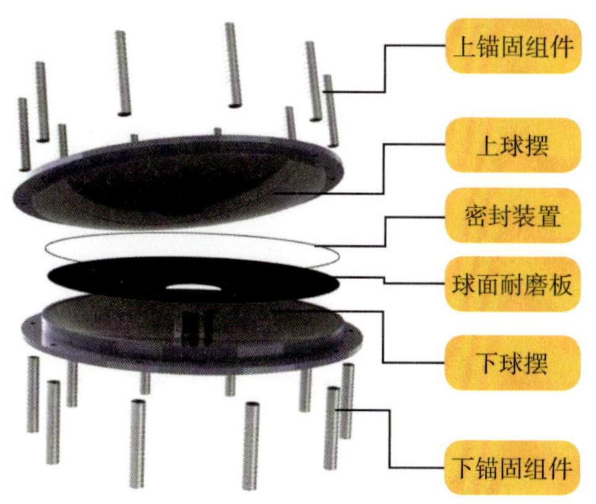

图 7-1-9 转体支座

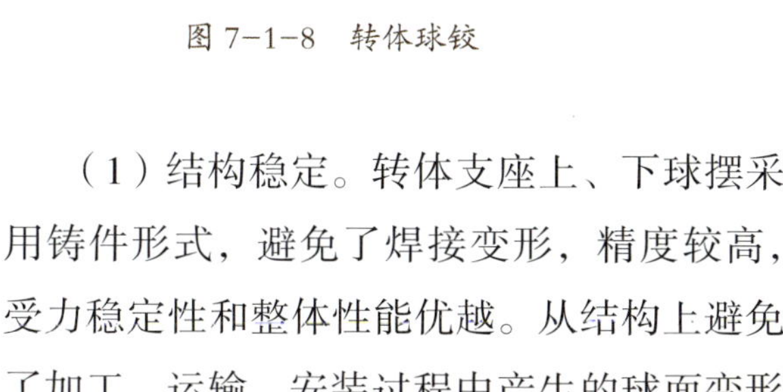

（1）结构稳定。转体支座上、下球摆采用铸件形式，避免了焊接变形，精度较高，受力稳定性和整体性能优越。从结构上避免了加工、运输、安装过程中产生的球面变形现象。

（2）安装精确且便捷。转体支座将传统球铰的现场分步安装改为工厂组装后运输至现场整体安装，解决了施工现场施工工序复杂且精度不易控制的问题。

图 7-1-10 上跨京九铁路转体刚构现场转体支座安装

（3）支座结构内部设置有密封装置，可有效避免灰尘及异物进入支座内部。

图 7-1-10 为上跨京九铁路转体刚构现场转体支座安装。

（二）BIM 应用

预制梁场建模：根据项目预制场方案及箱梁结构设计图纸，采用 Revit 进行建模，场地从地形、办公区、钢筋场、生活区、存梁区等部位进行建立，箱梁按设计结构尺寸建立混凝土模型。动态管理：梁场预制梁数量大，通过 Project 编制每片梁的进度计划，将计划导入到 BIM5D 平台与箱梁模型关联，实现动态实时进度管理，可以查看任意时间梁场工作状态。安全、质量管理：管理人员通过 BIM5D 的 PC 端和 WEB 端，进行质量安全问题的跟踪查看，实时了解现场质量安全问题及整改情况，把控现场质量安全问题整体状况，防控风险。大兴国际机场北线高速公路项目荣获“BIM 应用示范项目”。

第二章　创新工艺工法

一、墩柱混凝土施工工艺

该项目在桥梁下部结构施工中进行了墩柱混凝土施工工艺微创新。京九铁路分离式立交桥施工时为提升混凝土外观质量，加强模板质量控制，墩柱施工使用了 BT-20 模板漆，混凝土外观整洁光亮，受到监理和业主单位一致好评。

在墩柱混凝土施工中，采取了以下措施：

（1）物资部与现场管理人员做好与混凝土拌和站的协调，确保墩柱混凝土连续供应。

（2）试验室加强混凝土质量盯控，强调混凝土的重要性，对到场的混凝土及时进行试验。

（3）现场值班技术干部严格控制模板打磨（图 7-2-1）、刷脱模剂、使用模板漆的

图 7-2-1　墩柱模板打磨

循环次数。对雨后的模板、长时间未使用的模板加强检查。

（4）现场值班技术干部做好混凝土浇筑过程中盯控，做好混凝土浇筑的交底工作，确保混凝土振捣到位。

（5）加强墩柱模板安装控制，减小每节模板水平接缝处的错台，参见图 7–2–2。

图 7–2–2　墩柱混凝土外观

二、盖梁支架施工工艺微创新

在京九铁路分离式立交桥施工中，结合永久用地不能满足盖梁满堂支架施工需要的现场特点，优化支架设计，将满堂支架优化为门式支架，避免临时占地，加快施工进度。

三、改装挖斗装置一次开挖成型梯形水沟

管段内排水沟的横截面形式采用梯形，梯形沟槽具有结构稳定，建成后无须经常维护的优点。梯形水沟沟槽开挖，常用方法为首先采用挖掘机开矩形槽，再开挖两侧边坡。由于梯形沟槽开挖面宽大，开挖深度和宽度受挖掘机操作人员操作水平影响大，而且开挖中存在边坡施工不整齐、坡比难以控制等情况。因此，使用挖掘机原有挖斗进行排水沟槽开挖，存在效率低下，进度缓慢，施工周期长，人力物力消耗多的问题。

通过在现有常规挖斗上可拆卸连接调节翼板装置，使梯形水沟沟槽一次开挖成型，且通过改变扩展翼板的形状，满足变截面梯形水沟沟槽开挖的需要，基础开挖尺寸精确，整体线性美观，机械化程度高，有效提高了施工效率。

四、可调节式墩柱钢筋保护层控制装置

桥梁下部结构墩柱主要以混凝土结构为主，钢筋保护层控制是墩柱施工中重要环节，其作用是为了保证钢筋与混凝土能共同工作，发挥钢筋的强度，防止钢筋受到锈蚀确保钢筋的耐久性，满足防火要求。保护层过薄起不到应有的效果，而保护层过厚混凝土表面则容易产生裂缝，也会导致截面有效高度减小，降低截面受弯承载力。所

图 7-2-3　京九铁路分离式立交桥墩柱施工现场

以保护层控制意义重大，但保护层一般在合格范围较小，保护层合格率控制难度相对较大。

通过制作一种可调节式墩柱钢筋保护层控制装置，可实现墩柱等构件精确调整控制，实现钢筋保护层合格率的提高，方便施工操作，节约施工成本。

图 7-2-3 为京九铁路分离式立交桥墩柱施工现场。

第八篇
人物篇

概　述

人才是第一资源，只有运用好这项资源，才能实现事业的成功。项目建设千头万绪，每个环节每个细节都是至关重要的，参建人员，从管理人员到一线工人，都对项目的圆满成功作出了自己的贡献。

在大兴国际机场北线高速公路建设项目中，涌现了一批优秀团队，如中铁建大桥局总包部、中铁建大桥局三公司（一工区）、中铁十六局总承包部、中铁十六局一公司（二工区）等。以及一群优秀人物，这批优秀人物是每一个参建人员的代表。他们中有年轻的80和90后，也有巾帼不让须眉的女同志，正是他们的智慧和汗水铸就了优质的工程。

第一章 优秀团队

北京华北投新机场北线高速公路有限公司

▲图 8-1-1 第一排左起：段之雯，高甜，刘萍，聂勇、宗长春、娄德兰、李永珑，廖延军、李劲松、代丽、王瑞花、李媛博。
第二排左起：张晗飞，叶家军、高晓辉、张晓宇、金航、范仰杰、俞昌涛、于昊、姚尧、冯帆、李立成。
第三排左起：袁树亮、武辉、王耀阳、田博、葛陟、向加杰、张顺勇、胡方龙、娄硕、赵辉、张玉立、聂德登、姚方全

▶图 8-1-2 项目公司领导班子

◀图8-1-3　建设管理部、计划合同部分别荣获2018年度公司“先进部室”荣誉称号

▶图8-1-4　王耀阳、俞昌涛、张晗飞分别荣获2018年度公司“优秀工作者”荣誉称号

▲图8-1-5　葛陟、田博、金航、段之雯、于玺濛、娄硕、武辉获分别荣获2018年度公司“先进个人”荣誉称号

◀ 图 8-1-6 综合管理部（党群工作部）荣获 2019 年度公司“先进部室”荣誉称号

▶ 图 8-1-7 计划合同部荣获 2019 年度公司“先进部室”荣誉称号

◀ 图 8-1-8 建设管理部荣获 2019 年度公司“先进部室”荣誉称号

▲图 8-1-9　运营管理部荣获 2019 年度公司“先进部室”荣誉称号

▲图 8-1-10　王耀阳、范仰杰分别荣获 2019 年年度公司“优秀工作者”荣誉称号

▲图 8-1-11　许鹏、赵辉、段之雯、王瑞花、李立成、李媛博、王耀阳、高甜、姚方全分别荣获 2019 年度公司“先进个人”荣誉称号

▲图 8-1-12　项目公司部分员工在项目中段开通仪式上

中铁建大桥局总承包部

◀图 8-1-13　第一排左起：项目总工王邦浩、项目指挥长赵攀、安全总监王伟。
第二排左起：计划部部长陆红兵、工程部长李响、财务会计卢鑫、财务部长李玉辉。
第三排左起：小车司机费翔、办公室主任侯文涛、食堂管理员管秀丽

中铁建大桥局三公司（一工区）

▲图 8-1-14　第一排：贝明师、许镜、王彦刚、邓少辉、南迎军、张春荣、杨德伟、路波、于世波、王国齐、李玉辉、王金龙、王宣、李慧。
第二排：李宗鹏、董欢、赵宋、张帆、张波、李亚运、董海鹏、赵振、王毛毛、刘佳、张聪、张继成、叶德贵、崔金良。
第三排：李立成、宫利、张平平、张程、冯海英、廖培元、王国庆、纪宏宇、玄立亮、刘旭、黄德芳、于玺璐、杨树涛、郭乃盛、彭千富。
第四排：费德双、李玉胜、姜开琪、刘洋、刘子恒、杨秀坤、李永辉、胡森、潘晓峰、刘帅、冯璐、朱振宇、代占发、滕永峰、刘德平、王彭德。
第五排：侯久刚、李开元、张伟、韩斌、郭新宇、解守军、史景良、杨帅、裘缙卿、李明强、赵喜民、尚久悦、冯秀波、王德财、张永忱

中铁十六局总承包部

▲图 8-1-15　从左到右依次：
第一排：梁志宏、吕明伟、马壮、刘常林、邱军、时念民、董晓辉、王璞、刘化秀。
第二排：雷永社、李嘉宝、刘明、尚平、于金辉、王婕、王雪、闫洪杰、孙海龙、许国良

中铁十六局一公司（二工区）

▲图 8-1-16　从左往右依次（23 人）：马青龙、李永杰、张恩宇、赵法阳、张彬、郑亮、朱帅、张爽、李明、党东、路永龙、王旭东、杨帆、杨永恒、蔺剑雄、罗崇韶、丁海娟、张筠若、赵素奎、陈红梅、李怡明、武莉霞、秦贵军

第二章 优秀人物

一、北京华北投新机场北线高速公路有限公司

直面困难，砥砺前行

北京华北投新机场北线高速公路有限公司总经理李永珑

2017 年 11 月 15 日，备受关注的北京大兴国际机场北线高速公路 PPP 项目招标尘埃落定，由中国铁建股份有限公司与所属十六局集团、大桥工程局集团组成的联合体成功中标，总投资额达到 110 亿元。

总经理：李永珑

大兴国际机场北线高速公路建设对于满足大兴国际机场周边交通需求，构建京津冀交通一体化主骨架，破解北京地区航空硬件能力饱和，辐射京津冀空港经济，服务雄安新区建设发展都具有至关重要的意义。此外，大兴国际机场北线高速公路对于中国铁建集团来说更是意义非凡，公司上下对于该项目都寄予厚望，希望借此项目打造品质工程，在首都树立集团品牌形象。中国铁建副总裁李宁更是特别强调，“要精心准备、科学施工，确保质量、安全与工期，为首都人民交上一份满意的答卷”。正因如此，选派一名精明强干、经验丰富的实力派干将就显得尤为关键，而李永珑完全可堪此重任。

1973 年生人的李永珑不仅年富力强，而且是铁路、公路一级建造师，注册安全工程师，国际高级项目经理，教授级高级工程师。履历表更是特别亮眼，曾参加过铁路、公路、市政等一系列国家重点工程建设，被多次授予山西省、福建省建筑企业优秀经理、全国工程建设优秀项目经理、山西省五一劳动奖章、厦门市五一劳动奖章、全国铁路总工会授予的火车头奖章。

作为北京华北投新机场北线高速公路有限公司法定代表人、总经理，李永珑深知大兴国际机场北线的政治意义与改善首都南部区域的交通环境的现实意义。贯通后的大兴国际机场北线将用最短的距离实现三大南北主动脉的东西互通，并同时连接京港澳高速公路、首都地区环线高速公路等重要交通线路，实现与北京中心城区、天津、保定、廊坊等城市以及雄安新区的快速连接，形成集航空、高铁、城际、地铁、公路等多种交通方式为一体的“环首都一小时”综合交通运输体系。把大兴国际机场北线定位为重大工程，一点都不为过。

作为财政部第四批 PPP 示范项目，既要保质量出精品，又要抓进度控安全，摆在李永珑面前的是一道棘手的难题。而时间是李永珑需要克服的最大的问题。从 2017 年底到 2019 年 7 月，短短一年半时间，要完成相关手续办理、征拆、建设、运营准备等一系列通常需要两年半到三年才能完成工作，几乎是一项不可能完成的任务。而一旦不能按时完工，不但中国铁建的社会信誉将会受损，而且将极大影响公司的投资收益，因此无论是算经济账还是政治账，这都是输不起的一场战役。

虽然困难重重，但李永珑并没有丝毫畏惧，因为他知道，他不是一个人在战斗。中国铁建从项目中标伊始，便从全公司调集力量，为项目公司组建了一支不但经验丰富而且年富力强的领导班子。虽然班子成员之间互相并未有过合作，但是基于中国铁建统一的文化氛围以及敢打硬仗的铁道兵精神，项目公司班子得以迅速融合，并形成了强大的凝聚力与战斗力。另外，首发集团派驻的两位领导也积极发挥了“本地”优势，为推动项目快速实施提供了强劲助力。

在项目管理的过程中，李永珑十分重视加强项目公司领导班子的团队建设，以求形成合力，共同解决工程总体策划、布局、决策等重大事项。通过明确项目班子成员分工，该承担的工作当仁不让、主动作为。建立健全项目安全、质量保证体系和监督体系，明确各级人员的岗位职责、分工，要求严格履职并加大考核、问责机制。充分调动项目公司各级管理人员的工作积极性，让大家能主动配合工作，发挥每一位员工的才智，发扬团结作战的能力，对内严格管理、抓落实、抓执行、严格履职，对外加强沟通、创造条件、主动作为。在领导班子的团结努力下，项目公司迅速办理了北京市发改委“项目法人变更”手续，签订了《PPP 项目合同》等一系列工作，为公司能够依法、合规开展项目投资、建设等工作奠定了基础。针对制约工程进度的痛点，以史无前例的超短时间，啃下了林地手续办理、高压电力迁改等一块块硬骨头，为后续施工创造了有利条件。

2018 年 8 月，项目公司才开始正式大面进场施工，留给李永珑的时间非常有限，与此同时，300 余万方的土石方、跨京九铁路桥梁转体以及多座高速互通桥等技术及施工难点扑面而来，能否按时完工成为项目公司领导班子公司最为头痛的问题。但任务在身，没有退路可言，李永珑组织召开了项目建设动员大会，统一认识，明确任务，部署施工生产工作，强力推进建设进度。在夯实基础的前提下，通过积极组织展开大面积施工，强化过程管理，现场全面形成大干态势，完成产值大幅增加。不但抢回了时间，而且为最终提前完成项目任务奠定了坚实的基础。

面对紧张的工期任务，李永珑对质量管理工作丝毫不放松，不断加强过程管控，始终坚持高质量建设。通过开展专题检查和通病治理等活动，不断提升工程质量。在绝对工期异常紧张的情况下，各项工程实体指标均高标准达到要求。

大干期间，李永珑也充分认识到“抢活”对安全生产工作带来的不利影响。面临严峻安全生产形势，始终坚持首都标准、最严要求，狠抓安全生产责任的落实，从而达成了项目安全零事故的最终目标，并成功获评“平安工地”，取得了令人瞩目的成绩单。

2019 年 7 月 1 日，大兴国际机场北线高速路正式开通运营。但李永珑仍未敢有一丝懈怠，因为运营是一个系统性的工程，涉及工程介入、资金使用、信息化建设、对外宣传和营销策划等方方面面，李永珑考虑的是如何从整体布局，全面把握好运营工作的主要方向和重点内容，确保这一三大南北主动脉的东西互通工程，确实发挥好作用，更好服务首都人民。

党建引领促生产，凝聚发展力量足

北京华北投新机场北线高速公路有限公司党委书记宗长春

北京大兴国际机场北线高速公路连接京港澳高速、首都地区环线等重要交通线路，可实现与北京中心城区、天津、保定、廊坊等城市以及雄安新区的快速连接，形成集航空、高铁、城际、地铁、公路等多种交通方式为一体的“环首都一小时”综合交通运输体系，其建设意义可谓非凡。

党委书记：宗长春

毫不夸张地讲，党组织建设是大兴国际机场北线能否顺利进行的关键，尤其是在时间特别紧、任务特别重的情况下，依托党组织，强化党的领导，显得尤其重要。有鉴于此，中国铁建从长远发展的角度考虑，在项目公司设立党委，并将党委书记这个重担压在了宗长春肩上。

虽然接手任务的时候还不足40岁，但宗长春却是身经百战的老将，参加过干线铁路、提速铁路、高速铁路、军事工程等国家重点工程建设，所参建工程均被评为省优、部优、国优工程。从一名有着多年丰富工作经验的基层专业技术人员成长为高级会计师、注册资产管理师的过程中，宗长春被所在单位或上级多次授予先进个人、先进财务工作者，而其中优秀共产党员和优秀党务工作者的荣誉称号，更使宗长春多了一份责任与担当。

虽然职务定位在党委书记，但宗长春的工作内容从来也不限于党建工作，尤其是第一次接触PPP项目，身份由乙方变成了甲方业主，很多工作对于宗长春来说更是从未涉及的全新领域。例如刚一到任，董事长便安排“搞定”洪评，而彼时的宗长春连洪评到底是什么意思都弄不清楚。但所谓初生牛犊不怕虎，在挑战面前，宗长春不但没有丝毫示弱，反而激起了更多铁道兵战士般战斗的豪情。发改委、规划司、国土局、水务局、园林局、交通委……需要对接的部门单位多如牛毛，但在千头万绪间宗长春“闪转腾挪”，硬是克服多重困难，从中杀出了一条光明大道，从征地拆迁、属地协调、工期进度、工程建设、投资融资、内控管理等多方面推进大兴国际机场北线高速公路工程的建设和公司发展，取得了不菲的成绩。

当然，作为党委书记，宗长春的“本职”更多定位于党委工作，更多考虑如何正确贯彻执行党的路线、方针、政策和上级党委指示要求，通过“四个坚持”狠抓党建，以党建促生产。

一是坚持围绕中心工作抓党建。一方面，充分发挥思想引领作用，全力完成建设任务。统一思想认识，提高政治站位，让党员干部及全体员工深刻认识到项目建设的重要作用和政治意义，增强各方的主动性、积极性、紧迫感和责任感。另一方面充分发挥党员带头作用，大力激发全员工作热情。通过重要事项让党员先知道，重要问题让党员先讨论，重要工作让党员先入手，重要任务让党员先行动，让党员干部职工冲到前面，挺在一线，用实际行动带动全员投入工作。此外，充分发挥支部共建作用，以此作为沟通交流平台，党建、业务两手抓，有效解决了众多突出问题和重点难点。如在不到半年时间内，就完成了从35到500千伏多路高压超高压线路迁改和近千亩林地使用从区到市到国家林业部门批复手续，以及跨京九分离式立交转体等重难点任务。

二是坚持围绕责任落实抓党建。一方面压实主体责任，强化党建基础工作。另一方面压实监督责任，强化党风廉政建设。对计量支付、资金使用等重点环节严格管理和监督，通过教育、预防、监督多措并举，增强党员干部自律意识，构建廉洁自律坚固防线，不断推进党风廉政建设工作。

三是坚持围绕学习活动抓党建。首先，认真抓好学习教育。重点围绕党章党规、习近平总书记系列重要讲话，上级重要会议精神和重大决策部署，组织公司集中学习，邀请上级领导、组织公司党组织书记讲党课，组织各类专题学习研讨次，以理论武装头脑，持续加强思想政治建设。其次，认真组织业务培训。组织班子成员参加中国铁建学习贯彻党的十九大精神培训班，组织公司业务骨干参加专业培训，不断提升党员和职工队伍的理论知识、业务能力和工作水平。再次，认真开展主题活动。组织开展“不忘初心、牢记使命”主题教育活动，参加西柏坡纪念馆、铁道兵纪念馆、香山爱国主义教育基地、国家博物馆复兴之路专题展览等主题党日活动。

四是坚持围绕职工权益抓党建。处处以职工切身需求为出发点，着力关注职工工资发放和“五险一金”缴纳等事项，着力关注职工日常生活和探亲休假等情况，着力关注和解决职工个人和家庭实际困难，着力关注职工劳动保护状况，有效维护了项目公司及职工队伍的和谐稳定。

此外，在项目施工过程中，宗长春还充分运用党在群众中的威信，成功处置了一次阻工事件。宗长春回忆，当时党员们齐戴党徽，背依党旗，晓之以理，动之以情，活生生用凛然正气震慑住了闹事分子，保障了项目的正常运转。

随着大兴国际机场北线的建成通车，宗长春有了更长远的工作目标，那就是紧跟华北公司工作思路，担好管党治党责任，全面落实新时代党建工作要求，继续推动党建工作与中心工作融合互促，为使北线高速完成好构建京津冀交通一体化主骨架，破解北京地区航空硬件能力饱和，辐射京津冀空港经济，服务雄安新区建设的最终目标作出更大贡献。

如履薄冰，只为一个“零”

北京华北投新机场北线高速公路有限公司董事、副总经理吴昱

副总经理：吴昱

2019年7月1日，大兴国际机场北线高速正式运营通车，北京华北投新机场北线高速公路有限公司董事兼副总经理吴昱终于可以稍稍松一口气了！

出身道桥专业、在首发集团项目总经理、总工干了十多年的吴昱，真正主抓安全却还是头一遭。刚入行的时候，吴昱就听当时的首发集团领导用如临深渊、如履薄冰来形容安全管理，当时完全没有体会，直到大兴国际机场北线分管安全的担子压在肩头，吴昱才知道什么叫感同身受。

众所周知，近年来，从国家层面讲，对安全生产重视程度逐年提升，对于安全生产事故保持了零容忍的坚决态度。从企业层面讲，铁建集团对安全管理更是严上加严。2018年第一次参加铁建公司安全会议，会上铁建公司下属某局因安全问题被罚款4000万元，铁建集团对于安全管理的决心与魄力给吴昱留下了深刻印象。为此，项目公司建立伊始，就根据相关法律法规，结合公司实际情况，组织建立了以行政主管领导为组长、副总经理为副组长的安全生产和环境保护领导小组，并在公司领导及上级单位的帮助下，不断建立和完善了各项安全、环保管理制度，明确各级及各部门安全生产责任及环保工作职责。根据与上级部门及单位签订的安全责任书，组织与施工总承包部及监理单位签订了安全生产监管协议书，充分压实安全生产责任及环保管理责任。

2018年6月，大兴机场北线高速公路被北京市交通委员会路政局列为2018年度北京市公路工程“平安工地”示范创建项目，项目公司更是以此为契机，坚持“高标准、严要求，创建北京市平安工地”的理念，不断健全和完善安全生产管理体系，严抓安全责任落实、强化现场安全管控。

虽然有制度管控，但是作为安全管理者，吴昱更加关注细节。正因为此，无论三伏酷暑，还是三九严寒，在施工现场都经常能看到他的身影。在与一线工人的接触中，吴昱确实发现了不少问题，比如个别施工人员安全意识淡薄；安全技术方案不够

落地，可操作性不强；安全设备不便于操作，影响使用效率，等等。

碰到这种问题，吴昱除了照章办事，坚决予以处理外，更重要的还是思考如何从根本上解决问题。安全意识弱，就组织培训；技术方案不落地，就组织重新修改；设备不好操作，就采买先进装备。总之，一切为了安全，不放过每一个细节，是吴昱坚守的原则和底线。

大兴国际机场北线高速公路建设周期特别短，施工进度压力特别大，在这种情况下，很多一线工人往往为求效率而忽视安全。面对这种情况，吴昱也是毫不手软，该停工就停工，绝不给安全隐患留一丝机会。

搞工程项目的人都有一个共识，安全管理不出事儿就是最大的成绩，大家追求的往往就是一个零事故。而大兴国际机场北线高速公路项目在吴昱以及全体管理人员的不懈努力下，不仅达成了安全生产零事故的基础目标，中铁十六局集团有限公司总包部更是在 2019 年北京市交通委组织的针对交通运输建筑施工企业的千分制评价中，以 809 分的成绩在 31 个标段中位列第四，同时还以综合得分 95.5 的优异成绩，通过了北京市交通委“平安工地”的末期考评，并最终取得了北京平安工地的冠名。

在成绩面前，吴昱仍不敢有丝毫的懈怠，因为大兴国际机场北线高速公路东西延项目开工在即，迎接他的又将是一次严峻的挑战，防火、防汛、防疫、防灾、防事故、应急一肩挑，但吴昱有信心，再次写下一个大大的零，为大兴国际机场北线高速公路项目画上一个完美的句号。

举重若轻，敢打硬仗

北京华北投新机场北线高速公路有限公司、副总经理兼总工程师廖延军

新机场北线高速公路的建设意义非凡，作为项目总工程师，廖延军深感责任重大，因此在整个项目建设过程中，他始终遵循“安全、环保、舒适、和谐”的建设理念，以建好大兴国际机场北线高速公路，服务大兴机场周边交通需求，构建京津冀交通一体化主骨架，实现与北京中心城区、天津、保定、廊坊等城市以及雄安

副总经理、总工程师：廖延军

新区的快速连接为目标，在自己的岗位中做着不平凡的贡献。

攻坚克难，举重若轻

作为从业多年的教授级高级工程师，廖延军的心愿就是把大兴机场高速建设成为经得起时间和社会考验的、人民满意的安全和谐、生态环保的精品工程。为了达成这一目标，廖延军严格标准，规范施工，从源头把关、加强过程控制，确保工程质量，切实履行了自己的职责。

从技术角度考虑，经历过多个大项目建设的廖延军对于大兴机场高速带来的挑战总是感觉不够尽兴。确实，地处华北大平原的机场高速没有高山大川急流险滩需要征服跨越，但也绝非没有任何难度可言，其中跨京九铁路分离式立交桥的建设便是整个项目的重点工程之一。

该桥是新机场北线高速公路全线唯一座双幅高速公路同步转体跨越铁路的桥梁，大桥全长约 1200m，是该项目控制性节点工程，也是全线的重难点工程。京九铁路是我国南北重要的铁路运输大通道，是“八纵八横”骨干铁路之一，属繁忙干线，线路上运行车辆繁多，如何保证京九铁路的运营安全成为新机场北线设计、施工的重点。

为了确保跨京九铁路转体施工安全，加快施工进度，保证工期，廖延军自然也是慎之又慎，特别针对转体桥设计、施工方案多次召开论证评审会，对刚构梁体转体箱梁大节段施工、球铰安装、平衡配重、牵引转体等施工关键技术进行把关，对关键工序超前预控，为转体的顺利实施奠定了基础。

京九铁路分离式立交桥采用 2 × 45m 刚构形式平面转体跨越京九铁路，转体重量约为 5145t，转体支座采用 ZTQZ-55MN 型，左右幅 T 构分别在平行于铁路线的两侧制作。刚构施工范围涉及铁路四电迁改，大部分施工内容为邻近营业线和营业线施工，施工审批程序复杂，审批周期长。同时，作为国家一级繁忙干线，京九铁路邻近营业线施工和营业线施工安全防护要求高。转体刚构距京九铁路线路中心约 12m，下部结构施工是邻近营业线施工，刚构转体是营业线施工。邻近营业线施工时间受限制，无法全天施工，有恶劣天气和特殊情况时还要按调度命令停工。

困难面前，廖延军表现出的却是必胜的勇气和举重若轻的气度。2019 年 1 月 11 日，通过前期组织协调，加上现场的精确指挥，经过近一个半小时的奋战，大桥成功转体 95°，精确达到了预定部位，实现了跨京九铁路的完美跨越。这次成功转体，标志着新机场北线高速公路中段工程正式实现主体贯通，也为同类型大桥的转体积累了宝贵的实践经验。

品质为先，敢打硬仗

新机场高速公路建设任务重、要求高，对总工程师的是一个极大的考验。针对上级领导提出的创建亮点工程、放心工程的总体要求，廖延军精益求精控制质量，严格标准，规范施工，要求切实对标“品质工程”，做到源头把关到位、过程控制到位、日常监督到位，确保了工程质量的“零缺陷”。

不仅如此，面对紧张的施工周期，廖延军更是通过科学的组织、精密的部署、科学的安排，组织了一次又一次精彩的“大会战”，为项目按时顺利竣工打下了坚实的基础。

同样是京九铁路分离式立交桥转体工程，为了确保转体工程能够如期进行，廖延军组织项目总承包部召开了“大干 30 天，实现主体贯通攻坚”动员大会，迅速调集人力物力，仅用 2 天时间就组织起了“千人大会战”，参建人员最多的时候达到 1500 多人，所需所有物资设备全部到位。为确保工程安全质量，现场搭设暖棚保温，采用蒸汽发生器、热风炮等加热设备，设立养护小组专人负责等各种冬施措施全部上齐，总调度、运输组、协调组、技术组密切配合，无缝对接。在这场没有硝烟的战争中，大家同呼吸、共命运，赢得了节节胜利。

通过靠前指挥、统筹安排，倒排工期、制定节点，全面发力、多点突破，在短短 21 天内完成了京九铁路分离式立交桥承台 32 个、墩柱 57 个、盖梁 50 个、垫石 912 个，创造了真正意义上的“北京速度”！

披荆斩棘，开路先锋

北京华北投新机场北线高速公路有限公司副总经理李劲松

全世界对中国都有一个共识，那就是“基建狂魔”，由此也不难看出中国基建的速度与实力。以中国铁建集团为例，所有工程难题都几乎不在话下，建设速度也是在不断刷新。如果说在工程建设中有什么困难的话，征拆可能算是一个绕不过去的话题。在大兴国际机场北线高速公路建设过程中，时间要求特别严苛的情况下，这

副总经理：李劲松

一问题也就显得更为突出，甚至成为能否按时竣工的关键环节。

面对这块难啃的硬骨头，在北京市首都公路发展集团有限公司项目管理处任职十余年副经理的李劲松被委以重任，主抓对外协调部，全面负责项目的征拆工作。

李劲松是地道的“土著”老北京，加之刚刚参与过京开高速拓宽工程的征拆工作，因此对于大兴地区相关情况及人员更为熟悉，干起工作来也更为得心应手。虽然对于征拆工作已经驾轻就熟，但李劲松仍不敢有丝毫的懈怠，因为他清楚地知道，建设过程中征地项目涉及乡镇村域众多，拆迁难度极大，尤其是还有保通这个“紧箍咒”，容不得半点迟滞。

为保证拆迁工作的顺利进行，一方面，李劲松牵头项目公司成立拆迁领导小组，定职定岗，对拆迁问题的重难点按时召开拆迁例会进行梳理。另一方面，拆迁工作进展的速度快慢，与地方政府的支持密不可分，为此李劲松要求对外协调部人员重点把握工程的开工准备工作，对涉及的大兴区政府以及涉及的各乡镇、行政单位进行对接沟通，通过与有关部门加强协调，建立联系方式，积极推动征拆工作快速落地。

大兴国际机场北线高速公路涉及林地伐移、跨路跨河、占道行政许可等多种手续，由于各项手续办理烦琐，涉及的部门众多，需要的支撑材料也很多，费时费力。李劲松带领对外协调部，在项目公司领导的支持下，很快便取得了不错的进展，为项目的顺利施工打下了良好基础。

虽然征拆工作开局不错，但是还有两个“钉子”让李劲松颇费脑筋，一是电力迁改，二是黄垡苗圃占地补偿。

众所周知，电力迁改工作是每一个路政工程都需要经历的一道难题，电力迁改工作一日不完成，项目就无法实现全线贯通的目。大兴国际机场北线高速公路（中段）项目涉及多条高压及超高压线路迁改，以及通信等弱电迁改，电力公司给出的时间节点是在 2018 年 6 月上旬，但由于电力迁改流程烦琐，迁改工期长，想在不到半年时间内走完全部流程，全部迁改完成，几乎是一项不可能完成的任务。面对这种局面，李劲松几乎是没有退路可走，唯有一往无前。他积极协调供电公司进行政策上的优化，针对迁改难点成立管线迁改专项领导小组，对电力拆改工作进行细化分工，组织各部门召开电力迁改专题会议，针对迁改的难题和分工进行梳理，制定管线迁改时间进度计划，拼命与时间赛跑。在坚持不懈的努力下，李劲松带领团队最终完成了全部迁改工作，创造了一个小小的奇迹。

黄垡苗圃是北京市园林局直属的苗圃，占地面积大，珍贵苗木多，虽经多次协商，但都未就地上物补偿费用达成一致，这直接造成全线555余亩林地使用手续无法取得国家林业和草原局批复，极大影响工程顺利进行。针对此事，李劲松多方反映，积极协调，并且协助北京市交通委会同工程管理处及大兴区交指办领导多次通过专题会议形式予以推进，最终促成了补偿协议，最大程度地减小了对项目进度的影响。

大兴国际机场北线高速公路（中段）已于2019年6月30日顺利通车，这意味着李劲松将站在新起点，面对新的征程和新挑战。李劲松有信心也有能力，继续披荆斩棘，做好开路先锋！

稳中有快，全力以赴

北京华北投新机场北线高速公路有限公司副总经理聂勇

在北京华北投新机场北线高速公路有限公司，聂勇的职务是副总经理、财务总监、董事会秘书，分管融资财务部、综合管理部、运营管理部。虽然工作既繁重又细碎，但是对聂勇来说，照样应付自如，游刃有余。

副总经理、财务总监：聂勇

作为财务总监，筹措资金、确保资金安全可控是聂勇工作的重中之重。为此聂勇抓住要害，稳字当先，打出了一套漂亮的组合拳。

一是修订完善财务管理内控制度，理顺管理流程，规范财务业务处理程序。做到财务工作凡事有依据有规则，财务人员人人职责清晰任务明确，为确保公司日常各项业务的开展提供了财务支持。

二是合理筹集资金，保证工程建设正常开展。由大兴国国际机场北线高速公路资金来源自资本金和银行贷款，时间节点的把握就显得特别重要，要保证既要及时满足工程建设的需要，又不能让资金闲置造成浪费。为了把钱用在刀刃上，聂勇要求提前一个月做统计，精确核算，做到不过夜、不转手。对外支付时，在保证公司正常资金流转的前提下，最大限度地节约贷款利息费用，确保资金流转合理高效，累计节约资金成本约1000万元。在融资过程中，聂勇不仅采用拼盘模式联合银行贷款，总授信额度超过项目53.88亿的总融资需求，而且千方百计节约成本，通过谈判、询价等方式，强化融资的成本控制。在2018年，资金紧张的情况下，聂勇保证能拿到让同行羡慕的基准利率不上浮，而在2019年整个征拆面宽松的情况下，又更进一步，确保基准利率下浮10%，从而节约了大量资金，创造了很多隐形的效益！

三是严格执行预算管理，履行资金监管。借助财务共享管理平台，加强年度财务预算的调控，项目公司各项费用都控制在预算范围内。在对各总包部及工区的资金拨付过程中，适时履行资金监管职责，确保资金安全可控。

此外，聂勇认为财务不应完全局限于事后的监督，而应做到事前介入、事中跟踪、事后分析，做到全流程管控。因此，他改变了以往财务的运作模式，要求财务人员出现在每一个合同谈判以及重大合同签订，做到心中有数，过程清晰，从而强化财务工作的针对性和合理性。

在聂勇的不懈努力下，项目公司的钱袋子稳了，但仅做到稳还不行，聂勇还需要快。

2017年底中国铁建中标之后，由于项目周期特别紧张，项目公司正式成立工商注册迫在眉睫，作为董事会秘书的聂勇使出浑身解数，甚至为了盖一个公章不惜派人远赴云南，最终仅用一个半月的时间便完成了任务，创造了新的铁建速度！

项目后期，建设阶段进入尾声，聂勇又接过了组建运营筹备组的重担，这次留给聂勇的时间只有两个半月。但所谓易者难亦易，2006年至2017年近11年在京承高速的历练，不但使聂勇从一名普通会计成长为财务部副部长，更使其对运营管理的全流程烂熟于心。但即便如此，两个半月里从协调各部门办理相关手续到组建一支训练有素的收费员队伍，依然困难重重。关键时刻，没有退路，唯有前行。聂勇带领团队，两个半月连轴转，没日没夜地埋头干，终于完成了运营管理方案编写、运营期预算上报、运营办公驻地建设；运营期一线人员招聘笔试和面试工作以及对新招聘的一线员工进行岗前业务培训；收取通行费特许经营许可的办理、通行费发票的自印、收费站区和桥下空间的广告开发、路产养护等外包招标、信息系统的软硬件建设等工作，从而确保了2019年7月1日的顺利通车收费。

除了稳和快，聂勇还要当一个“杂家”，项目公司中内控、法务、审计、后勤保障等工作中，都能看到他勤奋的身影。虽然这些工作特别琐碎，费时费力又不讨好，但是聂勇却甘之如饴，因为在他看来，修路如同修德，过程再艰难，只要结果是好的，一切就都值了！

二、中铁建大桥局总承包部

指挥长：赵攀

大兴国际机场北线高速公路项目2018年2月正式开工建设以来，总承包部在赵攀带领下，带领总承包部全体职工发扬“艰苦奋斗，迎难而上”的铁军精神迅速投入到工作中。

指挥长：赵攀

工程建设征拆先行。在项目人员短缺情况下赵攀身兼多职，挑起征拆工作的重担。为尽快打开征拆局面，赵攀积极主动作为，多次与项目公司、地方政府协调、沟通，发扬了特别能吃苦、特别能战斗的铁军精神，对征拆难点逐个攻破，消除了林地的影响，为现场施工创造有力的施工条件。

在征拆工作的同时，赵攀紧抓现场施工进度、质量、安全环保工作。在2019年附属工程机电、交安、绿化三个工区进场施工后，在过程中交叉施工、工期极为紧张情况下，赵攀及时调整工作思路，把目标任务分解到施工队，量化到每天，定责任人，过程中动态管理，真正做到以责任促落实，以责任促成效，着实有效地缓解了施工压力，切实可行地提高了施工生产进度。

安全事故无大小，发生安全事故一切都归零。为此赵攀确定了安全、环保工作“怎么要求都不过分、怎么投入都不过分”的总要求，形成安全环保人人管、处处防，全员齐抓共管的良好局面，确保了项目安全、环保零事故。

大兴国际机场北线高速公路（京开高速公路—京台高速公路）中段工程在赵攀带领下，中国铁建大桥局大兴国际机场北线高速公路总承包部项目以安全、优质、高效地完成了大兴机场北线高速公路中段工程建设任务，维护了中国铁建良好品牌形象。

总工程师：王邦浩

大兴国际机场北线高速公路项目组建伊始，王邦浩创新PPP项目管理工作思路，改进以往工作方法，攻坚克难，深入一线，坚持不忘初心，砥砺前行，强化技术人才培养，高质、高效完成了大兴国际机场北线高速公路建设工作。

技术工作方案先行。王邦浩对施工组织设计进行多次修改、完善，并根据现场施工环境变化及时调整施工方案，做到因地制宜，在电力拆改未解决的情况下对施工工艺进行改善，不仅减少了施工作业时间，还提高了资源利用率，保证了施工进度的稳步推进。

总工程师：王邦浩

质量工作精益求精。王邦浩不断强化质量管控，力争打造精品工程、样板工程。在质量管理工作中，加强制度建设，建立健全质量管理和质量保证体系，严格落实技术交底制度、三检制度等，加强监督检查，不断强化施工工艺，打造真正的亮点工程。

为寻求质量进一步提升，王邦浩全面组织“施工班组规范化管理攻关行动”，建立一套施工企业班组管理制度及办法，形成并使用专项班组制度 9 篇，班组长考核流程 1 套，班组成员信用评价办法 1 套，梁场产业化施工工艺 9 种等。

进度成果突出显著。根据总体工期要求，王邦浩组织编制《总体施工进度计划》，把总体工程量分解到每月、每周、每天，划分责任人，实行实时监控，动态调整。以倒排工期形式，结合现场实际，调整单位工程进度计划，优化施工方案。组织大干竞赛活动，营造气氛，制定考核办法，兑现奖罚，激励先进，鼓励后进，提前完成大兴国际机场北线高速公路贯通目标，创造了奇迹。

三、中铁建一工区（三公司）

一工区经理：张春荣

2018 年 6 月初，张春荣在兼任中铁建大桥局三公司副总经理的同时又被公司任命为北京大兴国际机场北线高速公路项目一工区经理。面对这个工期仅剩半年，产值任务却超 10 亿元的大型项目，她没有退缩，义无反顾地接下了这个重担。新的任务，新的征程，新战场上的她又是酣战不休。

一工区经理：张春荣

在项目管理上，她始终践行“勇争

第一”的理念，全面推行标准化管理，让工地处处闪光，让项目成为名片。为了把理想变成现实，她整日奔波于施工一线，不畏严寒酷暑，不怕吃苦流汗，迎难而上风雨无阻。

在工作方法上，她注重抓好工作急点和重点。项目上场后，她以确保工期为主线来倒排施工计划，根据每个工期节点来找出各项工程的急点，而后制定相应的完成措施，逐个攻克。

在项目形象塑造上，她把“高标准、细节美”贯穿在了施工全过程。为了维护好企业的声誉，把创建文明工地作为对外展示管理水平的一扇窗口，为实现预期的效果，安排业务部门进行了项目亮点策划与实施，经过不断的治理与控制，施工现场的环境满足了国家和地方的法律、法规要求，也得到了当地老百姓的好评。

在队伍管理上，高度重视团队建设和人才培养。针对项目年轻员工较多的特点，她要求各部门都要制定人才培养计划，通过导师带徒形式，实施老同志对新员工的对口培养，加快年轻人的成才步伐。

张春荣用执着、坚韧、拼搏、勇敢描绘的“休言女人非英物，巾帼不让须眉男”的真实写照，让人感动，让人敬佩。

四、中铁建二工区（五公司）

总工程师：郭建强

郭建强一直以共产党员的标准要求自己，在施工任务面前以身作则、身先士卒，努力思考多途径解决问题。优化施工组织，全力保障施工进度，尤其现浇梁施工阶段，量大面广风险高，关键环节不敢有丝毫大意，必须做一联成一联。他根据现场条件仔细研判，确定工序衔接最佳方案，及时解决难题和突发情况，防患于未然，保证工期进展。

总工程师：郭建强

严格控制质量安全。经过近一年的努力，工区内各项工作推进顺利，过程中未有质量事故发生，项目质量保证体系运转正常，工程实体质量整体可控。交给国家和首都百姓一项良心工程和放心工程。

严控项目成本，积极创效。该项目为 PPP 项目，在创效措施上是做加法还是减法，不好去轻易下结论，针对桥梁结构特点，只能从降成本上多做文章，将强化过程管控，周转材料充分利用，加快施工进度减少管理成本等方面作为重点。

加强自身综合素质及技术人员素养的提高，以先进的理论知识和管理规定武装头脑，将高速公路的建设作为一本教材进行研究，在项目日常管理中，用发展的眼光看待问题，提高解决问题的前瞻性。

五、中铁十六局总承包部

指挥长：邱军

作为指挥长，邱军上场以来，最大限度地调动干部职工的积极性、主动性与创造性，一鼓作气，连续作战，不断掀起新的施工高潮。尤其是在 2018 年年底主线贯通和 2019 年 7 月辅路通车的抢工中，创造了严冬季节 20 天完成产值 1.2 亿元的“北京速度”；仅用 12 天时间完成辅路路基、路面施工，完成产值约 5500 万元。

指挥长：邱军

面对紧张的工期和严峻的形势，面对 PPP 项目的特殊性，邱军未雨绸缪，提前研判，配齐配足各类生产要素，各项保障措施落地有声。

一是思想保障。将思想工作落实在会议、落实在工地、扎根在职工心坎，始终坚定目标不动摇。二是科技保障。大力实施科技强项目思路，积极开展科技创新。三是物资保障。优选供应商，开展“三项招标”，做到了“手中有粮，心中不慌”。四是机械设备保障。提前做好应急预案，列出机械设备清单，有效调集北京及周边资源，摸底调查，优质筛选，建立联系，签订协议。五是队伍保障。总承包部干部职工分工负责，带头引领，与工区形成有效对接。

各工区比干劲、比士气，比学赶帮超的气氛异常浓郁，有效保证了节点目标的完成，成功兑现了中国铁建、华北投、项目公司、集团公司向北京市交通委的庄严承诺。

党工委书记：刘常林

虽然是党工委书记，但刘常林曾多次担任项目经理职务，积累了丰富的项目管理

党工委书记：刘常林

经验。自大兴国际机场北线高速公路开工以来，刘常林积极参与到项目和施工管理中去，并结合施工现场实际情况，及时提出具有指导和针对性的意见和建议，同时，还经常深入施工现场指导解决实际问题，发挥出了书记对项目管理的积极作用。

作为党工委书记，刘常林对党建工作始终坚持高标准、严要求，把创建“四好班子”和“示范支部”当作工作目标，带领总承包部一班人把党建各项工作落到实处。

在日常的工作中，将政治理论和业务知识学习相融合，积极发挥班子整体功能和带头作用，带领班子成员和全体职工共同学习、共同进步。认真抓好班子成员的理论学习，积极组织中心组理论学习，坚持月度中心组学习不放松，通过抓住“敏感点”学，抓住“思想疑点”学，抓住“闪光点”学，增强了中心组成员运用理论解决实际问题的能力，平时注重对总承包部班子成员及全体人员政治思想、作风建设、业务能力、廉洁从业等方面的教育，使总承包部管理人员的综合素质得到了明显提升。

刘常林始终坚持党建工作服务施工生产、引领施工生产的思路，将党建工作落地一线，实现党建与生产深度融合，同频共振，全力打造红色工地，创先争优铸精品工程，真正做到了让组织放心，让群众满意。

员工寄语

刘化秀　总会计师

于铁建而言，大兴国际机场北线高速公路的贯通，是对祖国母亲七十华诞的献礼；于我而言，能够有幸参与到大兴国际机场北线高速公路的建设，感到无比的自豪。

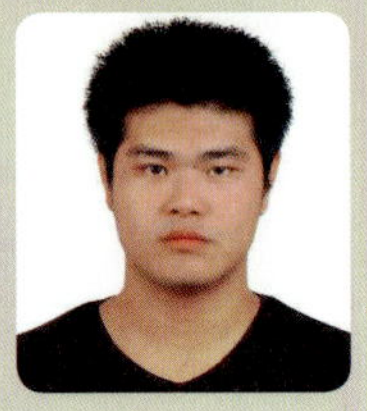

许国良　协调部部长

不要辜负了本该奋斗的青春！

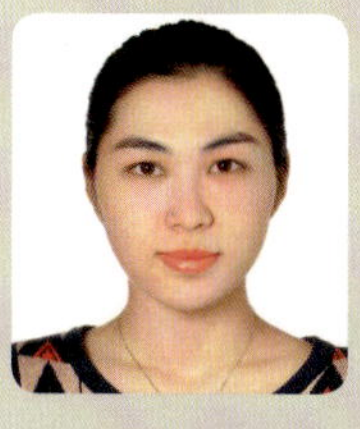

刘 明 物资部副部长

以“诚实做人，踏实做事”的人生准则为目标，积极推进物资管理工作。

于金辉 计合部

身在顺境，我们固然可喜，面对逆境，也不必太过忧伤。

李嘉宝 财务部

立足本职，牢记使命，肩负责任，砥砺前行。

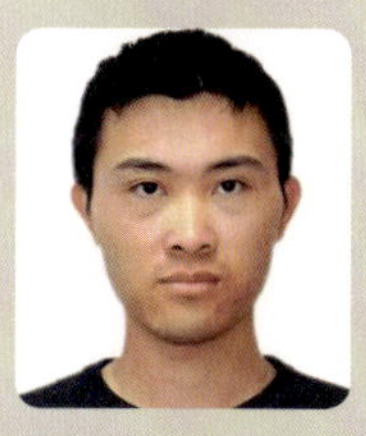

尚 平 安环部部长

竭尽全力，把事情做好，让明天的自己无怨无悔。

王 雪 办公室

这世界不会辜负每一分努力和坚持，时光不会怠慢执着而勇敢的每一个人。

王 婕 办公室

人生所有的机会，都是在你全力以赴的道路上遇到的。生活，不会亏待每一个活得坚定的人。

六、中铁十六局第二工程有限公司（一工区）

项目经理：董学武

大兴国际机场北线高速公路项目工期紧、任务重、难度系数大，尤其是跨京九铁路转体分离式立交桥是项目的重中之重，其安全风险和技术难度颇大。董学武面对这些困难没有退缩，在施工中凭借多年管理经验和一股敢打善拼的韧劲，表现了一名共产党员无往不胜的风采。

项目经理：董学武

为满足工期要求，董学武领导全体员工，以打造十六局“北京奇迹”为目标，不断强化管理创新、技术创新和文化创新，在短短的九天里，实现了“上场快、安家快、开工快、一次成优”的良好开局。

在设计大兴国际机场北线高速公路项目施工方案时，董学武全程把控，紧跟设计出图进度，积极与路外办对接沟通，最后方案得到铁路局所有专家的认可，一次性通过评审。

为保证工程质量，董学武对工程施工质量规范熟记于心。在施工中大到梁柱钢构件，小到一根焊条，他都严格按技术要求去规范、定期检查，发现问题立即整改。从材质入手抓好工程质量，确保一次成优。2018 年 4 月初，一批 400 吨的螺纹钢到场后，试验室员工发现钢筋抗拉力达不到设计值，他果断拒绝了厂家的反复劝说，坚决清退了不合格钢材。由于他的严格要求一丝不苟，保证了工程质量。

在项目大干的期间里，董学武不管白天晚上都坚守在施工一线，与大家一起夜以继日摸爬滚打，这种忘我工作精神深深感动了现场施工所有人员。在 2018 年 9 月份被业主单位评为“优秀项目经理”。

七、中铁十六局第一工程有限公司（二工区）

项目经理：路永龙

项目经理：路永龙

大兴国际机场北线高速公路项目标准

化要求高，每一步推进都困难重重。路永龙切实履行工作职责，真抓实干，带领团队打响一个又一个战役，攻克一个又一个施工难题，主动起到“身先士卒，模范担当”作用，在班子成员和全体职工中威信极高。

“干成、干好、干出彩”是路永龙对自己的工作要求，大兴国际机场北线高速公路项目分一期和二期工程，路永龙超前谋划，统筹部署，考虑到二期工程施工要再进行二次导改，对已经通车的路段要再进行跨高速公路施工，手续复杂，影响施工进度，与班子成员一起商量，组织项目人员共同讨论同步施工的可行性，制定各种实施方案。

“干一项工程没有效益，出现亏损，还不如不干，对企业也没有推动作用。”这是他经常挂在嘴边的话，担任过数任项目经理的他，深知效益对企业发展的推动作用。他在生产进度上做文章，在经理部内推出了生产进度超额奖制度，把每一名参战员工的积极性调动起来，生产进度有了突飞猛进的势头。在全线桥梁下部标准化施工观摩会中，获得业主及监理表彰，并成为全线“首件先行、样板引路”的典范标段，路永龙被业主公司评为“优秀项目经理”。

不忘初心、牢记使命，路永龙就像一台上足了发条的机器，每天从早转到晚，从不停歇。工地上时时能看见他那不知疲倦的身影，用责任和意志展现着铁建人别样的精神风貌和筑路情怀。

八、中铁十六局路桥工程有限公司（四工区）

项目经理：张拥法

自 2017 年 12 月 17 日接到总承包部指令以来，张拥法带领骨干人员快速进场，仅用了 15 天完成驻地建设，具备办公住宿条件。由于项目具有特殊性，路基交验滞后、迟迟未能上场，张拥法带领团队不等不靠、主动出击，积极与总承包部进行沟通、与其他工区协调，确保项目有序推进、如期开展。

项目经理：张拥法

面对时间紧、任务重、交叉施工等众多困难，张拥法立即确定施工大干领导小组，明确分工，责任到人，全面进行部署，统筹安排，根据施工现场情况给队伍制定计划，空间用足、时间占满，带领全体参建人员实行“五加二”“白加黑”，团结拼搏、日夜奋战，于 5 月 18 日完成主线施工，得到项目公司的肯定。

京开互通东西辅路施工期间，张拥法以工地为家，每天奔波于各个工作面，在保证工期的前提下，安全、质量、环保三线并进。坚持每天带领骨干人员召开现场会议，结合现场情况，优化施工组织模式，合理调配现场资源，明确任务分工，层层分解责任，全面实施推进“任务倒逼、时限倒推、责任倒追”。2019 年 6 月 23 日晚 11 点，京开互通东西辅路施工任务圆满完成，再次得到项目公司的肯定和嘉奖。

张拥法带领团队发扬了“特别能吃苦，特别能奉献，特别能战斗”的铁军精神，不忘初心、攻坚克难，以坚守完成了使命，用意志创造了奇迹。

第九篇

党建文化篇

概　述

党的十九大报告中指出："要把基层党组织建设成为宣传党的主张、贯彻党的决定、领导基层治理、团结动员群众、推动改革发展的坚强战斗堡垒"。

各参建单位的党建文化工作，是用优秀的文化成果、先进的文化理念、生动的文化形式，促进党建元素彰显、党的声音传递，展现基层党建工作特色和活力，激发广大党员干部在项目建设中，永葆党员先进性和廉洁性，勇于担当、严谨负责的工作精神贯穿在整个建设过程中。在党建文化的引领下，实现了项目建设的圆满顺利完工。

第一章 强化党建工作

北京华北投新机场北线高速公路有限公司始终以习近平新时代中国特色社会主义思想为指导，全面贯彻党的十九大和十九届二中、三中、四中、五中全会精神。在公司党委的坚强领导下，秉持高质量高品质发展理念，紧紧围绕发展抓党建，抓好党建促发展总体思路，深入践行新时期党建工作总要求，积极落实“中央企业党建巩固深化年”专项行动。以“党建 +”激发提升企业改革发展的能力和水平，全面加强和改进党建工作（图 9–1–1），为圆满完成全线通车任务提供有力保证。

一、“党建 + 制度”，让组织建设强起来

突出政治引领。深入学习习近平总书记重要指示批示精神和党中央、国务院重大决策精神，不折不扣贯彻落实国资委和公司的工作部署。完成公司领导现场调研和专题党课活动，以及华北区域总部和北京市交通委领导的现场调研活动，促进了在建项目有序建设和安全运营。完善党（工）委发挥领导作用的制度机制，建立健全《党建工作规章制度》和《党委会议事规则》《“三重一大”决策制度实施细则》，推进党的

图 9–1–1 中国铁建副总裁倪真到项目公司讲授“不忘初心、牢记使命”主题教育专题党课

领导和公司治理深度融合，不断提升“三重一大”决策规范化、科学化水平。严格执行“三重一大”相关制定要求，特别是对项目建设期间的大额资金使用、特别款项支付等，严格落实集体决策程序。把强化政治意识放在首位，增强“四个意识”、坚定“四个自信”、做到“两个维护”，压紧压实各级主体责任，充分发挥基层党组织战斗堡垒作用、党员先锋模范作用。

图 9-1-2　公司组织员工到西柏坡革命圣地参观学习

二、“党建 + 党员”，让基层队伍活起来

突出党建引领。坚持公司党委、各党支部、党员三级传导。加强领导班子建设，充分发挥党委领导作用，党委定目标、抓跟进，年初制定工作要点和目标，逐月排定工作计划，建立月报告制度以及督导督查制度，形成月月抓落实、季季抓推进的机制。2019 年组织中心组学习 12 次，专题学习 7 次，开展“巾帼心向党，建功新时代”“忆先烈，学楷模，做贡献”“传承弘扬五四精神，树信念，担使命”“不忘誓言守初心，缅怀先烈担使命——参观卢沟桥纪念馆”“见证重大工程，感受首都发展”和集体观看《我和我的祖国》影片等不同形式的主题党日活动，参见图 9-1-2。把优秀干部选拔到基层党支部书记岗位，加强党务干部队伍建设，探索党建领域和生产经营领域干部交流，培养复合型政工干部。各支部抓节点、问实效，按月按季高质量落实“三会一课”制度。通过层层落实目标，步步跟踪问效，推动党建工作高质量开展。加强党员队伍建设，高质量做好发展党员工作，着力发挥党员的先锋模范作用。党员在工作中走在前、作表率。带头在忠诚担当、恪尽职守、团结协作、遵章守纪等方面作表率。

三、“党建 + 学习”，让思想宣传热起来

突出理论引领。重点围绕习近平新时代中国特色社会主义思想，持续加强学习型党组织建设，不断创新学习形式、丰富学习内容、提升学习效果。利用中心组学习、三会一课进行集中学习，依托“学习强国 APP”进行网络学习，让主动学习成为党建工作新常态。在工作中从多角度、多维度组织党建共建互学，促进生产经营工作发展。与建设银行、工商银行开展联学联建，参观大兴党校红色文化教育基地，邀请党

校教师授课，共同学习党史文化，探讨金融业务，在接受党性教育、提高业务能力的同时，为公司进一步拓宽融资渠道和赢得资金支持奠定了基础。与大兴国际机场周边配套高速公路运营单位首发集团、京投公司开展业务共建活动，共同组织协同运营、勤务保障、应急演练等，在提高运营管理能力和服务水平的同时，更好地展示了“品质铁建”的高速公路品牌，提升了中国铁建的社会形象和市场知名度，为区域经营和滚动发展创造了有利条件。利用中网院、中国铁建一体化学习平台，围绕企业改革发展中心任务，加大宣传引导力度，宣传贯彻上级重要会议精神，统筹抓好处级以上党员干部和基层党员的培训，激发广大干部职工干事创业的激情。围绕重要节点，统筹利用系统内兄弟单位宣传资源抓好全方位宣传，对内凝聚发展自信，对外展示良好形象，凝聚企业高质量高品质发展的思想共识。与公司相关业务部门开展党建共建，共同参观大兴国际机场和机场北线高速公路建设，调研基层运营工作，观看爱国教育短片，交流项目投融资、建设、运营和党建业务，在感受祖国辉煌成就的同时，建立了友谊，增进了感情，有利于更好地向公司汇报工作、沟通业务。

四、“党建 + 监督”，让党风廉政严起来

突出问题导向。强化全面从严治党“两个责任”落实情况的监督机制，层层压实责任主体管党治党责任。推进大监督体制机制建设，统筹整合监督资源，形成齐抓共管监督工作格局。推动监督关口前移，强化日常监督，营造驰而不息纠正“四风”的浓厚氛围。通过张贴宣传教育月通知、廉政漫画宣传、知识答题、签订廉洁从业承诺书、手抄廉洁成语警句、观看警示教育片、发放《家风》廉洁书籍等，开展反腐倡廉、宣传教育月活动，在公司营造守纪律、讲规矩的浓厚氛围。严格落实中央八项规定及其实施细则精神，紧盯重要节点、抓住“关键少数”纠治“四风”，严查享乐、奢靡问题，防范查处收送电子红包、私车公养等隐性变异问题，坚决防止“四风”问题反弹回潮。按照中央统一部署要求，持续推进形式主义、官僚主义整治工作，组织学习《中华人民共和国监察法》《中国共产党纪律处分条例》和华北区域总部印发的《纪检监察工作名词解释 200 条》，以及党风廉政书籍，进一步加大反腐倡廉宣传教育力度，筑牢思想防线。坚持从领导干部抓起改起，深化集中整治成果，让干部有敬畏、职工有信心。坚持把廉洁教育融入生产经营全过程，深化运用监督执纪“四种形态”，积极构建“不想腐”的自律机制，架起廉政高压线，筑牢反腐防火墙，进一步加强党员干部的理想信念教育，引导党员干部筑牢思想防线。

第二章　党建文化风采

北京华北投新机场北线高速公路有限公司

▲图 9-2-1　公司组织开展"不忘初心跟党走，青春建功新时代"主题活动

▲图 9-2-2　公司组织员工到国家博物馆参观学习

▲图 9-2-3 与中国铁建股份有限公司投资开发部开展党建共建活动

◀图 9-2-4 公司党委书记宗长春组织党支部集体学习

▶图 9-2-5 公司组织"不忘初心、牢记使命"主题教育活动

▲图 9-2-6　北京市大兴区总工会到项目施工现场进行夏季送清凉活动

◀图 9-2-7　董事长娄德兰出席新聘运营一线员工座谈会

▶图 9-2-8　公司总经理李永珑组织员工进行集体学习

◀图 9-2-9 中铁建华北投资公司副总经理鞠小华到项目公司讲授党课

▶图 9-2-10 公司领导班子及成员考察会

▲图 9-2-11 开展“凝聚基层力量、共创品质铁建”党建共建活动

◀图 9-2-12　公司党委书记宗长春做党建工作述职报告

▶图 9-2-13　"巾帼心向党，建功新时代"三八妇女节座谈会

◀图 9-2-14　媒体采访宣传项目建设情况

▶ 图 9-2-15 公司党委书记宗长春主持纪念五四运动一百周年纪念活动

◀ 图 9-2-16 公司传达学习华北投资公司年中工作会会议精神

▲图 9-2-17 公司传达学习中国铁建系列会议精神

◀ 图 9-2-18　公司组织爱国主义教育主题活动

▶ 图 9-2-19　公司组织员工到西柏坡革命圣地感受学习“西柏坡精神”

▲ 图 9-2-20　公司传达学习中铁建华北投资公司 2018 年“两会”会议精神

▲ 图 9-2-21　公司传达学习中铁建华北投资公司 2019 年“两会”精神

▶ 图 9-2-22 项目公司组织集体学习《中国铁建股份有限公司职工违纪违规处分规定》

▲ 图 9-2-23 公司组织员工参加中铁建知识竞赛

▲ 图 9-2-24 公司组织“献爱心、助脱贫”爱心扶贫捐款活动

◀ 图 9-2-25 公司组织员工到铁道兵纪念馆参观学习伟大的抗美援朝斗争精神

▲图 9-2-26　组织公司员工到香山双清别墅接受爱国主义教育

◀图 9-2-27　组织员工集体观看《厉害了，我的国》

▶图 9-2-28　组织员工开展“两学一做”专题活动

▲图 9-2-29 中铁建大桥局总承包部全体党员召开党员生活会

▲图 9-2-30 中铁建大桥局总承包部观看视频警示片

中铁建集团第三工程公司

▲图 9-2-31　大桥局一工区传承雷锋精神，弘扬时代新风

◀图 9-2-32　大桥局一工区组织篮球比赛

▲图 9-2-33　大桥局二工区开展“学习宣传宪法”活动

▲图 9-2-34　公司组织全体党员干部来到北京市大兴区烈士纪念广场开展清明节扫墓活动

中铁十六局总承包部

▲图 9-2-35　党员学习

▲图 9-2-36　送书到基层

▲图 9-2-37　组织开展庆祝"三八"国际劳动妇女节活动

▲图 9-2-38　庆祝中国共产党成立98周年座谈会，党员重温入党誓词

中铁十六局集团第一工程有限公司

◀图 9-2-39 党员活动

▲图 9-2-40 公司工会组织"走基层、鼓干劲"活动

▶ 图 9-2-41　新机场北线项目四工区开展迎“三八”厨艺大赛，为女职工庆祝节日

▲ 图 9-2-42　3 月 5 日雷锋日，新机场北线项目四工区组织开展学雷锋活动，学习雷锋钉子精神，全力推进项目建设

大事记

★ 2015 年 10 月 27 日，取得北京市规划委员会关于新机场北线高速公路（京开高速公路—京台高速公路）工程设计方案的批复（市规函〔2015〕1710 号）。

★ 2016 年 6 月 13 日，取得北京市规划委员会建设项目选址意见书。

★ 2016 年 10 月，取得北京市规划委员会关于该项目的用地预审意见。

★ 2017 年 3 月 30 日，取得北京市发展和改革委员会《关于新机场北线高速公路（京开高速—京台高速段）工程项目建议书（代可行性研究报告）的批复》[京发改（审）〔2017〕98 号]。

★ 2017 年 7 月 17 日，取得北京市规划和国土资源管理委员会《关于新机场北线（京开高速公路—京台高速公路）高速公路工程初步设计的批复》（市规划国土函〔2017〕1854 号）。

★ 2017 年 11 月 15 日，中国铁建股份有限公司、中铁十六

北京市交通委员会

京交函〔2017〕1273 号

新机场北线高速公路（北京段）政府与社会资本合作（PPP）项目中标通知书

中国铁建股份有限公司、中铁十六局集团有限公司及中国铁建大桥工程局集团有限公司联合体：

你方于 2017 年 10 月 20 日所递交的新机场北线高速公路（北京段）政府与社会资本合作（PPP）项目投标文件经评标委员会评审，已被我方接受，确定为中标人。

1. 中标基准年约定通行费票价：0.79 元/标准车·公里；

2. 自有资金收益率：5.08%；

3. 项目中标总投资（人民币）：11000703558.81 元；

4. 建设工期：中段 2018 年 12 月 31 日前完工，东延段和西延段 2019 年 6 月 30 日前完工。

5. 运营期：2019 年 7 月 1 日至 2044 年 6 月 30 日，共 25 年。中段在 2019 年 1 月 1 日至 2019 年 6 月 30 日期间视需要无条件开通。

-1-

特此通知。

北京市交通委员会

2017 年 11 月 15 日

（联系人：王晓磊，联系电话：57079407）

抄送：市发展改革委、市财政局、首发集团、委内相关部门。

-2-

▶ 2017 年 11 月 15 日，中国铁建联合体作为中标人取得《新机场北线高速公路（北京段）政府与社会资本合作（PPP）项目中标通知书》

▲ 2017 年 12 月 13 日，北京新机场北线项目开工推进会在北京市交通委隆重举行，开工仪式在施工现场同步进行

▲ 2017 年 12 月 15 日，公司第一次股东会、一届一次董事会

局集团有限公司和中国铁建大桥工程局集团有限公司联合体作为中标人取得《新机场北线高速公路（北京段）政府与社会资本合作（PPP）项目中标通知书》（京交函〔2017〕1273 号）。

★ 2017 年 12 月 11 日，中国铁建股份有限公司、中铁十六局集团有限公司及中国铁建大桥工程局集团有限公司联合体与北京市交通委员会签订《新机场北线高速公路（北京段）政府与社会资本合作（PPP）投资协议》。

★ 2017 年 12 月 12 日，取得市交通委出具的施工登记函。

★ 2017 年 12 月 13 日，新机场北线项目开工推进会在北京市交通委隆重举行。开工仪式在施工现场同步举行。

★ 2017 年 12 月 15 日，召开第一次股东会暨一届一次董事会、监事会会议。会议审议通过了《出资协议》和公司《章程》；审议并明确了公司董事会及监事会成员。

★ 2017 年 12 月 27 日，中国铁建股份有限公司、中铁十六局集团有限公司、中国铁建大桥工程局集团有限公司与政府方出资代表北京市首都公路发展集团

▲2018 年 4 月 4 日，项目公司召开一届二次董事会暨监事会

正本

新机场北线高速公路（北京段）
政府与社会资本合作（PPP）
项目合同

北京市交通委员会
北京华北投新机场北线高速公路有限公司

中国·北京

◀2018 年 6 月 6 日，项目公司与北京市交通委员会签订《新机场北线高速公路（北京段）政府与社会资本合作（PPP）项目合同》

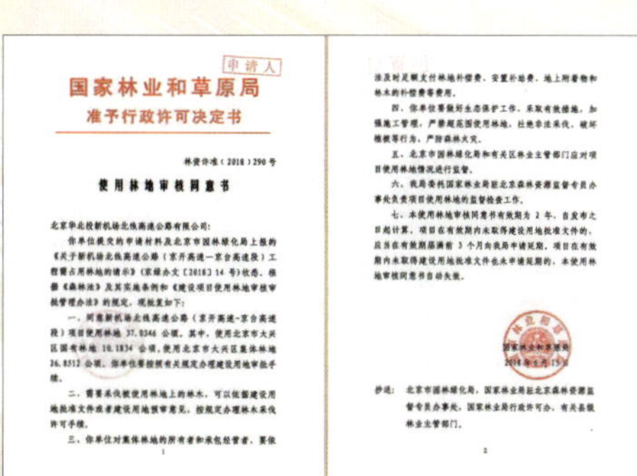

国家林业和草原局
准予行政许可决定书

使用林地审核同意书

▶2018 年 6 月 19 日，取得国家林业和草原局《使用林地和审批同意书》

▲2018年7月15日，项目公司召开工程建设动员会

▶2018年11月21日，中国铁建副总裁王立新现场调研京开互通立交、京九分离式立交和京台互通式立交等控制性工程的施工情况

▲2019年1月10日，跨京九铁路特大桥最后一片箱梁顺利架设完成

◀2019年1月10日，中国铁建党委常委、副总裁李宁到场指导新机场北线跨京九铁路桥试转

有限公司签订《新机场北线高速公路（北京段）政府与社会资本合作（PPP）出资协议》。

★ 2018年1月2日，公司取得营业执照，正式命名为北京华北投新机场北线高速公路有限公司，企业法人李永珑。

★ 2018年1月15日，公司收到《北京市发展改革委员会关于新机场北线高速公路（北京段）变更项目法人单位的批复》（京发改〔2018〕97号），新机场北线高速公路（北京段）项目法人单位由“北京市首都公路发展集团有限公司”变更为“北京华北投新机场北线高速公路有限公司”。

★ 2018年1月20日，完成物探地上地下管线勘测工作。

★ 2018年2月1日，项目被财政部列为第四批政府和社会资本合作（PPP）示范项目。

★ 2018年2月1日，项目被交通运输部确定为“品质工程”攻关行动试点项目。

★ 2018年4月4日，召开2018年第1次股东会、一届二次董事会。会议审议通过了董事会议事规则、监事会议事规则、总经理工作及总经理办公会议规则以及职能部门设置等议案。为规范企业决策行为，提高决策水平打下坚实基础。

★ 2018 年 6 月 6 日，项目公司与北京市交通委员会签订《新机场北线高速公路（北京段）政府与社会资本合作（PPP）项目合同》。

★ 2018 年 6 月 19 日，取得国家林业和草原局《使用林地和审批同意书》，使用林地手续全部办理完成。由于林地影响面积占到全线红线用地的一半，对工程进展和总体工期目标实现造成很大的影响，因此此项行政许可的取得标志着项目在征拆工作方面取得重大突破。

★ 2018 年 6 月 25 日，国家电网 500kV 冀北供电公司运维的两条超高压线迁改完成。项目公司于 2018 年初开始启动迁改工作，历经十几个流程环节，至 6 月 25 日全部迁改完成，仅用时半年时间，远低于同地域同类型其他项目需近 2 年的迁改时间，创造了新的铁建速度。

★ 2018 年 7 月 15 日，顺利召开项目建设动员会。通过此次会议，中段项目建设的总体目标和工作安排得到了全面部署，为开创项目施工大干局面奠定了基础。

★ 2018 年 8 月，全线大面

▲2019 年 1 月 11 日凌晨，跨京九铁路两侧（左、右幅）刚构现浇梁顺利转体成功

▲2019 年 1 月 20 日，项目公司召开 2018 年度建设总结暨表彰大会

▶ 2019 年 2 月 15 日，公司召开“大干 100 天，奋力保开通”动员大会，会议要求各参建单位认清形势、争分夺秒，全力以赴完成既定目标

▲2019 年 3 月 19 日，公司召开新机场北线“保开通”推进会

▶2019 年 5 月 14 日，项目运营一线人员招聘会在北京市大兴区人力资源公共服务中心举行

▲2019 年 6 月 28 日，项目交工验收会顺利召开

积进地施工。

★ 2018 年 10 月，新机场北线高速公路工程完成全面进地施工。

★ 2018 年 11 月 11 日取得拆迁许可证。

★ 2018 年 12 月 31 日全线下部主体（除跨京九铁路桥外），全部贯通。

★ 2019 年 1 月 11 日，跨京九铁路转体桥顺利转体成功。此次试转成功，为桥梁正式转体提供了宝贵的技术依据和经验。

★ 2019 年 1 月 20 日，项目公司召开 2018 年度建设总结暨表彰大会，总结经验、明确目标、统一思想，为全面完成目标任务奠定基础。

★ 2019 年 3 月 7 日，召开 2019 年第 1 次股东会、一届二次董事会。会议明确落实党组织在公司法人治理结构中的法定地位，将党建工作纳入公司《章程》。

★ 2019 年 3 月 19 日，公司召开新机场北线“保开通”推进会，会议要求各参建单位齐心协力、坚定目标、凝心聚力、全力以赴确保项目如期开通。

★ 2019 年 3 月 22 日，公司正式成立运营筹备组，全面负责项目中段运营管理总体筹备工作。

★ 2019 年 4 月 25 日，全线路面工程主线基层完工。

★ 2019 年 5 月 14 日，项目运营一线人员招聘会在北京市大兴区人力资源公共服务中心举行，公司按照公平、公正、公开的原则顺利完成了首批运营人员的招聘工作。

★ 2019 年 5 月 25 日，全线路面工程主线面层完工。

★ 2019 年 6 月 28 日，项目交工验收会顺利召开，标志着北京大兴国际机场北线高速公路中段已具备通车条件。

★ 2019 年 7 月 1 日，公司“不忘初心、牢记使命”主题活动在段家务收费站成功举行，标志着从开工到建成仅历时 18 个月的北京大兴国际机场北线高速公路中段正式开通运营。

★ 2019 年 11 月 13 日，北京市规划和自然资源委员会出具《关于大兴国际机场北线东西延高速公路工程配套附属设施规划方案规划意见的函》（京规自函〔2019〕2535 号）。

★ 2019 年 11 月 28 日，公司 2019 年第 2 次股东会、一届三次董事会顺利召开。

▲2019 年 7 月 1 日，公司“不忘初心、牢记使命”主题活动在段家务收费站成功举行

▲2019 年 7 月 5 日，中国铁建副总裁倪真到公司开展“不忘初心、牢记使命”主题教育专题调研

▲2020 年 1 月 16 日，公司召开 2019 年度工作会议，回顾总结过去一年工作并部署下一年工作任务